BIBLIOTHÈQUE

DE LA
VILLE DE MONTPELLIER

CATALOGUE

DES
OUVRAGES LÉGUÉS

PAR

LE Dr C. CAVALIER

Professeur à la Faculté de Médecine de Montpellier, Médecin en chef
de l'Asile des Aliénés, Chevalier de la Légion d'Honneur, etc.

MONTPELLIER

IMPRIMERIE LOUIS GROLLIER PÈRE, BOULEVARD DU PEYROU

1898

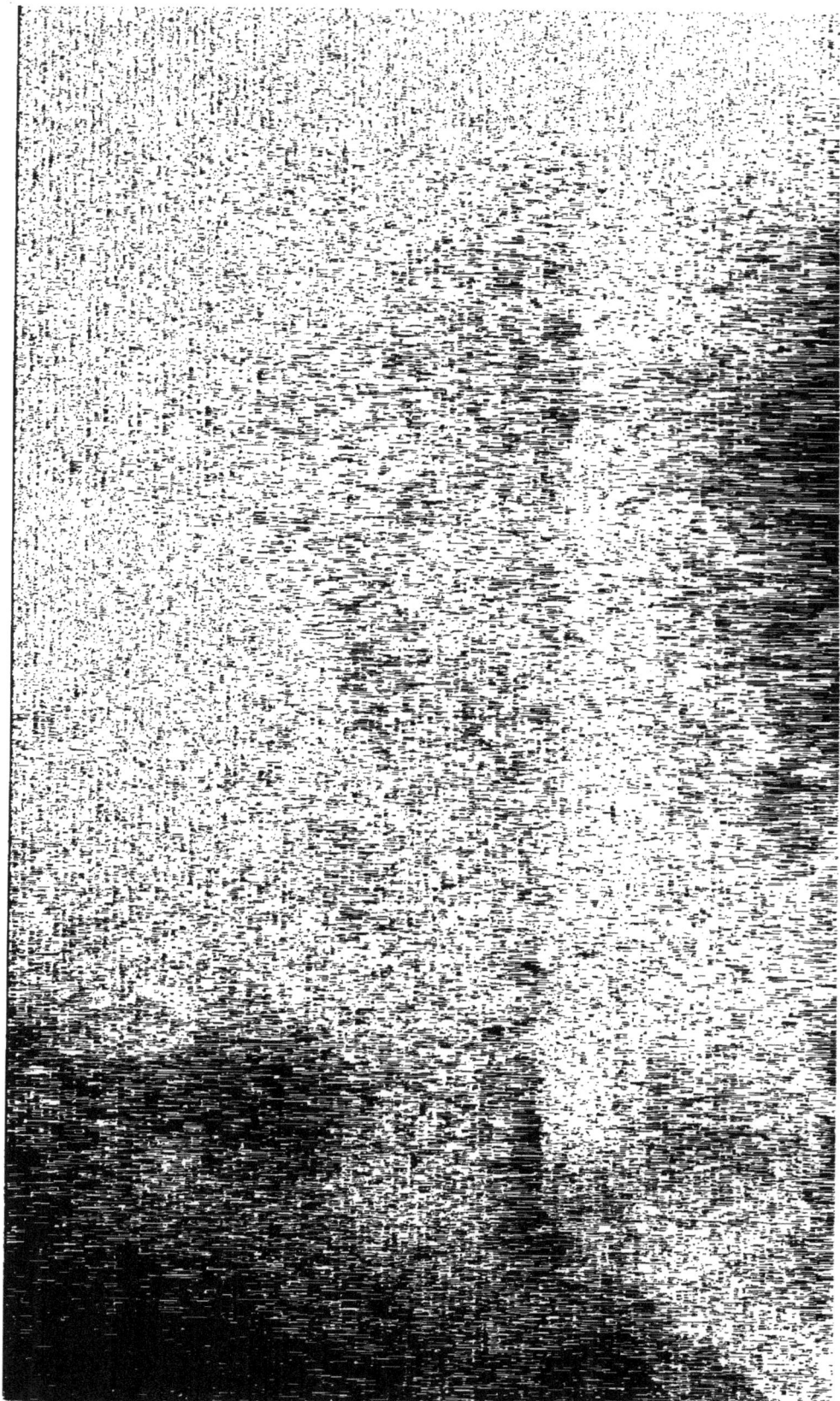

CATALOGUE

DES

OUVRAGES LÉGUÉS A LA VILLE DE MONTPELLIER

PAR

LE Dr C. CAVALIER.

22.7 \

CATALOGUE

DES LIVRES

LÉGUÉS A LA VILLE DE MONTPELLIER

PAR

LE Dʀ C. CAVALIER

A

1. Abrégé historique de l'origine et des progrez de la Gravure et des Estampes en bois et en taille douce, (Abr. Humbert). — *Berlin, Haude et Spener*, 1752, *in-12* ; d. b.

2. Abus (de l') des nudités de gorge, (par l'abbé J. Boileau). — *Bruxelles, Foppens*, 1675. Réimpression de *Gand, Duquesne*, 1857, *in-12, pap. vergé* ; br., *(tiré à 180 ex.)*.

3. Acajou et Zirphile, conte (par Duclos). — *A Minutie (Paris)*, 1761, *in-12, fig. de Boucher. (Réduction de celles de l'édition in-4°, 1744)* ; v. éc.

4. Affiches, arrêts, édits, etc., concernant les Monnaies ; du 17 mai 1701 au 21 juillet 1728. — *2 vol. in-4°* ; d. bas.

5. **Aigrefeuille** (Ch. d'). Histoire de la ville de Montpellier depuis son origine jusqu'à notre temps, avec un abrégé historique de tout ce qui précéda son établissement ; à laquelle on a ajouté l'histoire particulière des Juridictions anciennes et modernes de cette ville, avec les statuts qui lui sont propres. — *Montpellier, Jean Martel*, 1737, *pl.* ━ Seconde partie, contenant l'origine de son Église, la suite de ses Évêques, ses Églises particulières, ses Monastères anciens et modernes, ses Hôpitaux ; avec un abrégé historique de ses Universités et de ses collèges. — *Montpellier, Ricard*, 1739, *2 vol. in-fol.* ; bas.

1

6. **Aigrefeuille** (Ch. de). Histoire de la ville de Montpellier, depuis son origine jusqu'à notre tems, etc. Nouvelle édition, publiée sous la direction de M. de la Pijardière.—*Montpellier, Coulet*, 1875-82, *2 vol. in-4°, portr. et pl. gr.*; br.
   Ex. sur gr. papier de Hollande. Le T. 4 contient la continuation, les additions et corrections ajoutées par le nouvel éditeur.

7. Airs de différents autheurs mis en tablature de luth par eux-mesmes; septième série. — *Paris, P. Ballard,* 1617, *in-4°*; rel. vél.

8. **Albenas** (G. d'). Les Portraits de Rabelais, avec la reproduction par l'héliogravure des Portraits de la Faculté de Médecine de Montpellier, de Michel Lasne et de Sarrabat. — *Montpellier, Coulet*, 1880, *in-4°*; br. Un des deux exemplaires imprimés sur vélin (N° 2).

9. — Les Portraits de Rabelais, avec la reproduction par l'héliogravure, etc. — *Montpellier, Coulet,* 1880, *in-4°;* br. (Ex. tiré sur pap. de Holl. in-fol., avec dédicace imprimée au Dʳ Cavalier).

10. — Les Portraits de Rabelais, avec la reproduction par l'héliogravure, etc. — *Montpellier, Coulet,* 1880, *in-8°;* br.; *pap. de Holl.*

11. **Albertus Magnus.** De virtutibus herbarum, lapidum et animalium quorumdam. Ejusdemque liber de mirabilibus mundi et etiam de quibusdam animalibus, etc. Noviterque correctum et emendatum. — *S. ind., pet. in-8° goth., de 30 ff, non chiff.;* d. r. v. br., tr. d. (*Petit*).

12. — De secretis muliorum et virorum. — (*In fine :) Impressum Argentine per Mathiam Hüpfuff, anno millesimo quingentesimo decimo. — In-4°, de 32 ff. non chiff.*; d. r. v. br., tr. d.

13. **Albucasis.** Chirurgia..., cum Instrumentorum delineationibus. — *Argentorati, apud J. Schottum,* 1543, (*sed, in fine*) 1532, *pet. in-fol., fig.;* d. r. parch.

14. **Alciat** (A.). Viri D. Andreæ clarissimi Alciati Iurisconsultiss. Mediola. ad D. Chonradum Peutingerum Augustanum Iurisconsultnm Emblematum liber. M. D. XXXI. — (*In fine :) Excusum Augustæ Vindelicorum per Heynricum Steynerum die 6 Aprilis, anno* M. D. XXXI. (Marque typogr. de Steiner). — *Pet. in-8°, 98 fig. sur bois, rel. vél.*
   Deuxième tirage de la 1ʳᵉ édition, occasionné par le grand nombre

de fautes typographiques qui se trouvaient dans le premier, daté du 21 juin précédent.

15. — Emblematum libellus. — *Parisiis, Christ. Wechelus*, 1534, *pet. in-8° de 119 pp., fig. sur bois;* rel. m. r., fil. et compart. sur les plats, dent. int., tr. d.

    Première des Éditions données par Chr. Wechel.

16. — Emblemata. — *Lugduni, apud Gulielmum Rovillium,* 1548. *(In fine :) Lugduni excudebat Mathias Bonhomme. — In-8°, 164 pp., plus 2 ff. pour une « table dressée en lieux communs »;* fig. sur bois; d. m. n.

    Première des éditions données par G. Roville et M. Bonhomme. Ces planches sont reproduites avec des augmentations dans l'édition française de 1549.

17. — Emblematum libri II; in eadem succincta commentariola ... Sebastiano Stokhamero Germano auctore. — *Antverpiæ, ex offic. Christ. Plantini,* 1566, *in-16 de 250 pp., 135 fig. sur bois;* rel. mar. r. du Lev., fil., dent. int., tr. d. *(Hardy).*

    2ᵉ édition donnée par Christophe Plantin ; la 1ʳᵉ est de 1565.

18. Emblemes d'Alciat, de nouveau translatez en François vers pour vers jouxte les Latins, ordonnez en lieux communs, et Figures nouvelles appropriées aux derniers Emblemes. — *A Lyon, chez Guill. Roville,* 1549; *(à la fin :) Imprimez par Macé Bonhomme, in-8° de 267 pp., plus 2 ff. pour la table;* rel. v. br., f.

    Mêmes gravures que les 128 de l'édition latine de 1548, auxquelles on en a ajouté 35 autres, ce qui fait un total de 163. Plusieurs des encadrements portent le monogramme P. V. (Pierre Vingle).

19. — Emblemes d'Alciat en latin et en françois, vers pour vers, augmentez de plusieurs Emblemes en latin dudict autheur, traduictz nouvellement en françoys. etc. — *Paris, de l'Impr. de Hierosme de Marnef et Guillaume Cavellat,* 1574, *in-16, de 322 pp. et 7 ff. non chiffr., fig. sur bois;* rel. parch.

    3ᵉ édition donnée par H. de Marnef et G. Cavellat. — La 1ʳᵉ, donnée par Marnef seul, est de 1561 ; la 2ᵉ, donnée par les deux, est de 1573 ; la 4ᵉ et dernière signalée, donnée par Marnef et la Vᵉ Cavellat, est de 1583.

20. — Emblematum flumen abundans; or, Alciat's Emblems in their full stream being a photolith. fac-simile reprint of the Lyons edition by Bonhomme, 1551, and of Titles, etc., of similar Editions, 1548-1551 ; edited by Henry Green. with an

introduction and an alphabetical List of all the Latin Mottoes. — Published for the Holbin Society, by A. Brothers. — *Manchester, 1871. in-4°;* perc. gr.

21. **Alcripe** (Ph, d'). La nouvelle Fabrique des excellents Traits de Vérité ; livre pour inciter les resveurs tristes et merancoliques à vivre de plaisir, par Philippe d'Acripe, sieur de Neri en Verbos ; nouvelle édition. — *Paris, Jannet,* **1853**, *in-16, pap. vergé* ; perc. r.

22. **Allut** (P.). Recherches sur la vie et sur les ouvrages du P. Claude-François Menestrier de la Compagnie de Jésus ; suivies d'un Recueil de Lettres inédites de ce Père à Guichenon et de quelques autres Lettres de divers savans de son temps, inédites aussi. — *Lyon, Scheuring (impr. Perrin),* 1856, *in-8°, port. et pl.;* rel. mar. r., fil., dent., tr. d. *(Capé).*

23. — Étude biographique et bibliographique sur Symphorien Champier, suivie de divers opuscules françois de Symphorien Champier : l'Ordre de la Chevalerie, le Dialogue de Noblesse, et les Antiquités de Lyon et de Vienne. — *Lyon, Scheuring,* 1859, *in-8°, port. et fig., pap. de Hollande* ; cart.

24. Almanach de l'Archéologue français, par les Membres de la Société française d'Archéologie, 3ᵉ année. — *Paris, Béchet,* 1867, *in-8°, fig. ;* br.

25. **Alpinus** (P.). De Balsamo dialogus, in quo verissimæ Balsami plantæ, opobalsami, carpobalsami et xilobalsami cognitio plerisque antiquorum atque juniorum medicorum occulta, nunc elucescit. — *Venetiis, sub signum Leonis,* 1591, *in-4°* ; rel. vél.

26. Altercatio Synagogæ et Ecclesiæ, in qua bona omnium fere utriusque Instrumenti librorum pars explicatur; opus pervetustum ac insigne, antehac nusquam typis excusum. Interlocutores Gamaliel et Paulus (auctore GILBERTO sive GILLEBERTO abbate Wesmonasteriensi). — *Coloniæ, Melch. Novesianus,* 1537, *in-fol, pl. ;* d. m. Lav.

27. **Ambrosius de Spiera.** Quadragesimale de floribus sapientie. *(In fine :)* ... *per magistrum Vendelinum de Spira alemanum in urbe Venetiarum litteris eneis impressum..; anno domini millesimo quadrigentesimo septuagesimo sexto, die 18 mensis decembris.* — *In-fol. goth. de 510 ff. non chiff., à 2 col. de 46 lignes*; d. b.

Manque le f. 1 ; la table est suivie d'un f. blanc destiné peut-être à recevoir un titre et sous-titre. La première page du texte est enluminée d'une bordure or et polychrôme. Les lettres initiales, toutes au pinceau, sont alternativement en rouge et en bleu.

28. **Amé** (E.). Les Carrelages émaillés du Moyen-âge et de la Renaissance ; précédés de l'histoire des anciens Pavages : mosaïque, labyrinthes, dalles incrustées. — *Paris, Morel,* 1859, *gr. in-4°, pl. col.,* (*tiré à 300 ex. ; N° 177*); d. m. r., tête d.

29. Amilec ou la graine des Hommes, (par Ch.-Fr. Tiphaigne de la Roche). — *S. l. n. n.,* 1753, *in-12 de 10 et 126 pp. ;* br.

30. **Amoreux** (P.-J.). Notice historique et bibliographique sur la vie et les ouvrages de Laurent Joubert, chancelier en l'Université de médecine de Montpellier au XVIᵉ siècle. — *Montpellier, Tournel,* 1814, *in-8°, portr.*

31. Amoureux (L') Passetemps déclaré en joyeuse poésie, par plusieurs epistres du coq à l'asne et de l'asne au coq avec balades, dizains, huitains et autres joyeusetés ; (par François Gomain). — *Lyon, Benoît Rigaux,* 1582, *in-16. Réimpression de Bruxelles,* 1867, *pet. in-12 de 151 p., pap. de Holl. ;* br.; (*tiré à 120 ex. ; N° 72*).

32. Amusette des Grasses et des Maigres, contenant douze douzaines de calembourgs, avec les Fariboles de M. Plaisantin, les subtilités de la comtesse Tation et les remarques de l'abbé Vue, rédigée par une Société de Caillettes. — *Au Cap de Bonne Espérance, et Paris, chez le libraire* (Mᵐᵉ *Lesclapart*), *etc.,* (vers 1788); *réimpression de Bruxelles,* 1867, *pet. in-12, front. gr. ;* (*tiré à 200 ex. sur pap. de Holl. ; N° 5*).

33. **Anacréon, Sapho, Bion** et **Moschus ;** traduction nouvelle en prose, suivie de la Veillée des Fêtes de Vénus, et d'un choix de Pièces de différens auteurs, par M. M... C... (Moutonnet-Clairfond). — *A Paphos ; et se trouve à Paris chez Le Boucher,* 1773. = Héro et Léandre, poème de Musée. On y a joint la traduction de plusieurs Idylles de Théocrite, par M. M... C... — *A Sestos et se trouve à Paris chez le Boucher,* 1774. — Ensemble *1 vol. in-8°, fig. ;* v. m., f.. tr. d., *pap. de Holl.,* (*ex. de premier tirage*).

34. **Andrelinus** (Faustus). Buccolica Fausti. (*In fine :*) *Joannes Antonius Venetus impressor.... anno milesimo quingentesimo,*

primo. Parisiis. — *In-4° de 48 ff. non chiff., lettres rondes ;* rel. d. v. br.

> Sur le titre, vignette en bois représentant un professeur dans sa chaire.

35. **Aneau** (B.). Imagination poétique traduicte en vers François des Latins et Grecz, par l'auteur mesme d'iceux (Barptolemy Aneau). — *Lyon, Macé Bonhomme, 1552, pet. in-8°, fig. sur bois ;* rel. mar. Laval., ornem. et dent., tr. d. (*Capé*).

36. Annales archéologiques, publiées par Didron aîné et Ed. Didron. — *Paris, 1844-81, 28 vol. in-4° ;* d. m. r.

> Le T. 28 se compose de la table analytique et méthodique rédigée par M. Barbier de Montault.

37. A-propos (Les) de Société ou Chansons de M. L... (LAUJON).— Les A-propos de la Folie, ou Chansons grotesques, grivoises et annonces de parade. — (*Paris*), 1776, *3 vol. in-8°, fig. de Moreau ;* cart. (*exemplaire non rogné*).

38. **Apuleius**. Psyche et Cupido. Recensuit et emendavit Otto Iahn. — *Lipsiæ, impressis Breitkopfii et Haertelii, 1856, pet. in-12, pap. vél. ;* rel. mar. r., dent. int. (*Simier*).

39. — L'Amour de Cupido et de Psiché, mère de volupté, prise des cinq et sixième livres de la Métamorphose de Lucius Apuleius Philosophe. Nouvellement historiée et exposée tant en vers Italiens que Françoys (par Jean Mangin, dit le Petit Angevin). — *Paris, Janne de Marnef, veuve de feu Denis Janot,* 1546, *in-16 de 48 ff. en tout, fig. sur bois ;* v. br. (*Ex. d'Ambr. F. Didot*).

> Au f. 40 on trouve : le Plaint du Vaincu d'amour avec aucuns épigrammes de divers propos amoureux ; par Jean Mangin. Les planches attribuées au Petit Bernard sont la reproduction des 32 gravées, dit-on, en partie par Marc Antoine, d'après les dessins attribués à Raphaël, et publiées par Antoine Salamanca en 1 vol in-fol. obl.

40. **Arbaud** (D.). Lettres sur quelques-unes des Monnaies qui avaient cours en Provence au XIVe et XVe siècles, suivies de recherches sur le prix du blé et la taxe du pain à la même époque. — *Sans ind., in-12 (paginé 211-274).*

41. Archives de la Comédie française, Registre de LA GRANGE (1658-1685), précédé d'une notice biographique; publié par les soins de la Comédie-française, janvier 1876. — *Paris, Claye,* 1876, *gr. in-4°, pap. de Holl., (portrait de La Grange ajouté).*

42. **Aristote**. Problêmes d'Aristote et autres filosofes et médecins selon la composition du corps humain. Avec ceux de Marc Antoine Zimara. Item les Solutions d'Alexandre Aphrodisée sus plusieurs questions Physicales. — *A Lion, par Jean de Tournes*, 1554, *in-8°;* m. bl., f., dent., tr. d. (*Thibaron-Echaubard*).

43. — Histoire des Animaux, avec la traduction françoise par M. Camus. — *Paris, Ve Desaint*, 1783, *2 vol. in-4°;* d. bas.

44. **Arnaud** (Ant.). OEuvres philosophiques ; nouvelle édition, collationnée sur les meilleurs textes, et précédée d'une introduction par Jules Simon. — *Paris, Delahays*, 1843, *in-12;* d. v. f., f., tr. d.

45. **Arnaud** (J. Baculard d'). Recueil de six Nouvelles en prose avec titres et pagination distincts, publiées à Paris par Lesclapart en 1767 et formant le Tome l des *Épreuves du Sentiment.* — *1 vol. in-8°, fil., gr. pap. de Holl.* = (*On y a joint :*) Le Génie, poëme par MERCIER, avec fleuron sur le titre par Gabr. de Saint-Aubin. — *Paris, Ve Duchesne*, 1766, *in-8° de 16 p.*

46. Arrest donné par le Roy en son Privé Conseil, pour la Souveraineté et juridiction de sa Court des Generaux des Monnoyes à Paris, le cinquiesme jour de Septembre M. D. L. V. — *Paris, Jean Dallier*, 1555, *pet. in-12 de 8 p.*

47. Arrest de la Cour des Monnoies, portant règlement pour l'Exposition des espèces d'or et d'argent : ensemble le décri des espèces légères et des pièces d'Orange contrefaites sur les louis d'or et d'argent de France, dont les figures sont cy empreintes. — *Paris, Cramoisy*, 1650 ; *copie ms. in-8° de 21 p.*

48. Arrest du Conseil d'Estat sur le faict des Monoyes : du huitième Auril 1656. — *Paris, Cramoisy*, 1656, *pet. in-8° de 22 p.*

49. Arrétin (L') moderne, (par l'abbé DU LAURENS). — *Rome, aux dépens de la Compagnie de l'Index,* (*Amsterdam, Rey*), 1783, *2 vol. in-12;* b.

50. Art (L') pour tous. Encyclopédie de l'art industriel et décoratif. E. REIBER, directeur. — *Paris, Morel*, 1861-68, *7 années, gr. in-fol., pl. n. et col.*

51. **Artaud** (F.). Discours sur les Médailles d'Auguste et de

Tibère, au revers de l'autel de Lyon, suivi d'un mémoire
sur les recherches d'une statue équestre faite dans le mois
de novembre 1809, vers l'emplacement de l'ancien Temple
d'Auguste. — *Lyon, Lambert-Gentot,* 1820, *gr. in-4°, pl.;* br.
= (*On y a joint :*) Nouvelles observations sur le grand Bas-
Relief Mithriaque de la collection Borghèse, actuellement au
Musée royal de Paris, par M. Félix Lajard. — *Paris, Didot,*
1828, *gr. in-4°, pl.*

52. **Assier** (Al.). La Bibliothèque Bleue depuis Jean Oudot 1er
jusqu'à M. Baudot, 1600-1863. — *Paris, Champion,* 1874,
in-12 de 57 p.; br. (*Tiré à 160 ex.; N° 10, sur papier rose*).

53. **Astruc** (J.). Mémoires pour servir à l'histoire de la Faculté
de Médecine de Montpellier; revus et publiés par M. Lorry.
— *Paris, Cavelier,* 1767, *in-4°, port.* ; bas.

54. **Aubigné** (Th.-A. d'). Les Aventures du baron de Fæneste.
Nouvelle édition revue et annotée par Prosper Mérimée. —
Paris, Jannet, 1855, *in-16, pap. vergé;* perc. r.

55. **Audiffredi** (J.-B.). Catalogus historico-criticus Romanorum editionum sœculi XV. In quo praeter editiones à
Maettario, Orlandio, ac P. Laerio relatas et hic plerumque
plenius uberiusque descriptas, plurimæ aliæ quae eosdem
effugerunt, recensentur ac describuntur; non paucae contrà,
ab eodem P. L. aliisve memoratae exploduntur : varia item
ad historiam typographicam et bibliographicam pertinentia
nunc primum pertractantur. — *Romae, ex typographio
Palcariniano,* 1783, *in-4°;* bas., f. (*Ex. avec les ff. d'appendice
in fine*).

56. Auguste Poulet-Malassis. — Bibliographie descriptive et anec-
dotique des ouvrages écrits ou publiés par lui; par un
bibliophile Ornais. — *Paris, Rouquette,* 1883, *in-8° de 45 p.,
pap. vél., (tiré à 100 ex.; N° 64*).

57. Auteurs déguisez sous des noms étrangers, empruntez,
supposez, feints à plaisir, chiffrez, renversez, retournez, ou
changez d'une langue en une autre ; (par Adrien Baillet).—
Paris, Dezallier, 1690, *in-8° ;* br. (*Ex. de dom Calmet*).

58. Avantures (Les) ou mémoires de la vie d'Henriette Sylvie de
Molière, (par d'Alègre). — *Suivant la copie imprimée à
Paris; (Amsterdam, Abr. Wolfgank),* 1672-74, *6 part. en
1 vol. pet. in-12 ;* rel. vél.

59. **Avicenne**. Liber Canonis, de Medicinis cordialibus, et Cantica, cum castigationibus Andreæ Alpagi, una cum ejusdem nominum arabicorum interpretatione, etc. — *Venetiis, apud Juntas, 1544, in-fol., fig.*

B

60. **Bachaumont**. Mémoires secrets, revus et publiés, avec des notes et une préface, par P.-L. Jacob, bibliophile (Paul Lacroix). — *Paris, Delahays, 1859, in-12;* d. v. f., f., têt. d.

61. **Bacon** (F.). OEuvres philosophiques, morales et politiques, avec une notice biographique par J.-A.-C. Buchon. — *Paris, Desrez, 1836, gr. in-8°;* d. m. v.

62. **Baldit** (M.). L'Hydrothermopolie des Nymphes de Bagnols en Gévaudan : ou les merveilles des Eaux et des Bains de Bagnols. Recogneuë et avérée, par Michel Baldit, médecin de Mende, docteur de l'université de Montpellier. — *Lyon, Huguetan, 1651, pet. in-8°;* m. v. f., dent., tr. d. (*Amand*).

63. Balet (Le) de la Tour de Babel. Dansé à Montpellier le Dimanche dernier jour du moys de Janvier de l'année M. DC. XXVII. — *Imprimé à Montpellier par Jean Pech, in-4° de 24 pp.;* rel. m. bl. du Lev., f., dent. int., tr. d. *(Chambolle-Duru)*.

64. Ballets et Mascarades de Cour de Henri III à Louis XIV (1581-1652), recueillis et publiés, d'après les éditions originales, par M. Paul Lacroix (Bibliophile Jacob). — *Genève, Gay et fils, 1868-70, 6 vol. pet. in-8°;* br. (*Ex. sur gr. pap. de Holl., tiré à 200 ex. sur ce papier; N° 18.*)

65. Balneis (De) omnia quæ extant apud græcos, latinos et arabas tam medicos quam quoscumque ceterarum artium probatos scriptores, qui vel integris libris vel quoquo alio modo hanc materiam tractaverunt, etc. — *Venetiis, apud Juntas, 1553, in-fol. de 14 ff. prél. et 497 ff. et fig.;* rel. parch.

66. **Balzac**. Les Contes drolatiques colligez ez abbayes de Touraine et mis en lumière par l'esbattement des Pantagruélistes et non aultres; cinquiesme édition, illustrée de 425 dessins par Gustave Doré. — *Se trouve à Paris ez bureaux de la Société Générale de Librairie, 1855, in-8°;* mar. v., fil., dent., tête d., non rogné. (*Petit*).

> Ex. de premier tirage, sur pap. de Chine. Tiré sur ce papier à 10 ex. selon les uns, à 6 seulement selon les autres.

67. **Balzac.** Les Contes drolatiques colligez ez abbayes de Tour-
raine, etc.; cinquiesme édition illustrée de 425 dessins par
G. Doré. — *Paris*, 1855, *in-8°;* br. (*Ex. de premier tirage*).

68. **Bandini** (A.-M.). De Florentina Juntarum Typographia
ejusque censoribus ex qua græci, latini, tusci scriptores ope
codicum manuscriptorum a viris clarissimis pristinae inte-
gritate restituti in lucem prodierunt. Accedunt excerpta uber-
rima praefationum libris singulis praemissarum. — *Lucæ,
Bonsignori*, 1791, *2 part. en 1 vol. in-8°;* d. m. r.

> Le 2e vol. et les faux titres des deux, ont pour titre : *Juntarum
> Typographiæ Annales* ab anno 1497 ad 1550, ex qua, etc.

69. **Barbet de Jouy.** Notice des antiquités, objets du Moyen-
Age, de la Renaissance et des temps modernes composant le
Musée des Souverains. — *Paris, de Mourgues*, 1866, *in-12.*

70. — Les Della Robbia, sculpteurs en terre cuite. Étude sur
leurs travaux, suivie d'un catalogue de leur œuvre fait en
Italie en 1853. — *Paris, Renouard*, avril 1855, *in-12, pap.
vergé.*

71. **Barbier** (A.-A.). Notice bibliographique sur les diverses
éditions des ouvrages de J.-J. Rousseau, et sur les principaux
écrits relatifs à sa personne et à ses ouvrages; quatrième
édition, mise dans un nouvel ordre et augmentée par Quérard. — *Paris, Didot*, 1836, *in-8° de 40 p.*, perc. gr. (*Ex. en
grand pap., et interfolié*).

72. **Barbot** (Ch.). Traité complet des Pierres précieuses, contenant leur étude chimique et minéralogique, les moyens de
les reconnaître sûrement, leur valeur approximative, leur
emploi, la description des plus extraordinaires, etc. — *Paris,
Lacroix et Baudry*, 1858, *in-12, pl. ;* d. m. br.

73. **Barclay** (J.). Euphormionis Lusinini, sive Jo. Barclaii,
Satyricon, nunc primum in sex partes dispertitum et notis
illustratum, cum clavi. Accessit Conspiratio Anglicana. —
Lugd. Batavorum, ex Offic. Hackianâ, 1674, *in-8°*, front. ; b.

74. **Barrault** (l'abbé) et **Martin** (A.). Le Bâton pastoral ;
étude archéologique. (Extr. des *Mélanges d'Arch.*, etc. —
Paris, Vᵉ Poussielgue-Rusand, 1876, *gr. in-4°*, pl. n. et col.

75. **Barre** (Albert). Graveurs généraux et particuliers des
Monnaies de France. — Contrôleurs généraux des Effigies. —

Noms de quelques graveurs en médailles de la Renaissance française. — *Paris, Pillet,* 1867, *in-4° de 35 p., portr.* ; br.

76. **Barthélémy** (J.-B.-A.-A.). Nouveau Manuel complet de Numismatique ancienne. — *Paris, Roret,* 1866, *in-12, avec atlas.*

77. — Nouveau Manuel complet de Numismatique du moyen-âge et moderne. — *Paris, Roret,* s. d., *in-12, avec atlas.*

78. — Numismatique Mérovingienne. — Liste des Noms de Lieux inscrits sur les Monnaies Mérovingiennes. — *Paris, Aubry,* 1865, *in-8° de 44 p.*

79. **Barthélemy** (A.-M.). Némésis. Quatrième édition, ornée de gravures d'après les dessins de Raffet et d'un frontispice gravé sur bois par Lacoste jeune, tiré sur pap. de Chine. — *Paris, Perrotin,* 1835, *2 vol. in-8°, portr.* ; br.

80. — et **Méry**. Napoléon en Égypte, Waterloo et le Fils de l'Homme ; précédés d'une notice littéraire par M. Tissot ; édition illustrée par Horace Vernet et H¹ᵉ Bellangé. — *Paris, Bourdin,* s. d. (1742), *gr. in-8°* ; d. m. bl., f., tête d. (*Petit*).

Ex. sur papier de Chine.

81. **Barthélémy** (l'abbé J.-J.). Voyage du Jeune Anacharsis en Grèce. Nouvelle édition. — *Paris, Ledoux,* 1822, *7 vol. in-8°, port., fig.* ; d. v. r.

82. **Barzizius** (Cristoforus) Pergamensis medicus peritissimus. Introductorium in medicinam. (In fine :) *In officina Sigismundi Grimm medicine doctoris atque Marci Wyrsung Auguste Vindelicorum anno* M. D. XVIII. — *In-4° goth. de 64 ff. non chiff. (le dernier blanc),* à 40 et 41 lignes par page ; (rel. ancienne).

83. **Basselin** (O.) et Jean **Le Houx**. Vaux-de-Vire, suivis d'un choix d'ancien Vaux-de-Vire et d'anciennes chansons normandes, tirés des manuscrits et des imprimés, avec une notice préliminaire et des notes philologiques par A. Asselin, L. Dubois, Pluquet, Julien Travers et Charles Nodier ; nouvelle édition, revue et publiée par P. L. Jacob, bibliophile (Paul Lacroix). — *Paris, Delahays,* 1858, *in-12* ; d. v. f., f., tête d.

84. **Baverel** (J.-B.) et **Malpez**. Notices sur les graveurs qui

nous ont laissé des Estampes marquées de monogrammes, chiffres, rébus, lettres initiales, etc.; avec une description de leurs plus beaux ouvrages, etc. — *Besançon, Taulin-Dessirier*, *2 vol. in-8°*; d. v. v.

85. **Beaudeau** (Jacques). Armorial des Estats du Languedoc enrichi des élémens de l'Art du Blason. — *Montpellier, Daniel Pech*, 1686, *pet. in-4°, front. et pl. gr.;* v. éc.

86. **Beaumarchais**. Œuvres complètes, précédées d'une notice sur sa vie et ses ouvrages, par Saint-Marc Girardin. — *Paris, Furne*, 1835, *gr. in-8°, portr.;* d. m. bl.

87. **Beaune** (H.). Les Sorciers de Lyon, épisode judiciaire du dix-huitième siècle. — *Dijon, Robertot*, 1868, *in-8°;* br.

88. **Beaupré**. Recherches historiques et bibliographiques sur les Commencements de l'imprimerie en Lorraine et sur ses progrès, jusqu'à la fin du XVII° siècle. — *Saint-Nicolas de Port, Trenel*, 1845, *in-8°, pl.;* d. perc. n. (*Tiré à 500 ex.; N° 117*).

89. — Nouvelles Recherches de Bibliographie Lorraine, 1500-1700. — *Nancy, Grimblot*, 1856, *in-8°.*

90. **Beauvais**. Manière de discerner les Médailles antiques de celles qui sont contrefaites; avec l'introduction, les notes et la spécification de la valeur et de la rareté des anciennes Médailles des Empereurs romains, ajoutées à la traduction allemande de cette dissertation. — *Dresde, Walther*, 1794, *pet. in-4°;* d. perc. n.

91. **Becker** (C.). Jobst Amman. Zeichner und Formschneider, Kupferætzer und Stecher; nebst zusætzen von R. WEIGEL. — *Leipzig, Weigel*, 1854, *pet. in-4°, pl.;* d. m. n.

92. **Béjard** (Jacques). Recueil des Tiltres, qualités, blazons et armes des seigneurs barons (et des prélats) des Estats généraux de la province de Languedoc, tenus par son altesse serenissime Monseig' le Prince de Conty en la ville de Montpellier l'année 1654. — (*A la fin :*) A Lyon, de l'imprimerie de *Scipion Jasserme*, 1655. *Achevé d'imprimer le dernier du mois de juillet 1655, in-fol. de 83 ff.;* d. b. (*Première édition*).

93. — Recueil des Tiltres, qualités, blazons et armes des seigneurs barons (et des seigneurs prélats) des Estats généraux de la province de Languedoc, etc. — *S. ind. (Lyon, Jasserme, 1657), in-fol. de 160 ff.;* bas.

94. Belle (La) Allemande ou les Galanteries de Thérèse , (par CLAUDE VILLARET). — *Paris, aux dépens de la Compagnie* ; (*Bâle, Flick*), 1774, *in-12*; b.

95. **Belon** (P.). De Aquatilibus libri duo, cum iconibus ad vivam ipsorum effigiem, quoad ejus fieri potuit expressis.— *Parisiis, Car. Stephanus*, 1553, *in-8°. obl.* ; m. r., f. int., tr. d.

96. — L'Histoire de la nature des Oyseaux, avec leurs descriptions et naïfs portraicts retirez du naturel : escrict en sept livres, par Pierre Belon, du Mans. — *Paris, en la boutique de Gilles Corrozet*, 1555, *in-fol., portr. et pl.* ; bas.

97. — L'Histoire de la nature des Oyseaux, avec leurs descriptions et naïfs portraicts, etc.— *Paris, G. Cavellat*, 1523, *in-fol., fig. col.* ; bas.

98. **Béranger** (J.-P.). Chansons. — *Paris, Didot*, 1821, *2 vol., in-18, port.* = Procès faits aux chansons de J.-P.-D. Béranger. — *Paris, (Boudouin)*, déc. 1821, *1 vol. in-18.* = Chansons nouvelles. — *Paris (Plassan)*, 1825, *1 vol. in-18.* = Airs anciens et nouveaux des Chansons, publiés par A. Guichard-Printemps. — *Paris, Hentz-Jouve*, s. d., *1 vol. in-18.* = En tout 5 vol.

> Édition publiée moyennant une souscription patronnée par le banquier Laffite et A.-S.-L. Bérard.

99. — OEuvres complètes. Nouvelle édition revue par l'auteur, illustrée de 52 belles gravures sur acier entièrement inédites, d'après les dessins de Charlet, A. de Lemud, Johannot, Daubigny, Pauquet Jacques, J. Lange, Pinguilly, de Rudder, Raffet, (avec portrait de Béranger gravé sur acier par Pannier d'après Sandoz, et fac-simile). — *Paris, Perrotin*, 1847, *2 vol. in-8°, pap. vél.* ; rel. m. v., f., dent., tr. d.

> Ex. de premier tirage de cette édition, la dernière publiée du vivant de l'auteur, corrigée par lui et augmentée de 10 chansons nouvelles dont 5 à la fin du T. I, et 5 à la fin du T. II.

100 — Musique des Chansons de P.-J. de Béranger. contenant les airs anciens et modernes les plus usités; quatrième édition.— *Paris, Perrotin*, 1847, *1 vol. in-8°*; m. v., f,, tr. d.

101. — Album Béranger par Grandville. Quatre-vingt-quatre vignettes sur bois. — *Paris, Perrotin*, s. d., (quatrième tirage, les trois premiers sont de 1836, 1839 et 1840).— *1 vol. in-8°* ; d. m. v., f., tr. d.

102. **Béranger**(J.-P.). Dernières Chansons — 1834 à 1851 — avec une lettre et une préface de l'auteur. — *Paris, Perrotin*, 1867, *in-8°*; avec le supplément de 8 pages paru en 1860 et 14 gravures de Lemud publiées aussi en 1860 par le même ; *br.*

103. — Ma Biographie, ouvrage posthume avec un appendice et un grand nombre de notes inédites de Béranger sur ses chansons, orné d'un portrait en pied dessiné par Charlet.— *Paris, Perrotin*, 1857, *1 vol. in-8° de 399 p.*, *br.*; avec 8 gravures de Raffet, Sandoz et Vattier publiées par le même, en 1860.

Pour Béranger, voir, en outre : Brivois.

104. **Berbiguier** (A.-V.-C.). Les Farfadets, ou tous les démons ne sont pas de l'autre monde. — *Paris, Gueffier*, 1721, *3 vol. in-8°, pl.*; br.

105. **Bergomensis** (Jacobus-Philippus Foresti). Opus preclarum Supplementum chronicarum vulgo appellatum in omnimoda historia novissime congesta. (*In fine :*) *Impressum Venetiis per Bernardum Rizom de Novaria, anno* M.CCCC. LXXXX. — *In-fol.* goth., de *1 1 ff.* non chiff. (signés 2-12) et *261 ff.* chiff. de 60 lignes, fig. sur bois ; d. b.

106. **Bernal** (R.). Illustrated catalogue of the distinguished collection of Works of Art and Vertù, from the Byzantine period to that of Louis XVI.....with the purchasers' names and prices. — *London, Burn*, 1855, *gr. in-8°, port. et pl.gr.*; d. m. gr.

107. **Bernard** (Aug.). De l'Origine et des Débuts de l'Imprimerie en Europe. — *Paris, J. Renouard*, 1853, *2 vol in-8°*; d. m. n.

108. — Histoire de l'Imprimerie Royale du Louvre. — *Paris, Imp. Impériale*, 1867, *in-8°* ; br. (Lettre autogr. de l'auteur, ajoutée).

109. — Geoffroy Tory, peintre et graveur, premier imprimeur royal, réformateur de l'orthographe et de la typographie sous François Ier. Deuxième édition. — *Paris, Tross*, 1865, *in-8°*, fac. sim.; br. (Ex. sur grand papier de Hollande.)

110. — Les Estienne et les Types grecs de François Ier. Complément des Annales stéphaniennes, renfermant l'histoire complète des Types royaux, enrichie d'un spécimen de ces caractères et suivie d'une notice historique sur les premières

impressions grecques. — *Paris, Tross*, 1856, *in-8° de 72 p.,
pap. fac. sim.* ; br.

111. **Bernier** (J.). Jugement et nouvelles Observations sur les
OEuvres grecques, latines, toscanes et françoises de Maître
François Rabelais D. M., ou le Véritable Rabelais réformé ;
avec la carte du Chinonois pour l'intelligence de quelques
endroits du Roman de cet auteur, ses médailles, celle de
l'auteur du Jugement et des Observations ; et celle du Médecin de Chaudray, auquel cet ouvrage est dédié par un
médecin son contemporain et admirateur. — *Paris, Laurent
d'Houry*, 1597, *in-12* ; b.

112. **Béroalde de Verville.** Le Moyen de Parvenir, œuvre
contenant la raison de ce qui a esté est et sera, avec démons-
trations certaines selon la rencontre des effects de vertus ;
nouvelle édition, collationnée sur les textes anciens, avec
notes, variantes, index, glossaire et notice bibliographique ;
par un bibliophile campagnard. — *Paris, Willem*, 1870-72,
2 vol. pet. in-8°, vignettes sur bois ; rel. m. cit.,f., dent., tr.
d. (*Cazin*).

    Ex. sur pap. de Chine de cette édition non mise dans le commerce,
et tirée à petit nombre. Vʳ aussi : Contes en vers.

113. **Berry**. Études et recherches historiques sur les Monnaies
de France. — *Paris, Dumoulin*, 1852-53, *2 vol. avec 1 atlas
in-8°* ; d. m. v.

114. **Bertin**. OEuvres complètes, avec notes et variantes, précédées d'une notice historique sur sa vie. — *Paris, Roux-Dufort*,
1824, *in-8°, fig.* ; v. f., f.

115. **Bertrand** (Al.). Les Voies romaines en Gaule, Voies des
Itinéraires ; résumé du travail de la Commission de la Topo-
graphie des Gaules. — *Paris, Didier*, 1864, *in-8° de 61 pages*;
br. (*Ext. de la Rev. Archéol.*).

116. **Bettange** (De). Traité des Monnoyes, contenant des Instructions pour la partie des Monnoyes, un Recueil des Espèces
d'or et d'argent fabriquées depuis Pharamond jusqu'à présent, leur titre, poids et valeur ; avec un Traité des Règles
d'alliage d'or et d'argent, et une méthode aisée pour les faire
soi-même. — *Avignon, Jouve et Challiol*, 1760, *2 vol. in-12*;
d. b.

117. **Beughem** (C. à). Bibliographia historica, chronologica et
geographica, novissima, perpetuo continuanda, sive conspec-

tus primus Catalogi Librorum historicorum, chronologico-
rum et geographicorum, tam sacrorum quam profanorum,
etc. Quibus, ob argumentorum similitudinem sparsis suis
locis inseruntur genealogicorum, heraldicorum, antiquario-
rium, numariorum, bibliothecariorum, aliorumque hujus
generis scriptorum specimen. Quotquot, currente hoc semi
sæculo, id est, ab anno MDCLI, per universam Europam, in
quavis linguâ, orientali, tum græca, latina, gallica, hispanica, italica, anglica, germanica et belgica, aut novi aut
emendatiores et auctiores typis prodierunt.' — Accedit ejusdem Musaeum seu Syllabus Iconum sive imaginum illustrium
à sæculo hominum, quæ in ejus musæo spectantur. — *Ams-*
telædami, apud Janssonio-Waesbergios, 1685, *pet. in-12;* br.

118. **Beughem** (C. à). Bibliographia Mathematica et artificiosa
novissima, perpetuò continuanda, seu conspectus primus Catalogi librorum mathematicorum seu arithmeticorum, geome-
tricorum, astronomicorum, geographicorum, opticorum, har-
monicorum et mechanicorum ; quibus ob argumentorum
similitudinem sparsim suis locis inseruntur mathematico-
physicorum et physico-mathematicorum, artificiosorum et ad
delectationem usumque vitae humanae conducentium scriptorum specimina. — Quotquot, currente hoc semisœculo, id
est, ab. anno MDCLI, in quàvis linguâ orientali ; tum græca
ac latina, gallica, italica, hispanica et belgica, aut novi, aut
emendatiores et auctiores typis prodierunt, etc. — Accedit
ejusdem Cosmographiae, sive Atlantis majoris tam Blaviani
quam Janssoniani brevis conspectus harmonice exhibitus. —
Amstelædami, apud Janssonio-Waesbergios, 1688, *pet. in-12.*
⸺ (*On y a joint, du même :*) Incunabula Typographiæ sive
Catologus librorum scriptorumque proximis ab inventione
Typographiæ annis, usque ad annum M. D. inclusive in quavis lingua editorum opusculum, notis historicis, chronologicis
et criticis intermixtum. — *Amstelodami, Wolters*, 1688, *de*
191 pp. ; rel. parch.

119. **Beyerus** (M.-A.). Memoriæ historico-criticæ Librorum
rariorum. — Accedunt Evangelii cosmopolitani notæ ad
Jo. Burch. Menchenii *De Charlataneria Eruditorum Declama-*
tiones, in quibus exempla nonnulla præcipuè Hispanorurum
adferuntur. — *Dresdæ et Lipsiæ, Hetzel*, 1734, *in-8°;* cart.

120. Biblia utriusque Testamenti juxta Vulgatam translationem,
et eam, quam haberi potuit, emendatissimam : additis rerum

præcipuis in locis iconibus. — *Lugduni, apud Hugonem a Porta,* 1538 — (*Au* 1º *de la page 569* :) *Excudebant Lugduni Melchior et Gaspar Trechsel fratres,* 1538. *in-fol.;* rel. mar. Lav., orn. à froid sur les plats, tr. d., gardes en vélin blanc, *au chiffre du D* Cavalier.

121. Biblia sacra ex postremis doctorum omnium vigiliis, ad hebraicam veritatem, et probatissimorum exemplarium fidem. Cum argumentis indice et hebraïcorum nominum interpretatione. — *Lugduni, apud Guil. Boulle,* 1542, *in-8° de 8 ff. prél., 560 ff. et 8 ff.* pour la table ; rel. m. n.

> Édition ornée de 125 fig. sur bois dans le genre du Petit Bernard.
> La marque de Guill. Boule est au vº du dernier f.

122. Biblia (emendata cura et studio Rob. Stephani). His accesserunt schemata Tabernaculi Mosaici et Templi-Salomonis, etc. — *Lutetiæ, ex offic. Rob. Stephani,* 1546, *in-fol., fig.*; d. m. n.

123. Biblia sacra, ad vetustissima exemplaria castigata, 1571. *Francofurti.* — (In fine :) *Impressum Francofurti ad Maenum apud Georgium Corvinum, impensis Sigismundi Feierabend,* MDLXXI, *2 tomes pet. in-4°, fig.* sur bois ; rel. m. n., tr. r. et dor., fermoirs.

> Le T. 1ᵉʳ contient 16 ff. prél. ; 423 ff. chiff. et 135 fig. — Le T. 2
> 311 ff. chiff. et 62 fig. — Édition préparée par J. Huntenius, d'après
> la révision des théologiens de Louvain.

124. Biblia sacra (ex recognitione Theologorum Lovaniensium).— *Antverpiæ, ex offic. Christ. Plantini,* 1574, *in-8° à 2 col.* rel. v. f., gauffré, doré et colorié, aux armes de la maison de Montbeliard.

125. Bibliographie et Iconographie des Œuvres de J.-F. Regnard (8 février 1655-5 septembre 1709), (par de MARCHEVILLE). — *Paris, Rouquette,* 1877, *in-16 de 66 p.,* br.

126. Bibliographie des Ouvrages relatifs à l'Amour, aux Femmes, au Mariage, contenant les titres détaillés de ces ouvrages, les noms des auteurs, un aperçu de leur sujet, leur valeur et leur prix dans les ventes, l'indication de ceux qui ont été poursuivis ou qui ont subi des condamnations, etc.; par M. Cᵗᵉ d'I... (Jules GAY); seconde édition. — *Paris. Gay,* 1864, *in-8°;* br.

127. Bibliographie des Ouvrages relatifs à l'Amour, aux Femmes, au Mariage, et des livres facétieux, pantagruéliques, scatologiques, satyriques, etc., contenant les titres détaillés de ces

ouvrages, les noms des auteurs, un aperçu de leur sujet, leur
valeur et leur prix dans les ventes, etc.; par le Cte d'l... (Jules
GAY); 3me édition, refondue et considérablement augmentée.
— *Turin, J. Gay et fils, 1871, 6 vol. pet. in-8°*; m. r. f., tr. d.
(*Amand*).

(Exemplaire en grand papier, N° 74 sur 100).

128. Bibliographie des Ouvrages relatifs aux Pèlerinages, aux
Miracles, au Spiritisme et à la Prestidigitation, imprimés en
France et en Italie l'an du Jubilé 1875. — *Turin, (Imp. Bona),
1876, in-8° de 70 pages, pap. vél., (tiré à 300 ex ; N° 123).*

129. Bibliographie et Iconographie de tous les ouvrages de Restif
de la Bretonne, comprenant la description raisonnée des
éditions originales, des réimpressions, des contrefaçons, des
traductions, des imitations, etc., y compris le détail des
estampes et la notice sur la vie et les ouvrages de l'auteur
par son ami Cubières Palmézeaux, avec des notes historiques, critiques et littéraires par P. L. Jacob, bibliophile
(Paul LACROIX). — *Paris, Fontaine, 1875, in-8°, portr.*; br.

Ex. sur papier Whatman ; n° 3, sur 50.

130. Bibliographie Forestière française, ou Catalogue chronologique des ouvrages français ou traduits en français, et publiés
depuis l'invention de l'imprimerie jusqu'à ce jour, sur la
Sylviculture, l'Arboriculture forestière et sur les matières
qui s'y rattachent : phytographie, culture, exploitation,
économie, législation, jurisprudence, statistique, histoire
et administration forestières, industrie concernant les bois ;
suivi d'une table des auteurs mentionnés, contenant l'indication de leurs ouvrages. — Publié par les *Annales Forestières*
et rédigé par D.-A. JACQUEMART. — *Paris, (Imp. Beau), 1852,
in-8° de 58 p.*; br.

131. Bibliographie Médicinale raisonnée, ou essai sur l'exposition
des Livres les plus utiles à ceux qui se destinent à l'étude de
la Médecine; par P.-J.-D. (DUMONCHAUX). — *Paris, Ganeau,
1761, in-12*; cart.

132. Bibliomanie (De la), (par BOLLIOUD-MERMET). — *La Haye,
1761.* Réimpression due aux soins de P. Chérin. — *Paris,
Jouaust, 1865, in-12 de 72 p.*; d. m. bl. (*ex. sur pap. de
Chine ; tiré à 10 ex. sur ce pap.*)

133. Bibliophile (Le) français; Gazette illustrée des Amateurs de

Livres, d'Estampes et de haute curiosité. — *Paris, Bachelin Deflorenne*, 1868-73, 7 *vol. gr. in-8°, portr. et pl. gr.*

134. Bibliotheca Horatiana, sive syllabus editionum Q. Horatii Flacci, interpretationum, versionum, ab anno MCCCCLXV ad annum MDCCLXX, (edente J. W. Neuhaus). — *Lipsiæ, Sommerus*, 1775, *in-8°*; d. bas.

135. Bibliothèque bibliophilo-facétieuse, éditée par les frères Gébéodé, (Gustave BRUNET et Octave DELAPIERRE). — *(Londres)*, 1852-56, *3 vol. in-12. (Tiré à 100 ex.)*; perc. r.
> I. Le premier Acte du Synode nocturne des Lémanes, Unelmanes, Propétides à la ruine des biens, vie et honneur de Calianthe, 1608.
> II. Extraits et analyses d'ouvrages Pantagruéliques.
> III. Chansons historiques et satiriques sur la Cour de France.

136. Bibliothèque dramatique de M. de Soleinne. Catalogue rédigé par P. L. Jacob bibliophile (Paul LACROIX). — *Paris, Alliance des Arts*, 6 *vol. in-8°*; d. v. f.

137. Bibliothèque Nationale. — Notice des objets exposés dans la salle du Parnasse Français à l'occasion du second centenaire de la mort de Pierre Corneille. — *Paris, Chamerot*, 1884, *in-8° de 55 p.*; br.

138. **Bie** (J. de). La France métallique, contenant les actions célèbres tant publiques que privées des Rois et Reynes ; remarquées en leurs médailles d'or, argent et bronze, tirées des plus curieux cabinets. — *Paris, Jean Camusat*, 1636, *in-fol., portr. et pl. gr.*; rel. parch.

139. **Bigot** (Al.). Essai sur les Monnaies du Royaume et Duché de Bretagne. — *Paris, Rollin*, 1857, *in-8°, pl.* ; br.

140. Billmark aquarell-lithographier och Tontrych. Teckningar efter naturen Snerice interiöres och exteriöres. Upsala sigtuna. Gripsholm. — *Stockholm, Levertin och Sjœstedt*, 2 *livr. in-fol., pl. col.*

141. Biographie Toulousaine ou Dictionnaire historique des Personnages qui par des vertus, des talens, des écrits, de grandes actions, des fondations utiles, des opinions singulières, des erreurs, etc., se sont rendus célèbres dans la ville de Toulouse, ou qui ont contribué à son illustration ; par une Société de gens de Lettres (E.-L. de LA MOTHE LANGON, J.-T. LAURENT-GOUSSE et A.-L.-C.-A. DU MÈGE); ouvrage précédé d'un précis de l'Histoire de Toulouse, de tables chronologiques des souverains, évêques, archevêques, magistrats,

etc., de cette cité; des papes, cardinaux, grands maîtres de Malthe, etc., qu'elle a fournis, et des Conciles qui s'y sont tenus. — *Paris, Michaud*, 1823, *2 vol. in-8°* ; d. m. br.

142. Biographie universelle ancienne et moderne, ou histoire par ordre alphabétique de la vie publique et privée de tous les hommes qui se sont fait remarquer par leurs écrits, leurs actions, leurs talents, leurs vertus ou leurs crimes. Nouvelle édition, publiée sous la direction de M. Michaud, revue, corrigée et considérablement augmentée d'articles inédits et nouveaux; ouvrage rédigé par une Société de gens de lettres et de savants. — *Paris, Thoisnier-Desplacis,* 1843 et an. suiv., *44 vol. gr. in-8°*; d. mar. br., tête dor.

143. **Bion** et **Moschus.** Idylles, traduites en français par J.-B. Gail. — *Paris, Didot jeune*, an troisième (1794), *in-18 ;* rel. v. v. f., tr. dor., pap. vél.; fig. de Le Barbier avant la lettre et eaux-fortes.

144. **Bizot.** Histoire métallique de la République de Hollande; nouvelle édition. — *Amsterdam, Pierre Mortier*, 1688, *2 vol. in-8°, front. et pl.*; bas.

145. **Blanc** (Ch.). Histoire des Peintres de toutes les écoles. — *Paris, Renouard*, *14 vol. in-4°, fig*; d. rel. et br.

146. — Le Trésor de la Curiosité, tiré des Catalogues de vente de tableaux, dessins, estampes, livres, marbres, bronzes, ivoires, terres cuites, vitraux, médailles, armes, porcelaines, meubles, émaux, laques et autres objets d'art ; avec diverses notes et notices historiques et biographiques, et précédé d'une Lettre à l'auteur sur la Curiosité et les Curieux. — *Paris, Vᵉ Renouard*, 1857-58, *2 vol. in-8°, fig.;* br.

147. **Blancard** (L.). Iconographie des Sceaux et Bulles, conservés dans la partie antérieure à 1790 des Archives du département des Bouches-du-Rhône. — *Marseille, Camoin*, 1850, *gr. in-4°;* br. (en portefeuille).

148. **Blanchet** (R.). Mémoire sur les Monnaies des Rois de la Bourgogne transjurane. — *Zürich*, 1856, *gr. in-4° de 28 p.*, *pl.* ; br.

149. **Blavignac** (J.-D.). Histoire de l'Architecture sacrée ud quatrième au dixième siècle dans les anciens évêchés de Genève, Lausanne et Sion. — *Paris, Didron*, 1853, *in-8ᵉ, pl.*

150. **Boccaccio** (G.). Il Decamerone nuovamente stampato con un raccogliamento di tutte le sentenzie in questa sua opera da

lui usate : aggiunteci le annotationi di tutti quei luoghi, che di queste cento novelle da Monsig. Bembo per osservatione et intelligenza della Thoscana lingua, sono stati nelle sue prose allegati. — *Lione, Gugl. Rovillio*, 1555, *in-16 de 932 p. y compris 5 ff. prél. et 13 ff. à la fin pour la table, portr. et fig. sur bois;* mar. r., fil., dent., aux armes de Charles II roi d'Angleterre sur les plats et sur le dos. (*Ex. d'Amb. F. Didot*).

151. Boccace (J.). Il Decamerone. — *Londra (Paris),* 1757. *5 vol. in-8°, fig., pap. de Holl.;* mar. r. f., tr. d. (*Derome*).

> Cinq frontispices, 1 portrait, 110 fig. et 97 culs de lampe gr. par Gravelot, Boucher et Eisen ; on a joint 1 frontisp. et 20 fig. galantes de Gravelot (non signées). Les planches de l'édition sont marquées au dos du paraphe imprimé.

152. — Le Decameron; nouvellement traduict d'italien en francoys par maistre Anthoine Le Maçon. — *Paris, Estienne Roffet,* 1545, *in-fol.;* v. marbr., tr. dor.

> Armes sur les plats du célèbre bibliophile Guill. Marescot mort en 1640, âgé de près de 80 ans.

153. — Contes et nouvelles; traduction libre accommodée au gout de ce temps, et enrichie de figures en taille douce gravées par M. Romain de Hooge. — *Amsterdam, Gallet,* 1697, *2 vol. pet. in-8°, fig.;* mar. r. du Levant, fil., dent. int., dos orné, tr. dor. (*Hardy*).

> Première édition avec les figures de Romain de Hooge.

154. Bodin (J.). De la Démonomanie des Sorciers. — *Paris, Jacques Dupuy,* 1580, *in-4°;* br.

155. Boerius (Nic.). Preclarus et elegans tractatus / de Seditiosis omnibus civitatum, vil / larum et castrorum dñis scabinis seu consuli/bus : ac ceteris reipublice administratoribus utilis quotidianus ac necessarius, per clarissimum virum dominum Nicolaum Boherii. j. u. interpretem de Montepessulano, etc. — *Venundant Parisiis in vico Sancti Jacobi sub intsignio Pellicani, pet. in-8°, goth. de 41 ff chiff. et 9 non chiff.,* mar. r., plats ornés, dent. int., tr. d. (*Copé*).

> Marque typogr. d'Ant. de Ry ou Rhy, qui imprimait à Lyon de 1515 à 1531.

156. Boileau (N.). Ses Œuvres, avec des eclaircissemens historiques. — *Paris, Vᵉ Alix,* 1740, *2 vol. gr. in-4°;* portr. d'ap. Reynaud, et fig. par Cochin; v. rac.

157. — Œuvres. — *Paris, stéréotype d'Herhan,* an xiii-1805, *in-12 ;* mar. v., f., dent., tr. dor.

158. **Boileau**. Œuvres poétiques accompagnées de nouvelles notes par M. Auger. — *Paris, Brière*, 1825, *in-8°, portr.; d. v. r.*

159. **Boiteau** (P.). Les Cartes à jouer et la Cartomancie. — *Paris, Hachette*, 1854, *in-12, pl.; br.*

160. **Bonanni** (Ph.). Numismata Summorum Pontificum Templi Vaticani fabricam indicantia, Chronologica ejusdem Fabricæ narratione, ac multiplici eruditione explicata, atque uberiori numismatum omnium pontificiorum lucubrationi veluti prodomus praemissa. — *Romae, Caesaretti et Paribeni*, 1896, *in-fol., pl.;* parch.

161. **Boudard** (P.-A.). Études sur l'Alphabet Ibérien et sur quelques Monnaies autonomes d'Espagne. — *Paris, Leleux; (Béziers, Mlle Paul)*, 1852, *in-8°, pl.*

162. **Bougard** (E.). Bibliographie des Contes Rémois. — *Paris, Rouquette*, 1880, *in-4° de 26 p.;* br. (tiré à *100 ex.*).

163. **Bouhier** (Jean). Ses Souvenirs; extraits d'un manuscrit autographe inédit, et contenant des détails curieux sur divers personnages des 17e et 18e siècles. — (*Paris, Voitelain*), s. d., *in-12;* br.

164. **Bourassé** (J.-J.). Archéologie Chrétienne ou Précis de l'histoire des monuments religieux du Moyen-Age; troisième édition. — *Tours, Mame*, 1844, *in-8°, fig.;* d. m. r.

165. **Bourdon** (Is.). Illustres Médecins et Naturalistes des temps modernes. — *Paris, Comon*, 1844, *in-12.*

166. **Bourgoin** (J.). Les Arts Arabes : Architecture, menuiserie, bronzes, plafonds, revêtements, marbres, pavements, vitraux, etc.; avec une table descriptive et explicative, et le trait général de l'Art arabe. — *Paris, Morel*, 1873, *gr. in-fol. pl. n. et col.*

167. **Bourlier** baron **d'Ailly** (P.). Recherches sur la Monnaie romaine, depuis son origine jusqu'à la mort d'Auguste. — *Lyon, Scheuring*, 1864, *in-4°, pl.* (Tome Ier, seul).

168. **Bourquelot** (F.). Notice sur Gargantua. — *Paris*, 1844, *in-4° de 10 p.* (Extr. des Mém. de la Soc. des Antiq. de France, t. xviie).

169. **Boussuetus** (Fr.). De Natura Aquatilium carmen, in universam Gulielmi Rondeletii Medicinæ in schola Mons-

peliensi professoris regii quam de Piscibus marinis scripsit historiam : cum vivis eorum imaginibus. — *Lugduni, Matthias Bonhome*, 1558. *pet. in-4°, fig.: rel. mar. v., fil., dent., tr. dor.*

170. **Bouvenne** (A.). Les Monogrammes historiques, d'après les Monuments originaux. — *Paris, Acad. des Biblioph. in-16, pl. (tiré à 500 ex. sur pap. vergé, N° 168).*

171. **Bordeaux** (R.). Les Brocs à Cidre en faïence de Rouen ; étude de Céramique normande. — *Caen, Leblanc-Hardel, 1868, in-fol., pl. col. pap. verg.; tiré à 250 ex.*

172. — Catalogue de l'Œuvre, lithographié et gravé, de A. de Lemud. — *Paris, Baur, 1881, gr. in-8°, pap. vergé (tiré à 25 ex. ; N° 12).*

173. **Bory** (J.-T.). Les Origines de l'Imprimerie à Marseille. — Recherches historiques et bibliographiques. — *Marseille, Boy, 1858, in-8°, pap. vergé (tiré à 100 ex.)*

174. **Bosc** (E.). Dictionnaire de l'Art, de la Curiosité et du Bibelot. — *Paris, F. D'dot, 1883, gr. in-8°, pl. n. et en couleur.*

175. **Bossuet.** Discours sur l'Histoire universelle pour expliquer la suite de la Religion et les changements des Empires, etc. — *Paris, Séb. Mabre Cramoisy, 1681, in-4° de 4 f. non chiff. pour le titre, 564 pp. chiff. et 3 f. non chiff. pour la table et le privilège; rel. v., fil. (édition originale).*

176. — Discours sur l'Histoire universelle ; édition augmentée des nouvelles additions et des variantes de texte. — *Paris, Emler, 1829, 2 vol. in-8°; v. m. fil.*

177. — Discours sur l'Histoire universelle, précédé d'une notice littéraire par M. Tissot. — *Paris, Curmer, s. d. (1839), 2 vol. gr. in-8°, front. col., planches (12, gravées sur acier d'après* Murillo, Herrera le vieux, Ph. de Champaigne, H. Rigaud, etc. ; texte encadré d'ornements variés, culs de lampe, fleurons, etc., dessinés par Meissonier et A. Feart; br.

178. **Boyle** (Rob.). Tentamina quædam physiologica diversis temporibus et occasionibus conscripta; cum ejusdem Historia Fluiditatis et Firmitatis, ex anglico in latinum translata. — *Amstelodami, D. Elzevirius, 1667, in-12.*

179. **Brandt** (S.). Stultifera Navis Narragonice pfectionis nunquam satis laudata Navis : per Sebastianum Brant : vernaculo vulgarique sermone et rhytmo pro cunctorum mortalium fatuitatis semitas effugere cupientium directione,

speculo, commodoque et salute : proque inertis ignaveque stultitie perpetua infamia, execratione et confutatione nuper fabricata : atque jampridem per Iacobum Locher, cognomento Philomusum : Suevum : in latinūm traducta eloquiūm : et per Sebastianum Brant : denuo seduloque revisa : fælici exorditur principio. 1497. *Nihil sine causa. Io de Olpe.* ➡ (*In fine*, fol. 145, vᵒ :) *Finis Narragonice navis per Sebastianum Brant vulgari sermone* theutonico quondam fabricate : atque jampridem per Iacobum Locher cognomento philomusum in latinūm traducte : perque pretactūm Sebastianum Brant denuo revise : aptissimisque concordantiis et suppletionibus exornate : In laudatissima Germanie urbe Basiliensi nuper opera et promotione Iohannis Bergman de Olpe anno salutis nostre *Millesimo quadringentesimo nonagesimo septimo Kalendis Martiis. Vale inclyte Lector.* (Audessous, marque de J. Bergman). — *Pet. in-4ᵒ de 145 ff. chiffrés, plus 3 ff. non chiffrés pour la table, lettres rondes, fig. sur bois ;* rel. vél.

Édition la plus ancienne de cette traduction.

180. **Brandt** (S.). Stultifera Navis mortalium, in qua fatui affectus, mores, conatus atque studia, quibus vita hæc nostra, in omni hominum genere, scatet, cunctis Sapientiæ cultoribus depinguntur et velut in speculo ob oculos ponuntur Liber... olim germanicis rhythmis conscriptus, et per Jacobum Locher latinitati donatus et figuris recens illustratus. — *Basileæ, ex officina Seb. Henric Petri,* 1572, *pet. in8ᵒ, fig. ;* rel. parch.

181. Navis stultifere Collectanea ab Jodoco Badio Ascensio vario carminum genere non sine eorumdem familiari explicatione conflata. *Venundantur Parisiis in vico Sancti Jacobi sub Pelicano. Et in edibus Ascensianis* (marque des frères Marnef). = *(In fine :) Ex officina nostra in Parrhisiorum academia nobilissima Vi Idus Maias anno salutis M. D. VII.* — *In-4ᵒ goth. de 108 ff., fig. sur bois ;* rel. mar. r. mosaïque, dos orné, dent. intér., tr. d. (*Thomas, de Lyon*).

Mêmes gravures que celles de 1505. Elles sont au nombre de 115 dont 106 au vᵒ des feuillets et 9 au rᵒ, y compris la petite nef qui est sur le titre. Ouvrage composé *ex invento Sebastiani Brandt,* par Jodse Badius. Ce sont de nouvelles explications de la Nef de Fols, avec des remarques en prose au-dessous des vers.

182. — Navis stultifera a domino Sebastiano Brant primum edificata : lepidissimis teutonice lingue rithmis decorata : Deinde ab Jacobo Lochero Philomuso latinitate donata : et demūm ab Jodoco Badio Ascensio vario carminum genere

non sine eorundem familiari explanatione illustrata. =
(*In fine :*) *Impressum* (*Basileæ*) *per Nicolaum lamparter.
Anno M. cccc vj* (pour 1506) *die vero xxvj mensis Augusti.*
— *In-4° goth. de 107 ff. chiffrés, plus 1 f. contenant la fin
de la table, une épigramme d'Ascensius et la souscription; fig.
sur bois.*

183. — Navis Stultifere Collectanea ab Jodoco Badio Ascensio
vario carminum genere non sine eorundem familiari expositione conflata. — *Venundantur Parisiis in vico Sancti Jacobi
sub signo Pellicani* (marque de Marnef. = (*In fine :*) *Ex
officina nostra in Parrhisiorum academia nobilissima VI die
Augusti anni salutis* M. D. XV, *in-4° de 108 ff. pet. caract.
goth., fig. sur bois;* rel. mar. br., fers à froid, fil. et dent.
intér., tr. dor. (*Gruel*). (Exemplaire avec les planches coloriées.)

> Mêmes figures que celles de 1507. Celle du v° porte la date
> de 1494.

184. **Brasichellen** (M.). Indicis Librorum expurgandorum in
Studiosorum gratiam confecti. Tomus primus ; in quo quin-
quaginta auctorum libri præ cæteris desiderati emendantur,
in unum corpus redactus. — *Romae, typ. R. Cam. Apost.*
1607, *in-8°.*

185. **Brémond** (F.). Rabelais Médecin, avec notes et commentaires. — Gargantua, portrait à l'eau forte ; fac-sim. de l'écriture de Rabelais ; figures anatomiques. — *Paris, Vᵉ Pairault,*
1879, *in-12, fig.*

186. Bref et sommaire recueil de ce qui a esté faict, et de l'ordre
tenüe à la joyeuse et triumphante Entrée de... Charles IX,
Roy de France, en sa bonne ville et cité de Paris, le mardy
sixiesme jour de Mars. — Avec le Couronnement de.....
Madame Élizabet d'Austriche son espouse le dimanche vingt-
cinquiesme — et l'Entrée de ladicte dame en icelle ville le
ieudi xxix du dict mois de Mars, M. D. LXXI, (par Simon
Bouquet . — *A Paris, de l'Imprimerie de Denis du Pré, pour
Olivier Codoré (tailleur et graveur de pierres précieuses,* (dit
le privilège et auteur des planches), 1372, *in-4° de 54, 10
et 26 ff. plus 1 page en car. rom : Simon Bouquet civis pari-
siensis, etc. ; 16 pl. sur bois ;* rel. mar. r. du Lev., f., dent.
int., tr. d. (*Belz- Niedrée*).

187. **Breton** (E.). Athènes décrite et dessinée, suivie d'un
Voyage dans le Péloponèse. — *Paris, Gide,* 1862, *gr. in-8°.*
front. et pl. gr.; br.

188. **Breton** (E.). Pompéia décrite et dessinée, suivie d'une Notice sur Herculanum. — *Paris, Gide*, 1855, *gr. in-8°, front. et pl. gr.*; br.

189. Breviarium monasticum secundum ritum et morem monachorum ordinis sancti Benedicti de observantia Casinensis congregationis alias sancte Justine..... = *(In fine :) Venetiisque per Luc Antonium de Giuntis impressum anno quingentesimo vigesimo supra mille.* — *In-4° goth. de 20 ff. prélim. non chiff. et 462 ff. chiff., fig. sur bois;* rel. mar. r. à fermoirs, ornements sur les plats.

> Sur les grandes figures au nombre de 18, qui sont de Zoan Andrea, il y en a 3 de répétées. Le texte contient en outre grand nombre de figures plus petites. Ce volume n'est pas mentionné dans le travail consacré par A.-M. Bandini à la famille des Juntes imprimeurs. Par une disposition assez singulière, la numération de chaque feuillet porte sur le v° de l'un et sur le recto du suivant.

190. **Brivois** (J.). Bibliographie de l'OEuvre de P.-J. de Béranger, contenant la description de toutes les éditions, l'indication d'un grand nombre de contrefaçons, le classement des suites de gravures, vignettes, etc., etc. — *Paris, Conquet*, 1876, *in-8°, pap. vergé;* br. *(tiré à 650 ex. num.; N° 561).*

191. **Brongniart** (A.). Traité des Arts céramiques ou des Poteries considérées dans leur histoire, leur pratique et leur théorie; deuxième édition, augmentée de notes et d'additions par A. Salvetat. — *Paris, Dichet*, 1854, *2 vol. in-8° et atlas in-4°.*

192. **Broussonnet** (V.). Rabelais à Montpellier. — *Montpellier, Martel, in-8° de 15 p., fac. simile;* br.

193. **Brueys** (D.). Histoire du Fanatisme de notre temps. — *Utrecht, Lefèbre*, 1737, *2 vol. en 3 tomes in-12, portr. et fig.*; v. f.

194. **Brunet** (J.-Ch.). Manuel du Libraire et de l'Amateur de Livres; cinquième édition originale entièrement refondue et augmentée d'un tiers par l'auteur. — *Paris, Didot*, 1860-65, *6 vol. gr. in-8° reliés en 12.* = Supplément, par Deschamps et G. Brunet, 1878-80, *2 vol. gr. in-8°*; d. m. r. du Lev., tr. d. *(ex. sur pap. de Holl.).*

195. — Recherches bibliographiques et critiques sur les éditions originales des cinq livres du Roman satirique de Rabelais et

sur les différences de texte qui se font remarquer particulièrement dans le premier livre du Pantagruel et dans le Gargantua. — On y a joint une Revue critique des éditions collectives du même roman, et, de plus, le texte original des Grandes et inestimables Croniques de Gargantua, complété pour la première fois d'après l'édition de 1533 pour servir de supplément à toutes les éditions des œuvres de Rabelais. — *Paris, Potier,* 1852, *in-8°;* rel. mar. Lavall., fil., dent., tr. rouge.

196. — Recherches bibliographiques et critiques sur les éditions originales des cinq livres du Roman satirique de Rabelais et sur les différences de texte qui se font remarquer particulièrement dans le premier livre du Pantagruel et dans le Gargantua. — On y a joint une Revue critique des éditions collectives du même roman, et, de plus, le texte original des " Grandes et inestimables croniques de Gargantua ", complété pour la première fois d'après l'édition de 1533 : pour servir de supplément à toutes les éditions des œuvres de Rabelais. — *Paris, Potier,* 1852, *in-8°, pap. de Holl. ;* br. (*tiré à 6 ex. sur ce papier ; N° 4*).

197. — Notice biographique et bibliographique sur J.-G. Alione (d'Asti). — (*Paris, impr. Terzuolo*), 1836, *in-8° de 15 p.*

198. — **Brunet** (G.). Imprimeurs Imaginaires et Libraires supposés. — Étude Bibliographique suivie de recherches sur quelques ouvrages imprimés avec des indications fictives de lieux ou avec des dates singulières. — *Paris, Tross,* 1866, *in-8°;* br. (*ex. sur pap. vélin*).

199. — Essais d'études bibliographiques sur Rabelais — *Paris, Techener,* 1841, *in-8° de 88 p. ;* rel. d. v. r.

200. **Bruno** (J.). Les Misères des Gueux ; ouvrage illustré de 60 gravures par G. Courbet. — *Paris, Lacroix,* 1872, *gr. in-8° ;* br.

201. **Bruyères** (H.). La Phrénologie, le Geste et la Physionomie démontrés par 120 portraits, sujets et compositions gravés sur acier. — Dispositions innées. — Études sur l'Expression. — Application du Système phrénologique à l'observation des Caractères, aux Relations sociales, à l'Éducation, à la Législation, à la Domesticité. — *Paris, Aubert,* 1847, *gr. in-8°, front. et pl. gr. ;* br.

202. **Buffier** (Le P.). OEuvres philosophiques, avec notes et introduction par Francisque Bouillier. — *Paris, Delahays,* 1843, *in-12.*

203. Bulla censurarum in singulos de consilio et interdicti generalis in ducatu Mediolanensi ob occupationem ecclesiarum et aliorum beneficiorum ecclesiasticorum et fructuum eorumdem indebitam sequestrationem seu distributionem laicali abusu et potentia factas; per S. D. N. Julium II Pont. Max. ad perpetuam rei memoriam facta. — *In-4° de 6 ff.* (pièce s. l. n. n. n. d. imprimée à Bologne en 1510); cartonné.

204. Bulletin du Cazinophile. Suite et Complément du *Manuel*; première année. — *Paris, Corroënne,* 1877, *in-12, pap. vergé;* d. v. m.

205. **Burette** (Th.). Histoire de France, depuis l'établissement des Francs dans la Gaule jusqu'en 1830; enrichie de 500 dessins par Jules David, gravés par V. Chevin. — *Paris, Benoist,* 1840, *2 vol. gr. in-8°, fig.,* d. m. br. fil., tête d.

206. **Burgaud des Marets** et **Rathery.** Notice biographique sur Rabelais. — *Paris, Didot,* 1870, *72 pages.*

207. **Burtin** (F.-X de). Traité théorique et pratique des connaissances nécessaires à tout amateur de tableaux et à tous ceux qui veulent apprendre à juger, apprécier et conserver les productions de la peinture, etc. ; 2ᵉ édition. — *Valenciennes, Lemaitre,* 1846, *gr. in-8°;* br.

208. **Burty** (Ph.). Chefs-d'OEuvre des Arts industriels : Céramique, vitrerie et vitraux, émaux, métaux, orfèvrerie, et bijouterie, tapisserie. — *Paris, Ducrocq,* s. d., *gr. in-8°, pl.;* br.

209. **Bussy** (Ch. de). Dictionnaire universel des Beaux-Arts : Architecture, sculpture, peinture, gravure, poésie, musique; suivi d'un Dictionnaire d'Iconologie. — *Paris, Desloyer,* 1861, *in-12 ;* br.

C

210. **Camus** (A.-G.). Mémoire sur la Collection des Grands et Petits Voyages, et sur la Collection des Voyages de Melchisedech Thévenot. — *Paris, Baudouin*, an XI (1802), *in-4°;* bas.

211. **Caoursin** (G.). Guillelmi Caoursin Rhodiorum Vicecancellarii : obsidionis Rhodie Urbis descriptio. ══ (*In fine :*) *Impressum Ulme p. Joannem Reyer anno M. cccc. xcvj. die xxiiii octobr.* — *In-fol. goth. de 60 ff. à 46 lignes par page, fig. sur bois;* rel., cuir de Russie, fil. à froid sur les plats, dent. int., tr. dor.

212. **Capelle** (P.). Manuel de la Typographie française ou traité complet de l'Imprimerie. — *Paris, Raymond,* 1826, *in-4°;* br.

213. **Capitaine** (U.). Bibliographie Liégeoise — XVIe siècle. — *Bruxelles, Heussner,* 1852, *in-8° de 39 pp.*; br. (*tiré à 200 ex.*).

214. — Recherches sur l'Introduction de l'Imprimerie, dans les localités dépendant de l'ancienne Principauté de Liège et de la Province actuelle de ce nom. — *Bruxelles, Olivier,* 1867, *in-8°, fig.;* d. m. r.

215. Caquets (Les) de l'Accouchée ; nouvelle édition, revue sur les pièces originales et annotée par Édouard Fournier, avec une introduction par Le Roux de Lincy. — *Paris, Jannet,* 1855, *in-16, pap. vergé;* perc. r.

216. **Carayon** (le P. Aug.). Bibliographie historique de la Compagnie de Jésus ou Catalogue des ouvrages relatifs à l'histoire des Jésuites, depuis leur origine jusqu'à nos jours. — *Paris, Durand,* 1864, *gr. in-8°;* br.

   Grand papier vergé ; tiré à 30 ex. sur ce papier.

217. **Cardan**. Les Livres de HIEROSME CARDANUS, médecin milannois, intitulez de la Subtilité, et subtiles inventions, ensemble les causes occultes et raisons d'icelles ; traduits de latin en françois par Richard le Blanc, etc. — *Rouen, la veuve du Bosc,* 1642, *in-8°;* bas.

218. **Cardanus**. In septem Aphorismorum Hippocratis particulas Commentaria ; ejusdem de Venenorum differentiis... ac de Pestis generibus omnibus preservatione et cura libri tres ; item de Providentia temporum liber. — *Basileæ, Henrichus Petri, 1564, in-fol. ;* bas.

219. **Caron** (E.). Monnaies féodales françaises. — *Paris, Rollin, 1882-84, 3 vol. in-4°, pl. ;* br.

220. **Carpentin** (A.). Aperçu sur l'histoire philosophique des Monnaies royales de France. — *Marseille, Clappier, 1852, in-8° ;* br.

221. **Carquet** (I.). Voir : Seconde Apologie, etc.

222. **Cartari** (V.). Les Images des Dieux des anciens contenans les idoles, constumes, cérémonies et autres choses appartenant à la Religion des payens ; recuillies (*sic*) premièrement et exposées en italien par le seigneur Vincent Cartari, et maintenant traduites en françois et augmentées par Antoine du Verdier, seigneur de Vauprivas. — *Lyon, Barthélemy Honorat, 1581, in-4°, fig. ;* mar. r. du Levant, fil., dent., tr. d. (*Thomas*).

223. **Cartier**. Numismatique de l'ancien Comtat Venaissin et de la Principauté d'Orange, publiée sur les notes de M. Requien. — *Blois, Désaires, s. d., in-8° de 52 p., pl. ;* br.

224. **Cassiodorus**. Magni Aur. Cassiodori Opera. —Jordani episcopi Ravennatis de origine actibusque Getarum liber. — Edictum Theoderici regis Italiæ.... — Codicis Legum Wisigothorum libri XII, etc. ; cura et cum notis G. Fornerii. — *Parisiis, Seb. Nivellius, 1579, in-fol. ;* riche reliure allemande en vélin gaufré, coins et fermoirs en cuivre ouvragé.

225. Catalogue de la Bibliothèque de l'abbaye de Saint-Victor au seizième siècle rédigé par François Rabelais, commenté par le bibliophile Jacob et suivi d'un essai sur les bibliothèques imaginaires par Gustave Brunet. — *Paris, Techener, 1862, in-8°, gr. pap. de Holl. (tiré à 50 ex. sur ce papier) ;* br.

226. Catalogue raisonné des ouvrages qui parurent en 1614 et 1615, à l'occasion des États. — *S. ind., 1789, in-8° de 43 p. ;* br.

227. Catalogue de la Bibliothèque d'un Amateur (A.-A. Renouard). — *Paris, Renouard, 1819, 4 vol. in-8° ; (ex. en grand pap. vélin. ; tiré à 60 ex. sur ce papier).*

228. Catalogue de la Bibliothèque Lyonnaise de M. Coste, rédigé et mis en ordre par Aimé Vingtrinier. — *Lyon, Perrin*, 1853, *2 part. en 1 vol. in-8°, portr.*; d. perc. br.

229. Catalogue de mes Livres (par YÉMENIZ). — *Lyon, Perrin*, 1865-1866, *3 vol. in-8°, gr. pap. de Holl.*; br.

230. Catalogue de la Bibliothèque de M. N. Yéméniz, précédé d'une notice par Le Roux de Lincy. — *Paris, Bachelin-Deflorenne*, 1867, *in-8°*; d. m. br.

 Reproduction de l'édition précédente, avec corrections et table.

231. Catalogue de la Collection Rabelaisienne et bons livres anciens et modernes de M. Guillin d'Avenas. — *Paris, Chossonnery*, 1877, *in-8° de 68 p., port.*; br.

232. Catalogue des livres du Cabinet de M. de Boze. — *Paris, Martin*, 1753, *in-8°*; v. éc.

233. Catalogue des livres, tableaux, dessins et estampes de feu M. le Cte de Vence. — *Paris, Prault*, 1760, *in-8°, port.*; m. r. *(prix marqués)*.

234. Catalogue d'une Collection de livres choisis provenant du cabinet de M*** (de Lauragais). — *Paris, de Bure*, 1770, *in-8°*; v. f. f.

235. Catalogue des livres précieux, singuliers et rares, tant imprimés que manuscrits qui composaient la Bibliothèque de M. M*** (Méon). — *Paris, Bleuet*, 1803, *in-8°*; d. v. v. *(prix marqués)*.

236. Catalogue des livres rares et précieux de la Bibliothèque de feu M. le Comte de Mac-Carthy Reagh, avec la liste des prix. — *Paris, de Bure*, 1815, *2 vol. in-8°, pl.*; demi m. v.

237. Catalogue des livres de la Bibliothèque de feu M. A. A. Barbier. — *Paris, Barrois*, 1828, *in-8°*; d. m. v.

238. Catalogue des livres imprimés, manuscrits, estampes, dessins et cartes à jouer, composant la bibliothèque de M. C. Leber, avec des notes par le collecteur. — *Paris, Téchener et Jannet*, 1839-1852, *4 vol. in-8°, pl.*; d. m. v.

239. Catalogue des livres rares et précieux, composant la bibliothèque de Jules Janin, avec une préface par Louis Ratisbonne. — *Paris, Labitte*, 1877, *gr. in-8°, portr. et pl.*; d. m. br.

 Exemplaire contenant le catalogue de la vente de Livres et le catalogue de la succession : meubles anciens, objets d'art, tableaux, etc. du 12 février 1877 ; il y a été ajouté, gravés sur bois, le Chalet de J. Janin à Passy, son cabinet de travail, un fac simile d'autographes de J. Janin, ses portraits par Mouilleron, Breton, Bocourt, Morin et par Meyer d'après le buste d'Adam Salomon.

240. Catalogue des livres composant la bibliothèque de feu le baron James de Rothschild. — *Paris, Morgand*, 1884-93, *3 vol. in-8°, pl. n. et col. (ex. sur gr. pap. de Holl. ; tiré à 400 ex. sur ce papier ; N° 160).* (On annonce un 4ᵉ et dernier vol.).

241. Catalogue des livres rares et précieux manuscrits et imprimés composant la bibliothèque du baron de La Roche Lacarelle. — *Paris, Porquet*, 1888, *gr. in-8°, portr. et pl. n. et color.* ; br. *(ex. sur gr. pap. de Holl., in-4°*.

242. Catalogue des livres imprimés sur vélin de la Bibliothèque du Roi, (par VAN PRAET). — *Paris, de Bure*, 1822-28, *6 vol. in-8°, rel. en 5, pap. de Holl.* ; d. m. r. *Petit).*

243. Catalogue de livres imprimés sur vélin, qui se trouvent dans des Bibliothèques tant publiques que particulières; pour servir de suite au Catalogue des livres imprimés sur vélin de la bibliothèque du Roi, (par VAN PRAET). — *Paris, de Bure*, 1824-28, *4 vol. in-8°, pap. Holl.* ; d. m. r. *(Petit).*

244. Catalogue par ordre alphabétique des ouvrages imprimés de Gabriel Peignot, comprenant plusieurs ouvrages non indiqués dans les catalogues publiés précédemment, par P. M. (Pierre MILSANT). — *Paris, Aubry*, 1861, *in-8° de 14 p., cart. (tiré à 300 ex.).*

245. Catalogue raisonné des livres de la bibliothèque de M. Ambroise-Firmin Didot. Tome premier (seul paru). Livres avec figures sur bois. Solennités. Romans de Chevalerie. — *Paris, Ambr.-F. Didot*, avril 1867, *in-8°. (ex. sur gr. pap. de Holl.)*; br.

246. Catalogue illustré des livres précieux, manuscrits et imprimés, de M. Ambroise-Firmin Didot, avec introduction par P. Paris. Belles-lettres, histoire, théologie, jurisprudence, sciences et arts, beaux-arts ; avec table alphabétique des noms d'auteurs et des ouvrages anonymes, suivie de la liste des prix d'adjudication. — *Paris, F. Didot*, 1878-84, *6 vol. gr. in-8°, heliogr., chromo., pl.* ; br. *(exemplaire sur gr. pap. vergé, tiré à 500 ex.).*

Les 6 tables forment 6 cahiers à part.

247. Catalogue of the special Exhibition of works of art of the mediœval, renaissance, and more recent periods on loan at the South Kensington museum, june 1862, edited by J.-C. Robinson. — *London, Eyre*, 1862, *in-8°;* d. m. br.

248. Catalogue de l'Exposition de Gravures anciennes et modernes : 4 juillet 1881. — *Paris, Cercle de la Librairie*, 1881, *gr. in-4°, pl. (pap. Whatman, tiré à 100 ex. ; N° 36).*

249. Catalogue des dessins, aquarelles et estampes de Gustave Doré, exposés dans les Salons du Cercle de la Librairie (mars 1883), avec une notice biographique par G. DUPLESSIS; portrait par Lalauze d'après Carolus Duran. — *Paris, Pellet, in-12, (tiré à 20 ex. in-4° sur papier du Japon ; N° 1).*

250. Catalogue des Objets d'Art et de haute curiosité antiques, du moyen-âge et de la renaissance qui composent les collections du Comte de Pourtalès-Gorgier (vente du 6 février 1865 et jour s.). — *Paris, Pellet, 1865, in-8°;* d. m. br.

251. Catalogue des Objets d'Art et de haute curiosité, tableaux, dessins, estampes, etc., composant la collection de feu Benjamin Fillon. — *Paris, Pellet, 1882, gr. in-8°, pl.*

252. Catalogue de vingt-trois tableaux des Ecoles flamande et hollandaise, provenant de la célèbre galerie San Donato. — *Paris, Pellet, 1868, gr. in-8°, pl. gr. (pap. de Holl.)*

253. Catalogue par ordre chronologique, ethnologique et générique de la Collection Céramique de M. Auguste Demmin. — I. Poteries opaques et sans kaolin. II. Poteries kaoliniques et translucides. — *Paris, Vᵉ Renouard*, 1866, *in-8° de 72 p.;* br.

254. Catalogue des Monnaies nationales de France. Collection de M. J. Rousseau. — *Paris, Claye*, 1861, *in-8°;* br.

255. Catalogue de Médailles Grecques et Romaines, provenant de la collection de feu M. Link, rédigé par M. de Longpérier. — *Paris, s. n.*, 1843, *in-8°;* d. m.

256. Catalogue des Œuvres de Antoine-Louis BARYE, exposés à l'Ecole des Beaux-Arts. — *Paris, Claye*, nov. 1875, *in-12;* br.

257. Catalogues de Musées. — *Recueil en 2 vol. in-12;* d. m.

    1. Notice des tableaux du Musée de Caen, précédée d'une notice historique par G. MANCEL. — *Caen, Hardel*, 1851. — 2. Musée d'Orléans. Explication des tableaux, dessins, sculptures, antiquités et curiosités qui y sont exposés. — *Orléans, Jacob*, 1851. — 3. Notice des Tableaux du Musée du département d'Indre-et-Loire. — *Tours,*

Raveroi, 1838. — 4. Notice des Tableaux du Muséum d'Angers. Nouvelle édition. — *Angers, Le Sourd*, 1831. — 5. Le même (édition de 1847). — 6. Catalogue des tableaux et statues du Musée de Nantes. Cinqnième édition. — *Nantes, Mellinet*, 1846. — 7. Catalogue des tableaux, statues, etc., du Musée de Bordeaux, par Lacour et Delpit. — *Bordeaux, Duviella*, 1856. — 8. Calalogue raisonné de la Galerie de Peinture du Musée de Touloase, par Roucoule. — *Toulouse, Douladoure*, 1836. — 9. Le même (édition de 1850 par P. T. Suau. — 10. Exposition d'antiquités, d'objets d'art et de peinture ancienne. — *Toulouse*, 1858. — 11. Notice des Tableaux et objets d'art exposés au Musée Fabre de la Ville de Montpellier. — *Montpellier, Bœhm*, 1839. — 12. Notice des Tableaux et des dessins exposés dans les salles provisoires du Musée de Carcassonne. — *Carcassonne, Pomiès*. — 13. Notice de la Galerie des Tableaux anciens du Musée de Lyon. — *Lyon, Barret*, 1839.

258. **Catel** (G.). Histoire des Comtes de Tolose, avec quelques Traitez et Chroniques anciennes concernans la mesme Histoire. — *Tolose, P. Bosc*, 1623, *in-fol., pl.*

259. **Catineau-la-Roche**. Réflexions sur la Librairie, dans les lesquelles on traite des Propriétés littéraires, des Contrefaçons et de la Censure, de l'Imprimerie et de la Librairie considérées sous le rapport de l'art, du commerce et de la sûreté publique, etc. — *Fontainebleau, M^{de} Catineau-la-Roche*, juillet 1807, *in-8° de 92 p.*

260. **Caumont** (A. de). Abécédaire ou Rudiment d'Archéologie. Architecture religieuse; cinquième édition· — *Caen, Leblanc-Hardel*, 1867, *in-8°, portr. et pl. gr.;* d. v. f.

261. Caveau (Le) moderne, ou le Rocher de Cancale; chansonnier de table, composé des meilleures chansons de l'ancien Caveau, des Diners du Vaudeville, de la Société Epicurienne, dite des Gourmands, etc., etc., etc.; par les auteurs du *Journal des Gourmands et des Belles.* — *Paris, Capelle-Eymery*, 1807-17, *11 vol. in-16, front;* d. bas.

262. — Le Nouveau Caveau, faisant suite au Caveau moderne et à l'Enfant lyrique du Carnaval; choix des meilleures chansons, la plupart inédites, des membres du Caveau moderne et des Soupers de Momus, etc., publié par M. Oury. — *Paris, Eymery*, 1820-21 et 24, *3 vol. in-16, front.;* d. bas.

263. Cazin. Sa vie et ses éditions, par un Cazinophile (Ch. Ant. Brissart-Binet, libraire à Reims). Réimpression de l'édition de 1863. — *(Châlons, Martin)*, 1876. *in-12.*

Ex. en grand papier vergé, tirage à 25 ex. sur ce papier.

264. **Cazotte** (J.). Le Diable Amoureux, roman fantastique, précédé de la vie de l'auteur, de son procès et de ses prophéties et révélations, par Gérard de Nerval, illustré de 200 dessins par É. de Beaumont. — *Paris, Ganivet, 1845, in-8°, port. et fig. gr.*; d. v. f., têt dor.

265. **Cébès**. Le Tableau de CÉBÈS de Thèbes, ancien philosophe : auquel est paincte de ses couleurs la vraye ymaige de la vie humaine et quelle voye l'homme doibt elire, pour parvenir à Vertu et perfaicte Science. Premièrement escript en grec, et maintenant exposé en rythme Francoyse (par Gilles Corrozet), 1543; *à Paris, en la boutique de Gilles Corrozet.* (A la fin :) *Imprimé.... à Paris par Denys Ianot, Imprimeur du Roy, en langue Françoyse.* — *Pet. in-8° de 68 ff., car. ital.*; mar. v., tr. d. (*Kœhler*).

> Cet ex. ne porte pas, comme l'assure Brunet, dans la légende de la fin : *Ionot* pour Janot et *fraçoise* pour françoise.

266. **Celsus**. Cornelii Celsi de Medicina liber incipit (libri VIII, ex recognitione Barth. Fontii). = *(In fine :) Florentiæ a Nicolao impressus anno salutis* M. CCCCLXXVIII. — *Pet. in-fol., caract. rom. à 35 lignes par page*; d. v. br.

> Première édition de Celsus. Le texte commence au 10ᵉ ff., mais les signatures ne partent que du 15ᵉ par *ai* de 4 ff. et continuent jusqu'à *hh* par 8, sauf *hh* qui n'est que de 4.
> Les huit premiers ff. signé *Ai-A4* contiennent la table et un feuillet blanc. Le neuvième est également blanc au rᵉ et donne au vᵉ l'Épître dédicatoire de Fonteius.. Puis, vient le texte composé de 196 ff.

267. Cent cinq Rondeaulx d'amour, publiés d'après un manuscrit du commencement du XVIᵉ siècle par Edwin Tross. — *Paris, Tross*; (*Lyon, Perrin*), *1863, pet. in-8°, fac simile*; rel. d. mar. v., tête dor. (*David*).

> Ex. sur pap. vélin anglais, tiré à 20 ex. sur ce papier ; texte réglé et encadré de rouge.

268. Cercle de la Librairie. Catalogue de l'Exposition des Livres anciens et modernes (avec une histoire de la Typographie française par les livres, depuis l'origine jusqu'à la fin du XVIIIᵉ siècle). — *Paris, Juin, 1880, 1 vol. gr. in-8°*; rel. perc. v.

269. **Cervantes**. L'Ingénieux hidalgo don Quichotte de la Manche ; traduit et annoté par Louis Viardot ; vignettes de Tony Johannot. — *Paris, Dubochet, 1836-37, 2 vol. gr. in-8°*;

rel. mar. r. avec arabesques sur les plats, dent. int., tr. d. (*Koehler*).

Ex. sur pap. de Chine, provenant de la vente J. Janin, avec son ex libris.

270. **Cervantes**. L'Ingénieux hidalgo Don Quichotte de la Manche; traduit et annoté par L. Viardot, vignettes par Tony Johannot. — *Paris, Dubochet*, 1836-37, *2 vol. gr. in-8°;* d. m. bl., tête d. (*Exemplaire de premier tirage*).

271. **Chaffers** (W.). Marks and monograms on Pottery and Porcelain, with historical notices of each manufactory precede by an introductory essay on the *Vasa fictilia* of England; with nearly 2000 potters'marks and illustrations ; second edition. — *London, Davy and Sons*, 1866, *gr. in-8°;* rel. perc. gr.

272. **Chalon** (R.). Recherches sur les Monnaies des Comtes de Hainaut. — *Bruxelles, Decq,* 1848-57, *in-4°, avec 3 supplém., pl.;* br.

273. Champfleury, auquel est contenu Lart et science de la deue et vraye Proportion des Lettres Attiques, qu'on dit autrement Lettres Antiques, et vulgairement Lettres Romaines, proportionnées selon le Corps et Visage humain, (par Geoffroy Tory). — (A la fin :) — *Paris, Geofroy Tory et Giles Gourmont*, 1529, *pet. in-fol., de 8 et lxxx, ff., fig. sur bois;* rel. m. br. f. tr. d. (*Hardy*).

274. **Champfleury**. Histoire des Faïences patriotiques sous la Révolution. — *Paris, Dentu*, 1867, *in-8°, pl.;* br.

275. **Champier** (S.). Rosa Gallica aggregatoris Lugdunensis domini Symphoriani Champerii omnibus sanitatem affectantibus utilis et necessaria, quæ in se continet precepta, auctoritates, atque sententias memoratu dignas, ex Hippocratis, Galeni, Erasistrati, Asclepiadis, Diascoridis, Rasis, Halibatis, Isaac, Avicennæ, multorumque clarorum virorum libris in unum collectas : quæ ad medicam artem rectaque vivendi forma plurimum conducunt, una cum sua preciosa Margarita: De Medici atque egri officio. — *Venundatur ab Iodoco Badio*. (In fine :) *Ex officina Ascensiana emissum hoc opus. Anno domini MDXIIII. V. idus septembris.* — *In-8° de 8 ff. prélim. et 136 ff. chiff.; lettres rondes;* v. f.

Ex. ayant appartenu successivement au comte d'Hoym, au Dʳ Rega et à Renard de Lyon, qui y ont apposé leurs ex-libris.

276. Chants et Chansons populaires de la France. — *Paris, Delloye*, 1843, *3 vol. gr. in-8°, fig. ;* d. m. bl., tête d. (*Allo*).
Exemplaire de premier tirage.

277. Chansons populaire des Provinces de France. Notices par Champfleury, accompagnement de piano par J.-B. Wekerlin. Illustrations de Bida, Bracquemond, Catenacci, Courbet, Faivre, Flameng, Français, Fath, Hanoteau, Ch. Jacque, Ed. Morin, M. Sand, Staal, Villevieille. — *Paris, Bourdilliat*, 1860, *gr. in-8° ;* br.

278. **Chartier** (Alain). Sensuyvent les faictz et dictz de maistre Alain Chartier, contenant en soy douze livres... qui traictent de plusieurs choses touchant les guerres faictes par les angloys et aultres ennemis. Avec la généalogie des Roys de France, avec le breviere des nobles, le livre de Reveillematin et aultres livres joyeulx. — *A Paris, par Philippe Lenoir.* (A la fin :) *Imprimez l'an mil cinq cens et vviii ; in-4° goth., à 2 col., fig. sur bois ;* rel. mar. v., fil., dent. int., dos orné, tr. d. (*Duru*).

279. **Chasles** (Ph.). École de satire cynique italienne et érudite. Rabelais. — *Paris, Amyot*, 1848. *8 p. in-8°.* (Extr. de ses Études sur le 16° siècle, p. 88, et s.)

280. **Chasles** (E.). La Morale de Rabelais. — *Paris, Wittersheim*, 1869, *49 p.* (Ext. du Journal offic. des 30 juin, 13 juillet et 23 août 1869).

281. **Chassant** (A.). Paléographie des Chartes et des Manuscrits du XI° au XVII° siècle ; cinquième édition, augmentée d'une Instruction sur les sceaux et leurs légendes et de règles de critique propres à déterminer l'âge des chartes et des manuscrits non datés. — *Paris, Aubry.* 1862, *in-12, pl. ;* br.

282. — Dictionnaire des Abréviations latines et françaises usitées dans les Inscriptions lapidaires et métalliques, les Manuscrits et les Chartes du Moyen Age ; deuxième édition. — *Paris, Aubry*, 1862, *in-12 ;* br.

283. — et **Delbarre** (P.-J.). Dictionnaire de Sigillographie pratique, contenant toutes les notions propres à faciliter l'étude et l'interprétation des Sceaux du Moyen-Age. — *Paris, Dumoulin*, 1860, *in-12, pl. ;* br.

284. **Chaumelin** (M.). Les Trésors d'Art de la Provence, exposés à Marseille en 1861. Écoles italienne, espagnole, allemande,

flamande, hollandaise, française. — *Marseille, Camoin*, 1862, *gr. in-8°*; br.

285. **Chereau** (A.). Recueil factice, *in-8°*; d. v. f.:

1° Notice sur les Anciennes Écoles de Médecine de la rue de la Bucherie. — *Paris, Delahaye*, 1866, *31 pages, pl.*

2° La Galerie des Portraits de l'ancienne Faculté de Médecine de Paris; *12 p.* (Ext. de l'*Union Médicale*, août 1869).

3° Essai sur les Origines du Journalisme médical français, suivi de sa Bibliographie. — *Paris*, 1867, *40 p.*

4° La vérité sur la mort de J.-J. Rousseau. — *Paris*, 1866, *23 p.*

286. — Catalogue d'un Marchand libraire dù XV° siècle, tenant boutique à Tours; avec notes explicatives. — *Paris, (Jouaust)*, 1868, *in-12 de 70 p.* pap. vergé; br. (Tiré à *300 ex.*; N° 84.).

287. **Cherrier** (H.). Bibliographie de Mathurin Régnier. — *Paris, Rouquette*, 1884, *in12 de 56 p.*; br. (*tiré à 200 ex.*).

288. **Chevigné**. Les Contes Rèmois, dessins de C. Meissonier; troisième édition. — *Paris, Michel Lévy*, 1858, *in-8°*; d. mar. r., fil., tête dor. (*Hardy*).

Première édition avec les figures de Meissonier. Exemplaire en grand papier de Hollande avec les vignettes sur Chine. L'illustration se compose de 34 dessins de Meissonier, gr. sur bois par Lasvignat, et 7 bois gr. d'après Foulquier; plus, deux port. d'après Meissonier, gr. sur acier par Buland.

289. **Chicoyneau** (F.). Traduction du discours latin prononcé pour l'ouverture solennelle des Ecoles de Médecine, par M. François Chicoyneau, Chancelier et Juge de l'Université de Montpellier, le 26 octobre de l'année 1722. Par lequel on tache de réfuter l'opinion de ceux qui croyent que la peste est contagieuse. — *Montpellier*, *V° d'Honoré Pech*, 1723, *in-8°*; d. m. Lav.

290. **Choulant** (L.). Handbuch der Bücherkunde für die ältere Medicin zur kenntniss der grieschischen, lateinischen und arabischen Schriften in ärztlichen Fache, und zur bibliographischen unterscheidung ihrer verschiedenen ausgaben, uebersetzungen uud erläuterungen. — *Leipzig, Voss*, 1841, *in-8°*; br.

291. — Bibliotheca medico-historica, sive catalogus librorum historicorum de re medica et scientia naturali systematicus. — *Lipsiæ, Engelmann*, 1842, *in-8°;* br. = Additamenta (duo) ad Lud. Choulanti Bibliothecam medico-historicam: edidit

J. Rosenbaum. — *Halis-Saxonum*, *Lippertus*, 1842, *et Schewtzchke*, 1847, *2 fasc. in-8°;* br.

292. Christoph Froschauer erster berühmter Buchdruckker in Zürich, nach seinen leben und wirken nebst aufsätzen und briefen von ihm und an ihn. — *Zurich, Ulrich*, 1840, *gr. in-4° de 24 p.*; br. (Zur vierten saekularferier der erfindung der Buchdruckerkunst, den 24 juni 1840).

293. Chronologie septenaire de l'Histoire de la Paix entre les Roys de France et d'Espagne, contenant les choses les plus remarquables advenues en France, Espagne, Allemagne, etc., depuis le commencement de l'an 1598 jusqu'à la fin de l'an 1604, divisée en sept livres, (par Pierre-Victor PALMA CAYET); seconde édition. — *Paris, Richer*, 1605, *in-8°, frontisp. gr.*; rel. v. f.

294. **Chevalier** (H.-C.). Rabelais et ses éditeurs. — *Paris, Aubry*, 1868, *in-12, de 31 p., pap. vergé*; br. (Ext. de la *Rev. mod.*, 25 novembre 1868.).

295. **Cicéron.** *Absque titulo*, (*sed, in fine*) : *M. T. Ciceronis in Brutum* (sic) *explicit liber. Anno xti* M.CCCC *lxix die vero xii mensis Januarii. Rome in domo magnifici viri Petri de Maximo.* — *In-4° de 78 ff. non chiff. à 32 lig., caract. rom.*; mar. br., gard. en vel. (*Le premier feuillet est avec ornements coloriés à la main*).

> Cette première édition du *Brutus* n'est que la 2e partie d'un volume composé en tout de 187 ff., et dont la 1re (109 ff.) contient le traité *de Oratore ad Q. fractrem.*

296. **Cicogna** (E.-A.). Saggio di Bibliografia Veneziana, CICOGNA. — *Venezia, Merlo*, 1847, *gr. in-8°;* bas.

297. Cirque (le) Franconi, détails historiques sur cet établissement hippique et sur ses principaux écuyers, recueillis par une chambrière en retraite, avec quelques portraits gravés à l'eau forte, par Fred. HILLEMACHER. — *Lyon, Perrin*, 1875, *in-8°;* br. (*Ex. sur chine, tiré à 8 ex. sur ce pap., n° 2.*)

298. Cirque (le) Franconi, détails historiques sur cet établissement, etc. — *Lyon, Perrin*, 1875, *in-8°*; br. (*Ex. sur papier teinté*), tiré à 111 ex. sur ce papier, N° 111.

299. **Claretie** (J.). Albert Glatigny. Sa bibliographie, précédée d'une notice littéraire et ornée d'un portrait gravé à l'eau forte par F. RÉGAMEY. — *Paris, Baur*, 1875, *in-8°, de 26 p.*; br. (pap. de Chine.).

300. **Claretie** (J.). Un livre unique : l'affaire Clémenceau, peinte et illustrée. — *Paris*, *Gazette des Beaux-Arts*, 1880, *pet. in-fol.*; br. (tirage à part à 100 ex., dont 15 sur pap. de Chine; N° 12).

301. **Claudin** (A.). Antiquités typographiques de la France. Origines de l'Imprimerie à Albi en Languedoc (1480-1484). Les pérégrinations de J. Neumeister, compagnon de Gutemberg, en Allemagne, en Italie et en France (1463-1484). Son établissement définitif à Lyon (1405-1507). d'après les monuments typographiques et des documents originaux inédits, avec notes, commentaires et éclaircissements. — *Paris, A. Claudin*, 1880, *gr. in-8°* ; br.

> Ex. sur papier vélin façon Whatman, avec photographies. Tiré à 18 ex. sur ce papier; N° 6.

302. **Clemens** (Cl). Musei sive Bibliothecæ tam privatæ quam publicæ extructio, instructio, cura, usus, libri IV. Accessit accurata descriptio Regiæ Bibliot. S. Laurentii Escurialis : Insuper Paranesis allegorica ad amorem litterarum. — Opus multiplici eruditione refertum ; præceptis moralibus et litterariis architecturæ et picturæ subjectionibus, inscriptionibus et emblematis, antiquitatis philologicæ monumentis atque oratoriis schematis utiliter et amœne tessellatum. — *Lugduni, Prost*, 1635, *in-4°, tit. gr.* ; rel. parch.

303. **Clément de Ris** (L.). Les Musées de province. Histoire et description. — *Paris, V° Renouard*, 1872, *in-12* ; br.

304. — La Curiosité ; collections françaises et étrangères ; cabinets d'amateurs ; biographies.— *Paris, V° Renouard*, 1864, *in-12.*

305. **Clerc.** La Franche-Comté à l'époque romaine ; représentée par ses ruines, avec 8 gravures d'antiquités et une carte de grande dimension, contenant villes antiques, villa, lieux où l'on a trouvé des ruines, camps, retranchements, champs de bataille, voies romaines, etc. — *Besançon, Bintot*, 1847, *in-8° ;* cart.

306. **Clouard** (M.). Bibliographie des Œuvres d'Alfred de Musset et des ouvrages, gravures et vignettes qui s'y rapportent ; lettre de Ch. de Lovenjoul et portrait d'Alfred de Musset gravé à l'eau-forte par M. Charbonnel d'après la statue de P. Granet. — *Paris, Rouquette*, 1883, *gr. in-8° de 98 p. ;* br. *(Ex. sur gr. pap. vélin, tiré à 20 ex.; N° 6).*

307. **Clusa**. Summula JACOBI de partibus per alphabetum, super plurimis remediis ex ipsius Mesue libris excerptis. — *(In fine, absque alia nota :) Impressum Lugduni ; pet. in-8°, goth. de 20 ff.* (le dernier blanc et manquant) *non chiffrés, fig. ;* cart.

308. **Cochet** (l'abbé). La Normandie souterraine, ou notices sur des Cimetières romains et des Cimetières francs explorés en Normandie ; seconde édition. — *Paris, Derache,* 1855, *in-8°, portr. et pl. ;* br.

309. — Le Tombeau de Childéric Ier, roi des Francs, restitué à l'aide de l'Archéologie et des découvertes récentes faites en France, en Belgique, en Suisse, en Allemagne et en Angleterre. — *Paris, Derache,* 1859, *in-8°, pl. ;* br.

310. — Archéologie céramique et sépulcrale, ou l'Art de classer les sépultures anciennes à l'aide de la céramique. — *Paris, Derache,* 1860, *gr. in-4° de 19 p., pl. ;* br.

311. **Cohen** (H.). Description générale des Monnaies de la République Romaine communément appelées Médailles Consulaires. — *Paris, Rollin,* 1857, *in-4°, pl. ;* br.

312. — Description historique des Monnaies frappées sous l'Empire Romain communément appelées Médailles Impériales. — *Paris, Rollin,* 1859-68. *7 vol. in-8°, dont un de supplément, pl. ;* br.

313. — Guide de l'Amateur de Livres à vignettes du XVIIIe siècle ; seconde édition, revue, corrigée et enrichie du double d'articles et donnant entre autres augmentations la liste complète des ouvrages de Le Sage et de Rétif de la Bretonne ; frontispice à l'eau forte (et en deux états) par J. Chauvet. — *Paris, Rouquette,* 1873, *in-8°.*

> Rel. m. v., plats et dos richement ornés de petits fers avec le chiffre de C. Cavalier, dent. int., tr. d. (*Amand*). Ex. sur pap. Whatman, tiré à 50 ex. sur ce papier ; N° 29).

314. — Guide de l'Amateur de Livres à figures et à vignettes du XVIIIe siècle ; troisième édition entièrement refondue et considérablement augmentée par Ch. Mehl. — *Paris, Rouquette,* 1876, *in-8°, (pap. Whatman, tiré à 50 ex. sur ce pap.).*

315. — Guide de l'Amateur de Livres à vignettes et à figures du XVIIIe siècle : quatrième édition, revue, corrigée et enrichie de plus du double d'articles de toutes les additions de Charles

Mehl, et donnant le texte de la deuxième édition intégrale-
ment rétabli. — *Paris, Rouquette*, 1880, *in-8º, gr. pap. vélin*;
br.

316. **Coindet** (J.). Histoire de la Peinture en Italie; nouvelle
édition. — *Paris, Vᶜ Renouard*, 1857, *in-12* ; br.

317. **Colardeau**. Ses Œuvres. — *Paris, Ballard et le Jay*, 1779,
2 vol. in-8º, portr. et fig.; rel. mar. v., f., tr. d. (*ex. sur gr.
pap. de Holl. et réglé*).

> Ont été, dans le temps, ajoutés à cet exemplaire : 1º deux fron-
> tisp., l'un d'Eisen, l'autre de Marillier ; — 2º une grav. pour la *Lettre
> d'Héloïse*, différente de celle du vol. ; — 3º une grav. tirée de la
> *Déclamation théâtrale* de Dorat ; — deux grav. de Marillier pour les
> *Nuits* d'Young ; — 5º Les *Sacrifices de l'Amour* par Greuze (pliée
> en 8); 6º portrait de Louis XVI par Duplessis, gr. par Lemire. — En
> outre, on trouve dans les deux vol. grand nombre de culs de lampe
> finement dessinés à la plume.
> A la fin du 1ᵉʳ vol., on a relié :
> Le Temple de Gnide (par MONTESQUIEU) ; nouv. édition. - *Paris,
> Lemire, graveur*, 1772, *front. et fig., pap. de Holl.*;
> Et à la fin du second :
> Le Temple de Gnide ; poème im'té de Montesquieu par LÉONARD.
> — *Paris, Costard*, 1772, *pap. de Holl.*

318. **Collé**. La Partie de Chasse de Henri IV, comédie en 3 actes
et en prose. — *Paris, Gueffier*, 1775, *in-8º, fig.*; br.

319. Collection Soltykoff. Catalogue (avec prix marqués). —
Paris, Pillet, 1861, *in-8º*; br.

320. Collection de M. le Mⁱˢ de... (Masclary, de Montpellier).
Tableaux anciens et modernes, dessins, objets d'art et de
curiosité. Vente le 5 mai 1870 et jours s. . — *Montpellier,
Gras*, 1870, *in-8º, pap. vergé (tiré à 10 ex.).*

321. Collection (La) des Empreintes de Sceaux des Archives de
l'Empire et son inventaire. — *Paris, Imprim. impériale*, 1863,
gr. in-4º de 48 p.; perc. br.

322. Collection des Pierres antiques dont la Châsse des SS. Trois
Rois Mages est enrichie dans l'église métropolitaine à Cologne, gravées après leurs empreintes, avec un discours historique analogue, par J. P. N. M. V. — *Bonn, Impr. Elect.*,
1781, *in-4º, pl. gr.*; br.

323. **Collerye** (R. de). Ses Œuvres ; nouvelle édition, avec préface et notes par Ch. d'Héricault. — *Paris, Jannet*, 1855,
in-16, pap. vergé ; perc. r.

324. **Collinot** (E.) et **de Beaumont** (A.). Recueil de Dessins pour l'Art et l'Industrie. — *Paris. Morel,* 1867, **2** *vol. gr. in-fol. (200 pl.).*

325. **Colson** (A.). Recherches sur les Monnaies qui ont eu cours en Roussillon. — *Perpignan, Alzine,* 1853, *in-8°, pl. ;* br.

326. **Columelle.** Les Douze Livres de Lucius Moderatus Columella, des Choses rustiques, traduicts du latin en françoys par feu maistre Claude Cotereau, chanoine de Paris. — *Paris, Jacques Kerver,* 1552. — *(In fine :) Imprimé à Paris par Guillaume Morel pour Jacques Kerver, libraire, le* XXVe *jour de septembre* 1551, *in-4°* ; rel. mar. r.

327. **Combrouse** (G.). Catalogue raisonné des Monnaies nationales de France. Essai de Guillaume Combrouse. — *Paris, Fournier,* 1839-41, *2 vol. in-4° avec planches, plus 1 vol. in-4° d'atlas.* = On y a joint, comme second vol. de l'atlas : Le Monétaire des Rois Mérovingiens ; recueil de 920 monnaies en 62 pl. avec leur explication. — *Paris, Rollin,* 1843, *en tout, 4 vol. in-4° ;* d. v. bl. = Le Décaméron numismatique. — *Paris, Rollin,* 1844, *in-4°* ; br. *(tiré à 109 ex.).*

328. **Compayré** (G.). Des Idées de Rabelais en matière d'Éducation. — *Toulouse,* 1876, *in-8° de 22 p.* (Extr. des Mém. de l'Ac. des Sc. et B.-L. de Toulouse, 1876).

329. **Conny** (F. de). Histoire de la Révolution de France. — *Paris, Méquignon-Jeulin,* 1834-42, *8 vol. in-8° ;* br.

330. Conseil très utile contre la Famine : et remèdes d'icelle. Item Régime de santé pour les poures, facile à tenir. — *Paris, Jacques Gazeau, à l'Escu de Cologne, rue Sainct-Jaques,* 1546, *in-16 de 52 p.* ; rel. mar. r., dent. int., tr. d. *(Copé).* (Ex. Yéméniz).

331. **Constant** (P.). Invective contre l'abominable parricide attenté sur la personne du Roy très chrestien Henry IIII, Roy de France et de Navarre. — *Paris, F. Morel,* 1545, *in-8° de 14 p.* ; br.

332. **Constantin** (L.-A.). Bibliothéconomie ou Nouveau Manuel complet pour l'arrangement, la conservation et l'administration des Bibliothèques ; nouvelle édition. — *Paris, Roret,* 1841, *pet in-12* ; d. m. v. *(ex. interfolié).*

333. Contes en vers, imités du Moyen de Parvenir, par Autreau, Dorat, Grécourt, La Fontaine, B. de La Monnoye, Plancher

de Valcour, Regnier, Vergier, etc., avec les imitations du comte de Chevigné et celles d'Épiphane Sidredoulx ; publiés par un Membre de la Société des Bibliophiles Gaulois. — *Paris, Willem,* 1874, *in-8°, avec double suite des vignettes tirée en bistre à part* ; br.

> **Ex.** sur papier de Chine. Ce volume forme le complément du N° 112 publié par le même éditeur.

334. Contes, Nouvelles, Anecdotes, Mémoires, etc., etc. — Mélanges amusans. — *Paris, Migneret,* 1819, *2 vol. in-8°* ; cart.

335. — Controversses (Les) des Sexes Masculin et Fémenin (par Gratien Dupont, seigneur de Drusac.) Avecq Priviliège (*sic*) du Roy. — (Au v° du dernier f. dont le recto est blanc) : Marque de Jacques Colomiès, avec ces vers en dessous :

> Dedans Tholose : imprime entierement
> Est il ce livre : sachez nouvellement
> Par Maistre Jacques : Colomies surnomme
> Maistre imprimeur : libraire bien fame
> Lequel se tient : et demeure devant
> Les Saturnines : Nonains devot convent
> Lan Mil. cccc. tren'e et quattre a bon compte
> Du moys Janvier. xxx. sans mescompte

Pet. in-fol. goth., à longues lignes, de 24 ff. prél. non chiff. pour le titre, diverses épistres, la table, etc.; et de 179 ff. chiff. pour le texte, plus un f. final non chiff. pour la souscription. Rel. mar. r., dos richement orné de petits fers avec des compartiments en mar. bleu, dent. int., tr. dor. (*Duru*).

336. **Coppée** (F.). Bleuette, conte en vers ; illustrations de Henri Pillé, gravées par A. Prunaire. — *Paris, Lemerre,* 1880, *gr. in-8°, fig. n. et color., pap. vél.,* rel. perc. argentée avec fers spéciaux.

337. **Coquillart.** Ses Œuvres. Nouvelle édition, revue et annotée par d'Héricault. — *Paris, Jannet,* 1857, *2 vol. in-16, pap. vergé* ; perc. r.

338. **Cordier** (H.). Bibliogaphie des Œuvres de Beaumarchais. — Portrait d'après Cochin. — *Paris, Quantin,* 1883, *in-8°* ; pap. vergé, br.

339. **Corrard de Bréban.** Recherches sur l'établissement et l'exercice de l'Imprimerie à Troyes, contenant la nomenclature des imprimeurs de cette ville depuis la fin du XVe siècle jusqu'à 1789, et des notices sur leurs productions les

plus remarquables, avec fac-simile et marques typographiques. Troisième édition, revue et considérablement augmentée, d'après les notes manuscrites de l'auteur, par
O. Thierry Poux. — *Paris, Chossonnery, 1873, in-8° ;* br.
(Ex. sur gr. pap. de Hollande.)

340. **Corrozet** (Gilles). Le Cathalogue des Villes et Citez assises
es troys Gaulles, c'est assavoir, Celticque, Belgicque et
Acquitaine. Avecq ung traicté des Fleuves et Fontaines,
illustré de nouvelles figures. — *Imprimé ceste année mil cinq
cens quarante et troys, Paris, par Alain Lotrian, in-16* ; mar.
r., dent. int., tr. dor. (*Duru*).

> Au v° du titre, on lit celui-ci : Les Anticques érections des villes
> et citez de troys Gaulles..... contenant deux livres. Le premier
> faict et composé par Gilles Corrozet, parisien, le second, par Claude
> Champier, lyonnais.

341. — Les Antiquitez croniques et singularitez de Paris, ville
capitale du royaume de France, avec les fondations et basti-
ments des lieux : les Sépulchres et Épitaphes des Princes,
Princesses et autres personnes illustres, par Gilles Corrozet,
parisien, et depuis, augmentées par N.B., parisien. — *Paris,
Nic. Bonfons, 1586, pet. in-8° de 16 ff. prél. et 212 ff.
chiff.* ; rel. mar. v., fil., dos orné, dent., tr. d. (*Duru et
(Chambolle).*

> La seconde partie qui s'y trouve jointe a pour titre : les Antiquitez
> et Singularitez de Paris. Livre second : De la sépulture des Roys et
> Reynes de France, princes, princesses et autres personnes illustres :
> représentez par figures ainsi qu'ils se voyent encores a présent ez
> Églises ou ils sont inhumez. Recueillis par Jean Rabel, peintre.
> — *Paris, Nic. Bonfons, 1588, de 4 ff. prél. et 119 ff. avec 53 gravures
> sur bois.*

342. **Cotton des Houssayes** (J.-D.). Des devoirs et des qualités du Bibliothécaire, discours prononcé dans l'Assemblée
générale de Sorbonne, le 23 décembre 1780 ; traduit du latin
en français avec quelques notes, par Gratet-Duplessis. —
Paris, Aubry, 1857, in-8° de 13 p., pap. vergé ; br.

343. **Cousin** (Jean). Recueil de ses OEuvres choisies : peinture,
sculpture, vitraux, miniatures, gravures à l'eau forte et sur
bois ; reproduites en fac-simile par MM. Adam et St-Pilinski,
A. Racinet, Lemaire, Durand et Dujardin (41 pl. dont 4 en
couleurs), et publiées avec une introduction par A.-F. Didot.
— *Paris, F. Didot, 1873, in-fol. (en carton).*

344. **Cousteau** (P.). Petri Costalii Pegma, cum narrationibus

philosophicis. — *Lugduni, Matth. Bonhomme*, 1555, *in-8° de 8 ff. prélim. 336 pp., plus 4 ff. de table*; *fig. et bordures*; rel. mar. r., dent., tr. d. (*Thibaron-Schaubard*).

Les figures (95) et les bordures (5, souvent répétées) ont été employées dans la traduction française dont la 1ʳᵉ édition a été donnée par le même libraire, en 1555.

345. **Crapelet** (G.-A.). Robert Estienne, imprimeur royal et le roi François Iᵉʳ. — Nouvelles recherches sur l'état des Lettres et de l'Imprimerie au XVIᵉ siècle, avec sept planches d'ornemens typographiques des Estienne et autres imprimeurs contemporains. — *Paris, Crapelet*, décembre 1839, *in-8° de 68 p.*; br. = (On y a joint :) Observations littéraires et typographiques sur Robert et Henri Estienne. — *S. ind., in-8° de 34 p.*; br.

346. Cronicarum liber (auctore HARTMAN SCHEDEL). = (*In fine :*) *Anthonius Koberger Nurenberge impressit* ... *anno salutis nostre 1493.* — *In-fol., max. goth. de 300 ff. chiff. précédés de 20 ff. pour la table avec ce titre : Registrum hujus operis libri cronicarum cum figuris et ymaginibus ab initio mundi; fig. sur bois au nombre de plus de 2000;* rel. mar. br. avec riches ornements à froid sur les plats, dent. intér., tr. dor. (*Chambolle Duru*).

Ex. dans un étui doublé de chamois.

347. Cronicarum liber (auctore HARTMAN SCHEDEL). = *(In fine :) Anthonius Koberger Nuremberge impressit anno 1493*, etc.; rel. v. f., tr. dor.

Autre ex. de l'édition de 1493 de la chronique de Nuremberg, différant du premier en ce que toutes les figures ont été coloriées par une main de l'époque.

348. **Curmer** (Léon). Poésies réligieuses. Dresde, Paris, Rome, Montpellier. — *Paris, Aubry*, 1863, *in-8°, pap. vergé, photographies.*

Troisième édition, tirée à 209 ex ; Nº 178.

349. **Cyrano Bergerac.** Ses Œuvres diverses. — *Paris, de Sercy*, 1681, *in-12.*; bas.

D

350. **Dabadie** (F.). Les Suicidés illustres. Biographie des personnes remarquables de tous les pays qui ont péri volontairement depuis le commencement du monde jusqu'à nos jours. — *Paris, Sartorius, 1859, in-12*. (Première série).

351. **Dancoisne** (L.) et **Delanoy** (A.). Recueil de Monnaies, Médailles et Jetons, pour servir à l'histoire de Douai et de son arrondissement. — *Douai, Obez, 1836, in-8°, pl.;* carton.

352. **Danfric** (Ph.). Déclaration de l'usage du Graphomètre, par la pratique duquel on peut mesurer toutes distances des choses de remarque qui se pourront voir et discerner du lieu où il sera posé : et pour arpenter terres, bois, prez, et faire plans de villes et forteresses, cartes géographiques et généralement toutes mesures visibles : et ce, sans reigle d'Arithmétique. — *Paris, chez ledit Danfric, 1597, in-8°, pl.;* rel. mar. bl. (*Closs*).

353. **Dangeau** (L.). Montesquieu. — Bibliographie de ses Œuvres. — *Paris, Rouquette, 1874, in-8° de 33 p., pap. vergé;* br. (*tiré à 100 ex. ; N° 29*).

354. **Dante**. La Comedia di Danthe col commento di Christ. Landino. (A la fin, en majuscules :) *Impresso in Bressa per Boninum de Boninis di Raguxi a di ultimo di mazo. M. cccc. LXXXVII. — In-fol. de 310 ff. non chiff. de 68 lignes, fig. sur bois;* rel. mar. Lavall., fers à froid sur les plats avec le médaillon de Dante, dent. intér., tr. dor. (*Chambolle-Duru*).

> Édition en lettres rondes de deux grosseurs différentes avec de grandes fig. sur bois. Huit feuillets prélim. renfermant le *Registro* et le *Proemio*. Le neuvième ne porte qu'une grande planche au verso. Le texte commence au dixième.

355. — La Comedia di Dante, col commento di Landino. (Au verso du f. 315 :) *Impresso in Vinegia per Petro Cremonese dito Veronese : Adi* xviii *di novēbrio.* M. cccc. LXXXXI *emendato per me maestro piero da fighino dellordine de frati minori. — In-fol., lettres rondes, fig. sur bois ;* rel. mar. v., dent., tr. dor. (*Chambolle-Duru*).

> En tête du vol. sont 14 ff. prél. reproduisant les pièces de l'édition

de Florence, 1481. Le recto du premier de ces ff. est blanc. Le verso commence par ce sommaire sur une seule ligne : *Commento di Christoforo Landino fiorentino sopra la comedia di Dante alighieri poeta fiorentino.* Les quatre derniers de ces feuillets contiennent une table à deux col. sign. AA. Le texte occupe les ff. 11 à 315 (chiffrés). Au verso du dernier et après la souscription ci-dessus, on trouve quinze canzone occupant encore 4 ff. non chiff. à trois col. et finissant ainsi au milieu du verso du dernier f. : *Qui finisse le canzone de Danthe.*

356. — Opere del divino poeta Danthe con suoi comenti novamente in littera cursiva impresse. — *Venetia, per Miser Bernardino Stagnino da Trino de Monferra,* Del. M. cccc. XX. — *in-4°; 12 ff. non chiff. et 440 chiff., fig. en bois attribuées à Cristoforo Castelli de Parme ;* rel. mar. r. du Levant, fil., dent. intér., tr. dor. (*Hardy*).

Ex. d'Ambroise-Firmin Didot.

357. — La Comedia di Dante Aligieri, con la nova expositione di Alessandro Vellutello. (A la fin :) *Impressa in Vinegia per Francesco Marcolini ad instantia di Alessandro Vellutello del mese di jugno lanno* MDXLIIII. — *1 vol. in-4° (divisé en 3 tomes), fig. sur bois, texte en ital.;* rel. v. f., f., tr, dor.

358. — La Divina Comedia di Dante, di nuovo alla sua vera lettione ridotta con lo ajuto di molti antichissimi esemplari, con argomenti, et allegorie per ciascun canto et apostille nel margine. — *Vinegia, Gabr. Giolitto de Ferrari et fratelli,* 1555, *pet. in-12, gr. sur bois;* rel. parch.

359. — Lo Inferno della Commedia di Dante Alighieri col comento di Guiniforto delli Bargigi, tratto da due manoscritti inediti del secolo decimo quinto, con introduzione e note dell'avv° G. Zacheroni. — *Marsilia, Mossy,* 1838, *gr. in-8°, fig. ;* d. m. n.

360. — L'Enfer de Dante Alighieri, avec les dessins de Gustave Doré; traduction française de Pier Angelo Fiorentino, accomgnée du texte italien. — *Paris, Hachette,* 1861, *in-fol.;* perc. rouge.

361. **Daudet** (Alph.). Sapho; mœurs parisiennes. Illustrations de Rossi, Myrbach, etc.; gravures de Guillaume frères. — *Paris, Marpon et Flammarion,* 1887, *in-12;* br. (*ex. sur Japon ; tiré à 50 ex. sur ce papier*).

362. **Davillier** (J.-G.). Histoire des Faïences hispano-moresques à reflets métalliques. — *Paris, Didron, 1861, in-8° de 52 p.*

363. — Histoire des Faïences et Porcelaines de Moustiers, Marseille

et autres fabriques méridionales. — *Paris, Castel,* 1863, *in-8°;* br.

364. **Davillier** (Ch.). L'Espagne; illustrée de 309 gravures sur bois par Gustave Doré. — *Paris, Hachette,* 1874, *gr. in-4°, fig.*; d. m. r., fil., tr. dor.

365. **De Bure** (G.). Catalogue des Livres de la Bibliothèque du duc de la Vallière. Première partie, contenant les Manuscrits, les premières Éditions, les Livres imprimés sur vélin et sur grand papier, les Livres rares et précieux par leur belle conservation, les Livres d'Estampes, etc. — *Paris, de Bure, 3 vol. in-8°, portr. et fac. simile*; d. m. v.

366. Decas VII Disputationum medicarum select, materias subsequenter de hypercatharsi ; Diæta sanorum, ruminatione humana ; sputo sanguinis; morbo ungarico ; elephantiasi græcorum ; internis oculorum affectibus, anorexia, etc., continentium ; nunc in gratiam Studiosorum de novo recusarum anno 1631. — *Basilœ, Genathius,* 1631, *in-4°*; v. f. f. (Aux armes du M^al d'Estrées).

367. Déclaration du Roy (25 juin 1636), et nouveau règlement sur le faict des Monnoyes tant de France qu'estrangères; registré en la Cour des Monnoyes. — *Paris, Cramoisy,* 1636, *pet. in-8° de 88 p.;* d. parch.

368. Déclaration du Roy (31 mars 1640), portant que toutes Monnoyes d'or légères des Païs estrangers seront converties en espèces d'or de poids portans le nom du Roy; que la fabrication des Escus d'or de France sera continuée, et que toutes espèces d'or légères seront décriées dans trois mois, etc. — *Paris, Cramoisy,* 1640, *pet. in-8° de 32 p.;* d. parch.

369. Déclaration du Roy (18 octobre 1640), portant que les Monnoyes d'argent légères ne seront exposées que pour leur juste prix selon leur poids et titre, et que tous les poids dont on se servira pour les Monnoyes seront ajustez et estallounez sur ceux de la Cour des Monnoyes dans un mois, etc. — *Paris, Cramoisy,* 1641, *pet. in-8° de 88 p.*; d. parch.

370. Déclaration du Roy, portant règlement pour le nouueau prix donné aux espèces d'argent légères et rognées : Ensemble pour l'observation des prix de l'or et argent employez aux ouvrages d'orfevrerie. Et défenses de fondre les Monnoyes, et les transporter ny autres matières d'or et d'argent hors du

4

Royaume (29 octobre 1640). — *Paris, Cramoisy*, 1640, *pet. in-8° de 31 p.;* d.

371. Déclaration du Roy (29 avril 1653), portant règlement pour l'exposition et décry des Monoyes. — *Paris, Cramoisy*, 1653, *pet. in-8° de 29 p.*; d. parch.

372. **Defoe** (D.). Aventures de Robinson Crusoé ; traduction nouvelle. Edition illustrée par Grandville. — *Paris, Fournier, gr. in-8°;* d. mar. br., tête dor.

373. **Degeorge** (L.). La Maison Plantin à Anvers. — Monographie complète de cette imprimerie célèbre aux XVIe et XVIIe siècles, ouvrage orné d'un portrait de Plantin d'après Wiérix, d'un tableau généalogique de la famille, d'un plan coupé du rez-de-chaussée, d'une gravure de la cour intérieure et de la marque typographique du grand imprimeur ; deuxième édition, augmentée d'une liste chronologique des ouvrages imprimés par Plantin à Anvers de 1555 à 1589. — *Bruxelles, Gay et Doucé*, 1878, *in-8°* ; br. *(tiré à 500 ex. num.; N° 52, sur pap. de Holl.)*

374. **De Laborde** (L.). Notice des Émaux, Bijoux et Objets divers exposés dans les Galeries du Louvre ; Ire partie : Histoire et description ; IIe partie : Documents et Glossaires. — *Paris*, 1852-53, *2 vol. in-8°*.

375. **Delaborde** (H.). La Gravure. Précis élémentaire de ses origines, de ses procédés et de son histoire. — *Paris, Quantin*, s. d., *in-8°, pl.;* br.

376. — La Gravure en Italie avant Marc Antoine (1452-1505). — *Paris, Rouam*, 1883, *gr. in-4°, fig. (tiré à 25 ex. sur pap. de Holl.; N° 3).*

377. **Delalain** (J.'. Historique de la Propriété des Brevets d'Imprimeur ; deuxième édition. — *Paris, Delalain*, décembre 1869, *in-8° de 66 p.*; br.

378. **Delaquérière** (E.). Description historique des Maisons de Rouen, les plus remarquables par leur décoration extérieure et par leur ancienneté ; dans laquelle on a fait entrer les édifices civils et religieux devenus propriétés particulières. — *Paris, Didot ; Rouen, Periaux*, 1821-1841, *2 vol. in-8°, front. et fig.;* br.

379. **Delécluze** (J.). Les Beaux-Arts dans les deux Mondes en

1855. Architecture, Sculpture, Peinture, Gravure. — *Paris, Charpentier*, 1856, *in-12* ; br.

380. **Delepierre** (O.). Histoire littéraire des Fous. — *London, Trübner*, 1860, *in-8°*.

381. **Delisle** (L.). Notice sur les anciens Catalogues des Livres imprimés de la Bibliothèque du Roi. — *Paris, Champion*, 1882, *in-8° de 37 p.* ; br. *(Extr. de la Biblioth. de l'École des Chartes, t. 43, 1882.)*

382. — Le plus ancien Manuscrit du Miroir de Saint Augustin. — *Paris, s. n.*, 1884, *in-8° de 10 pages* ; br. *(Extr. du même recueil*, 1884).

383. — Les Livres d'Heures du duc de Berry. — *Paris, Quantin*, 1884, *gr. in-8°, fig. (Extr. de la Gaz. des B.-A.*, 1884).

384. — Documents sur les Fabriques de Faïence de Rouen, recueillis par Haillet de Couronne. — *Valognes, Martin*, 1865, *in-8°* ; br.

385. **Delort** (A.). Mémoires inédits sur la ville de Montpellier au XVII° siècle (1621-1693), précédés d'une notice, accompagnés de notes et suivis d'une Chronique sommaire des principaux évènements arrivés dans la même ville jusqu'en 1789 (par L. Gaudin. — *Montpellier, Martel*, 1876-78, *2 vol. in-8°* ; ex. sur pap. de Chine, *(tiré à 5 ex. sur ce papier ; N° 5).*

386. — Mémoires de ce qui s'est passé de plus remarquable dans Montpellier depuis 1622 jusqu'en 1691, précédés d'une notice. — *Montpellier, Coulet*, 1876, *in-8°* ; br., ex. sur pap. de Chine *(tiré à 18 ex. sur ce papier ; N° 17).*

387. **De Manne** (E.-D.) et **Ménetrier** (C.). Galerie historique des Comédiens de la troupe de Nicolet ; notice sur certains acteurs et mimes qui se sont fait un nom dans les annales des scènes secondaires depuis 1760 jusqu'à nos jours, avec portrait à l'eau-forte par F. Hillemacher. — *Lyon, Scheuring*, 1869, *in-8°* ; br.

388. **Demmin** (A.). Guide de l'Amateur de Faïences et Porcelaines. — *Paris, Renouard*, 1861, *in-12* ; br.

389. — Guide de l'Amateur de Faïences et Porcelaines, poteries, terres cuites, peintures sur lave et émaux ; nouvelle édition. — *Paris, V° Renouard*, 1863, *in-12* ; br.

390. Encyclopédie Céramique-monogrammique. Guide de l'Ama-

teur de Faïences et Porcelaines, poteries, terres cuites, peintures sur lave, émaux, pierres précieuses artificielles, vitraux et verreries ; troisième édition. — *Paris, V⁰ Renouard*, 1867, *2 vol. in-12, portr. et pl. gr. ; br.*

391. — Recherches sur la priorité de la Renaissance de l'Art allemand. Faïences du 13ᵉ siècle, terres cuites émaillées du 5ᵉ siècle. — *Paris, Vᵃ Renouard*, 1862. *in-12*.

392. — Souvenirs de voyages et causeries d'un Collectionneur, ou Guide artistique pour l'Allemagne. — *Paris, V⁰ Renouard*, 1864, *in-12* ; br.

393. **Den Duyts** (L.). Notice sur les anciennes monnaies des Comtes de Flandre, Ducs de Brabant, Comtes de Hainault, Comtes de Namur et Ducs de Luxembourg, faisant partie de la Collection des Médailles de l'Université de Gand ; nouvelle édition. — *Gand, Annoot-Braeckman*, 1847, *in-8°, pl.*; br.

394. **Denis** (A). Recherches bibliographiques en forme de dictionnaire sur les auteurs morts et vivants qui ont écrit sur l'ancienne province de Champagne, ou Essai d'un Manuel du Bibliophile Champenois. — *Châlons-sur-Marne, Martin*, 1870, *in-8°* ; br.

395. — Recherches bibliographiques et historiques sur les Almanachs de la Champagne et de la Brie, précédées d'un Essai sur l'Almanach en général, compost, kalendriers, etc. — *Châlons-sur-Marne, chez l'auteur*, 1880, *in-8° de 54 p., pap. Whatman*; br. *(tiré à 200 ex., num. et paraphés par l'auteur ; N° 70.)*

396. — Notice sur les Communautés laïques de la ville de Vitry-le-François, suivie d'un court aperçu de l'introduction et de l'exercice de l'Imprimerie dans la même ville. — *Vitry-le-François, Bitsch*, 1874, *in-8° de 230 ff.* ; br.,

397. **Desains** (Ch). Fables, Anecdotes et Contes, illustrés par Baldus, Brascassat, Couder, Lemaître, Pradier, Horace Vernet, etc., et l'auteur. — *Paris, Lemoine*, 1850, *gr. in-8°, portr. et pl. gr.* ; br.

398. — Recherches sur les monnaies de Laon, (le titre manque). — *In-4° de 23 pl.*,; cart.

399. **Desaivre** (L.). Gargantua en Poitou avant Rabelais. — *La*

Rochelle, Petit, 1869, *in-8° de 19 p., pap. de Hol. (tiré à 10 ex.).*

400. **Desandré** (A.). Essai historique sur le Christ en ivoire de JEAN GUILLERMIN, et sur la Confrérie des Pénitents Noirs, dits de la Miséricorde, fondée à Avignon en 1586. — *Avignon, Roumanille,* 1865, *in-12* ; br.

401. **Désaugiers**. Ses Chansons, précédées d'une notice par Alfred DELVAU. — *Paris, Bry,* 1859, *in-8°, fig.* ; br.

402. **Desbarreaux-Bernard** (Dr). Les Lanternistes. — Essai sur les Réunions littéraires et scientifiques qui ont précédé, à Toulouse, l'établissement de l'Académie des sciences. — *Paris, Techener,* 1858, *in-8°, pap. vergé, fig.* ; *tiré à 132 ex.; N° 108).*

403. **Deschamps** (P.). Essai bibliographique sur M. T. Cicéron ; avec une préface par J. Janin. — *Paris, Potier,* 1863, *in-8°* ; br. *(ex. sur pap. de Holl.).*

404. **Deshoulières** (Mme). Poésies. — *Paris, Ve de Sebastien Mabre-Cramoisy,* 1688, *in-8°* ; bas.

> Contrefaçon de l'édition originale parue la même année. Reconnaissable en ce qu'elle ne porte pas, comme cette dernière, sur le titre les *Cigognes* de Cramoisy et qu'elle a, aux pages 33 et 111, des fautes d'impression signalées par Brunet. Voir son supplément, I, p. 377.

405. — Poésies ; seconde partie. — *Paris, Jean Villette,* 1695, *in-8°* ; v. j., fil., dor. *(portrait d'ap. Elis. Chéron, gr. par Van Schuppen, ajouté).*

406. **Desjardins** (E.). Alesia (septième campagne de Jules César). Résumé du débat. Réponse à l'article de la Revue des Deux-Mondes du 1er mai 1858. Conclusion suivie d'un appendice renfermant des notes inédites, écrites de la main de Napoléon Ier sur les Commentaires de Jules César. — *Paris, Didier,* 1859, *in-8°, pl.* ; br.

407. **Desloges**. Traité général des Peintures vitrifiables sur porcelaine dure ; porcelaine tendre ; sur émail ; miniature ; émail genre Limousin ; faïence et sur verre, etc. ; 2e édition augmentée par Goupil. — *Paris, Arnaud de Vresse,* 1866, *in-8° de 88 p.*

408. **Desmoulins** (Fr.). Le Paranymphe de l'Escriture ronde, financière et italienne, de nouvelles formes promptes et de

très bons services enrichies de divers traicts des Inventions de François DESMOULINS escrivain; le tout faict et gravé par luy mesme. A Molins en Bourbonnois le second jour de Janvier 1625.— *A Lyon, C. Savary et B. Gaultier.* — *In-4°, obl., de 29 ff. gr.* = *(On y a joint, du même format :)* Lusthof der Schrüfkonste gheschreven ende ghesneden door SYMON DE VRIES, van Harlinghen. — *Tot Amsterdam, W. Lanszoon,* anno 1610, *tit. impr. et 29 ff. gravés ;* rel. vél.

409. Détails sur la Cérémonie, peu connue, de la bénédiction de la cloche de l'église paroissiale de Notre-Dame des Tables de Montpellier, le 16 mars 1804 (par A. T., marguillier); avec portraits, plans et dessins. — *Montpellier,* 1817, *ms. pet. in-8° de 38 ff.;* rel. parch.

410. Diable (Le) à Paris. Paris et les Parisiens. Mœurs et Coutumes, caractères et portraits des habitants de Paris ; tableau complet de leur vie privée, publique, politique, artistique, littéraire, industrielle, etc., etc. Texte par MM. George Sand, P. J. Stahl, Léon Gozlan, P. Pascal, Frédéric Soulié, Charles Nodier, Eugène Briffault, S. Lavalette, de Balzac, Taxile Delord, Alphonse Karr, Méry, A. Juncetis, Gérard de Nerval, Arsène Houssaye, Albert Aubert, Théophile Gautier, Octave Feuillet, Alfred de Musset, Frédéric Bérat, précédé d'une histoire de Paris par Théophile Lavallée. — Illustrations: Les Gens de Paris. — Séries de gravures avec légendes par Gavarni. — Paris comique. — Vignettes par Bertall. — Vues, monuments, édifices particuliers, lieux célèbres et principaux aspects de Paris, par Champin, Bertrand, d'Aubigny, Français. — *Paris, Hetzel,* 1845-46, *2 vol. gr. in-8°;* d. mar. r. non rogn. (*Ex. sur papier de Chine*).

411. Diable (Le) à Paris. — Paris et les Parisiens. — Mœurs et coutumes, caractères et portraits des habitants de Paris; tableau complet de leur vie privée, publique, politique, artistique, littéraire, industrielle, etc., etc. — *Paris, Hetzel,* 1845-1846, *2 vol. gr. in-8°;* rel. mar. bl. avec fers spéciaux. dent. intér., tr. dor. (ex. avec les planches coloriées).

412. Dictionnaire bibliographique ou nouveau Manuel du libraire et de l'amateur de livres, contenant : l'indication et le prix de tous les livres tant anciens que modernes qui peuvent trouver leur place dans une bibliothèque choisie; les renseignements nécessaires pour distinguer les éditions les

plus recherchées ; les signes caractéristiques de leur authen-
ticité ; les prix auxquels les livres ont été portés dans les
ventes les plus célèbres, etc.; précédé d'un Essai élémentaire
sur la Bibliographie par M. P*** (PSEAUME). — *Paris, Ponthieu,*
1824, 2 vol. in-8° ; d. v. f.

413. Dictionnaire bibliographique, historique et pratique des
livres rares, précieux, superbes, curieux, estimés et recherchés, qui n'ont aucun prix fixe, tant des auteurs connus que
de ceux qui ne le sont pas, soit manuscrits, avant et depuis
l'invention de l'imprimerie, soit imprimés... avec leur valeur;
auxquels on a ajouté des observations et des notes pour
faciliter les connaissances exactes et certaines des éditions
originales et des remarques pour les distinguer des éditions
contrefaites; suivi d'un essai de bibliographie, où il est
traité de la connaissance et de l'amour des livres, de leurs
divers degrés de rareté, etc. (par l'abbé DUCLOS). — *Paris,*
Cailleau, 1790, 3 vol. in-8°; bas.

414. Dictionnaire de l'Académie des Beaux-Arts. — *Paris, Didot,*
1858 et s., *in-4°;* br. T. I, II et III, 1er et 2e liv.

415. Dictionnaire de Géographie ancienne et moderne, à l'usage
du Libraire et de l'Amateur de Livres, contenant : 1° les
noms anciens grecs et latins des principales divisions de
l'Europe, provinces, villes, bourgs, abbayes, etc.; avec leur
signification actuelle en langue vulgaire ; 2° les recherches
les plus étendues et les plus consciencieuses sur les origines
de la typographie dans toutes les villes, bourgs, abbayes
d'Europe jusqu'au XIXe siècle exclusivement; 3° un Dictionnaire français-latin des noms de l'eux destiné à servir de
table ; par un Bibliophile (Pierre DESCHAMPS). — *Paris, Didot,*
1870. *gr. in-8°;* d. mar. br., tête dor. (*Ex. sur grand pap.*
de Holl.).

416. Dictionnaire de Numismatique et de Sigillographie, contenant : des Notions générales et des descriptions particulières
des monnaies, médailles, sceaux, jetons et méreaux des
papes, des conciles, des légats apostoliques, des évêques,
etc., etc.; des notions particulières sur les monnaies anciennes
et modernes de la France et des principaux États de l'Europe ;
la description des principales monnaies battues par les
princes croisés en Terre Sainte, Chypre et Morée; des notions
sur les procédés anciens et modernes du monnayage, sur la

valeur comparée des différentes monnaies du globe ; sur les
principales questions historiques du droit de la fabrication,
du commerce et du change des monnaies; publié par M. l'abbé
Migne. — *Paris, J.-P. Migne*, 1852, *gr. in-8°, fig.*; rel. parch.

417. Dictionnaire des Livres Jansénistes, ou qui favorisent le
Jansènisme (par le P. Dominique de Colonia); nouvelle
édition augm. par le P. L. Patouillet. — *Anvers, Verdussen*,
1755, *4 vol. in-12* ; bas.

418. Dictionnaire universel d'Histoire Naturelle, résumant et
complétant les faits présentés par les Encyclopédies, les
anciens Dictionnaires scientifiques, les Œuvres complètes de
Buffon, et les meilleurs Traités spéciaux sur les diverses
branches des Sciences naturelles ; donnant la description
des êtres et des divers phénomènes de la nature ; l'étymologie
et la définition des noms scientifiques, etc.; par MM. Arago,
Audoin, Baudement, Becquerel, Bibron, Blanchard, Boitard,
de Brebisson, Ad. Brongniart, C. Broussais, Brullé, Chevrolat,
Cordier, Decaisne, Delafosse, Deshayes, Desmarets, J. Des-
noyers, Alcide et Charles d'Orbigny, Doyère, Duchartre,
Dujardin, Dumas, Duponchel, Duvernoy, Elie de Beaumont,
Flourens, Is. Geoffroy Saint-Hilaire, Gerbé, Gervais, Hollard,
de Jussieu, de Lafresnaye, Laurillard, Lemaire, Leveillé,
Lucas, Martin, St-Ange, Milne Edwards, Montagne, Pelouze,
Peltier, C. Prévost, de Quatrefages, A. Richard, Rivière,
Roulin, Spach, Valenciennes, etc.; dirigé par M. Charles
d'Orbigny. — *Paris, Martinet*, 1847-49, *13 vol. gr. in-8°, et
3 vol. d'atlas ;* d. m.

419. **Didot** (A.-F.). Esssai sur la Typographie (extr. du T. 26 de
l'*Encycl. mod.*) — *Paris, F. Didot*, 1855, *gr. in-8°* ; br.

420. — Gutenberg Jean (ou Hans Genffeisch). — *Paris, Didot*,
in-8°. (Extr. de la *Biogr. Univ.*)

421. — L'Imprimerie, la Librairie et la Papeterie à l'Exposition
Universelle de 1851. — Rapport du XVIIe Jury. Seconde
édition avec quelques additions. — *Paris, Impr. Impériale*,
1854, *in-8°* ; 1 r.

422. — Essai typographique et bibliographique sur l'Histoire de
la gravure sur bois, pour faire suite aux Costumes anciens et
modernes de César Vecellio. — *Paris, (Didot)*, 1863, *in-8°* ; br.

423. — Étude sur Jean Cousin, suivie de notices sur Jean Leclerc

et Pierre Woeiriot. — *Paris, A.-F. Didot*, 1872, *gr. in-8°, pl.* ; br.

424. **Did?t** fils aîné. Épître sur les Progrès de l'Imprimerie. — *Paris, Didot aîné*, 1784, *in-8° de 20 p., pap. vél.* ; br.

425. **Didron** (A.-N.). Iconographie chrétienne. Histoire de Dieu. — *Paris, Impr. royale*, 1848, *gr. in-4°* ; br.

426. — Manuel des Œuvres de bronze et d'orfévrerie du moyen âge, avec gravures par L. Gaucherel et E. Houard. — *Paris, V. Didron*, 1869, *gr. in-4°.*

427. **Diguet** (Ch.). Notice sur les Imprimeurs des XV° et XVI° siècles. — *Paris, Bachelin-Deflorenne*, 1865, *in-8° de 11 p.* ; br. (*Extr. du Bibliophile français 1865, tiré à 50 ex.*).

428. Discours au vray du Ballet dansé par le Roy le dimanche XXIX° jour de janvier M.VI° XVII ; avec les desseins tant des machines et apparences différentes que de tous les habits des masques (par Étienne DURAND). — *Paris, Pierre Ballard*, 1617, *in-4°, pl. gr.* ; rel. mar. br. du Levant, fil. et orn. sur plats, gardes en mar. gr.

429. Discours sur la nudité des mamelles des femmes, par un révérend père capucin ; publié pour la première fois d'après un ms. du 18° siècle avec une préface et une bibliographie par Ch. D (Charles DUQUESNE). — *Gand, Duquesne*, 1857, *in-12, pap. de Holl.* (*tiré à 170 ex.*) ; br.

430. Documents et particularités historiques sur le Catalogue du Comte de Fortsas ; ouvrage dédié aux Bibliophiles de tous les pays (par Emm. Hoyois. — *Mons, Em. Hoyois*, (1857), *gr. in-8°, pap. bleu* ; d. mar. r., tête dor.

431. **Doni** (A.-A.). La Moral filosofia, tratta dagli antichi scrittori. — *Vinegia, Francesco Marcolini*, 1552, *2 part. en 1 vol. in-4°, fig. sur bois* ; rel. vél.

432. **Dorat.** Les Baisers ; précédés du Mois de Mai, poème. — *La Haye et Paris, Lambert et Delalain*, 1770, *in-8°, fig. d'Eisen et Marillier* ; mar. bleu du Levant, fil., dent., tr. d., gardes en satin rouge (Cuyls).

> Ex. en gr. pap. de Hollande ; titres rouges, 1ᵉʳ tirage. On y a joint le supplément : (Imitation de poètes latins).

433. — Fables ou Allégories philosophiques. -- *La Haye et Paris, Delalain*, 1772, *in-8°, gr. pap. de Holl. blanc* ; d. mar. bleu du Lev., tête d.

Portrait de Dorat par Dupin, ajouté. Le frontispice, le fleuron du titre et la grande planche de cette première édition ont reparu dans la seconde de 1773 ; mais la vignette et le cul de lampe n'y ont pas été reproduits.

434. **Dorat**. Fables nouvelles. — *La Haye et Paris, Delalain,* 1773, *2 vol. in-8°, rel. en 1, front. et fig., pap. de Holl.;* mar. r. du Levant, fil., tr. d. *(Trautz Bauzonnet).*

435. — Recueil factice, *in-8°, gr. pap. de Holl.;* v. tr. dor.

Lettre de Zeila, jeune sauvage esclave à Constantinople, à Valcour, officier français. — Le Pot Pourri ; épître à qui l'on voudra, suivie d'une autre Epître, par l'auteur de *Zélis au bain* (le Mis de Pezay). — *Paris, Seb. Jorry,* 1764, fig. d'Eisen, gr. par divers.

436. — Recueil factice, *in-8°, gr. pap. de Holl.;* bas.

1. Théagène, tragédie en 5 actes. — 2. Lettres en vers ou Epîtres héroïques et amoureuses. — 3. Réponse de Valcour à Zeila, précédée d'une lettre de l'auteur à une femme qu'il ne connaît pas. — *Paris, Jorry,* 1766, fig. d'Eisen, gr. par divers.

437. **Doré** (G.). La Légende du Juif errant ; compositions et dessins par Gustave Doré, gravés sur bois par F. Rouget, E. Jahyer et J. Guichard ; poème par Pierre Dupont, préface et notice bibliographique par Paul Lacroix ; avec la ballade de Béranger, mise en musique par Ernest Doré. — *Paris, Michel Lévy,* 1856, *gr. in-fol.;* cart.

438. **Dortoman** (N.). Nicolai Dortomanni, professoris regiⁱ celeberrimæ Universitatis Medicæ Monspeliensis, libri duo, de causis et effectibus Thermarum Belilucanarum parvo intervallo à Monspeliensi urbe distantium. — *Lugduni, Car. Pesnot,* 1579, *in-8° de 8 ff. prél., 220 pp. et 18 ff. pour la table, plan* ; mar. r. doublé de mar. v., dent. intér., tr. d. (Petit).

439. **Doüet** (J.). Advis au Roy, pour oster le moyen aux meschans de contrefaire ses monnoyes, et de rogner et diminuer la bonne de son poids, grandeur et espesseur. Ensemble les moyens pour facilement parvenir à l'effect de ces choses. De plus un Discours à Mess. du Conseil sur le mesme subject. — *Paris, Laguehaie,* 1534, *pet. in-8°* ; d. vel.

440. **Douglas** (J.). Bibliographiæ Anatomicæ Specimen ; sive Catalogus omnium penè auctorum qui, ab Hippocrate ad Harveum, Rem Anatomicam ex professo, vel obiter, scriptis illustrârunt ; opera singulorum et inventa juxta temporum

seriem complectens. — *Londini, Guil. Sayes*, 1715, *in-8°;* d. bas.

441. Doux (Le) Entretien des bonnes compagnies ou recueil des plus beaux airs à danser, le tout composé depuis trois mois par les plus rares et excellents esprits de ce temps. — *Paris, Jean Guignard*, 1634. Réimpression de *Bruxelles*, 1867, *pet. in-12, pap. de Holl. (tiré à 100 ex.; N° 38.);* br.

442. **Draibel** (H.) (**Beraldi**). L'OEuvre de Moreau le Jeune; notice et catalogue. — *Paris, Rouquette*, 1874, *in-8°, portr.; pap. de Holl. (tiré à 200 ex. ; N° 192).*

443. **Du Bellay** (J.). La deffence et illustration de la Langue Françoise, avec l'Olive augmentée ; l'Antérotique de la vielle et de la jeune Amye. Vers liriques. Le tout par J. D. B. A. — *Paris, Arnoul L'Angelier*, 1553. = Le volume, malgré son titre, ne contient que la Deffence ; les trois autres parties manquent, mais elles sont d'ailleurs imprimées à la suite de l'Olive. — L'Olive augmentée depuis la première édition. — La Musagnoemachie et autres œuvres poétiques. — *Paris, G. Corrozet et Arn. L'Angelier*, 1554. = Recueil de Poésie présenté à Madame Marguerite, sœur unique du Roy, par J. D. B. A. Reveu et augmenté depuis la première édition. — *Paris, Guill. Cavellat*, 1553, = Le quatriesme livre de l'Eneide de Vergile traduict en vers françois. La Complaincte de Didon à Enée, prinse d'Ovide. Autres œuvres de l'invention du translateur, par J. D. B. A. — *Paris, Vincent Certenas*, 1552, — *1 vol. in-8°;* rel. v. f.

444. **Dubois** (P.). Collection archéologique du prince Pierre Soltykoff. Horlogerie; description et iconographie des instruments horaires du XVI° siècle; précédée d'un abrégé historique de l'Horlogerie au Moyen-âge et pendant la Renaissance, suivie de la bibliographie complète de l'art de mesurer le temps depuis l'antiquité jusqu'à nos jours. — *Paris, V. Didron*, 1858, *gr. in-4°, pl.;* br.

445. **Dubouchet** (A.). F. Rabelais à Montpellier (1520-1538). Étude biographique d'après les documents originaux, avec fac-simile en héliogravure. — *Montpellier, Coulet*, 1887, *in-8° impr. in-4°, pap. de Holl. (tiré à 272 ex. ; N° 268).*

446. **Dubroc de Séganges** (L.). La Faïence, les Faïenciers et les Émailleurs de Nevers. — *Nevers, Fay*, 1863, *gr. in-4°, pl. col. ;* br.

447. Duchalais (A.). Description des Médailles gauloises faisant partie des collections de la Bibliothèque royale, accompagnée de notes explicatives. — *Paris, Rollin*, 1846, *in-8°;* br.

448. Du Choul (G.). Discours de la Religion des anciens Romains, de la Castramétation et discipline militaire d'iceux, des Bains et antiques exercitations grecques et romaines; illustré de médailles et figures retirées des marbres antiques qui se trouvent à Rome et par nostre Gaule. — *Lyon, par Guill. Roville*, 1567, *2 part. en 1 vol. in-4°;* v. j. (Aux armes du duc de Richelieu.)

449. Dudin. L'Art du Relieur doreur de livres. — 1772, *gr. in-fol.;* d. perc. r.

450. Du Fail. Baliverneries ou Contes novveaux d'Eutrapel, autrement dit Léon Ladulfi. — *A Paris, par Est. Groulleau*, 1548. = (A la fin :) *Chiswick, de l'imprimerie de C. Whittengham*, 1815. — Réimpression à 100 ex. sur pap. vél., due aux soins de M. S. W. Singer. — *1 vol. in-18 de 6 ff. prél.*, XII *et 100 pp., plus 2 ff. pour la marque de Groulleau et la souscription;* rel. mar. gr., fil. à froid, tr. dor.

451. Dumersan. Élémens de Numismatique, ou Introduction à la connaissance des Médailles antiques; suivis de quelques détails sur la manière de supputer les monnaies anciennes et sur leur valeur, d'après M. de Hennin. — *Paris, (Everat)*, 1834, *in-12;* br.

452. Du Mesnil. Plaidoié de feu M. l'advocat Du Mesnil, en la cause de l'Université de Paris et des Jésuites. — *Paris, Abel Langelier*, 1594, *pet. in-8° de 72 ff. (On y a joint)* :

1° L'Exil et Passe-port des Jésuites. — *S. ind. 8 pp. 8 en vers.*

2° Décret de la seigneurie de Venise contre les Jésuites, etc. (en italien et en français). — *Paris, Jamet Mettayer*, 1595, *de 22 et 24 p.*

453. Duplessis (G.). Histoire de la Gravure en Italie, en Espagne, en Allemagne, dans les Bays-Bas, en Angleterre et en France; suivie d'indications pour former une collection d'estampes. — *Paris, Hachette*, 1884, *gr. in-8°, pl.*

454. — Les Livres à Gravures du XVI° siècle. Les Emblèmes d'Alciat. — *Paris, Rouam*, 1884, *gr. in-8° de 64 p., fig., pap. de Holl. (tiré à 15 ex.; N° 3).*

455. Dupré (G.). Inauguration de la statue de Rabelais à Chinon le 2 juillet 1882. — Discours prononcé par M. G. Dupré, sénateur, professeur de clinique médicale à la Faculté de Montpellier. — *Montpellier, Bœhm*, 1882, *in-8° de 16 p.* ; br.

456. **Du Puy de Montbrun** (T.-H.-J.). Recherches bibliographiques sur quelques Impressions Néerlandaises du quinzième et du seizième siècle; avec des planches xylographiques. — *Leide, Luchtmans*, 1836, *in-8° de 48 p.* ; d. per. r.

457. **Durer** (A.). Albertus Durerus Nurembergensis pictor hujus ætatis ce.eberrimus, versus e germanica lingua in latinam, pictoribus, fabris œrariis ac lignariis, lapicidis statuariis... necessarius. — *Parisiis, ex. off. Chr. Wecheli*, 1535, *in-fol. fig. en bois* ; rel. vélin.

458. Les quatre livres d'Albert Durer, peinctre et geometrien très excellent, de la Proportion des parties et pourtraicts des corps humains, traduicts par Loys Meigret de la langue latine. — *Paris, Ch. Périer*, 1557, *in-fol., fig. en bois;* v. br.

459. — The Humiliation and Exaltation of our Redeemer in 32 prints representing the original wood-blocks of Albert Durer ; edited by John Allen. — *London, Routledge*, 1856, *pet. in-8° ;* perc.

460. **Du Rosoy.** Les Sens, poème en six chants. — *Londres;* (*Paris), in-8°, fig. d'Eisen et de Wille, gr. pap. de Holl.* ; rel. v. f., fil. dos orné.

461. **Du Sommerard** (A.). Les Arts au moyen âge, en ce qui concerne principalement le Palais Romain de Paris, l'Hôtel de Cluny issu de ses ruines et les objets d'art de la collection classée dans cet hôtel, par A. Du Sommerard. — *Paris*, 1838-1846, *5 vol. de texte in-8° et 3 atlas gr. in-fol., pl. n. et col. ;* d. m. r., têt. dor.

> Exemplaire de premier tirage contenant une double suite coloriée de celles des planches qui ne se trouvent qu'en noir dans les autres exemplaires.

462. — Musée de Thermes et de l'Hôtel de Cluny. Catalogue et description des objets d'art de l'antiquité, moyen âge et de la renaissance, exposés au musée. — *Paris, Chaix*, 1883, *in-8° ;* br.

463. **Du Tillet** (J.). Recueil des Roys de France, leurs couronne et maison. Ensemble le rang des grands de France. Plus une chronique abrégée, contenant tout ce qui est advenu tant en fait de guerre qu'autrement entre les Roys et Princes, Répu-

bliques et Potentats étrangers. En outre les mémoires du dit sieur, sur les priviléges de l'Eglise Gallicane, etc. En ceste dernière édition, est adjousté les inventaires sur chasque maison des Roys et Grands de France : et la chronologie augmentée jusqu'à ce temps. — *Paris, Abel Langelier*, 1607, *in-4°, fig. sur bois;* bas.

464. **Duthillœul** (H.-R.), bibliothécaire de la ville de Douai. Bibliographie Douaisienne. — *Paris, Techener*, 1835, *in-8°*; d. v. br.

465. **Duval** (J.). Des Hermaphrodits, accouchemens des femmes et traitement qui est requis pour les relever de santé, et bien élever leurs enfants. Ou sont expliquez la figure des laboureur et verger du genre humain, signes de pucelage, défloration, conception et la belle industrie dont use nature en la promotion du concept et plante prolifique. — *Rouen, David Geuffroy*, 1612, *in-8°, portr.;* d. m. br.

466. **Du Verdier**. (Vr Cartari).

E

467. **Ebert** (F.-A.). Allgemeines Bibliographisches Lexikon. — *Leipzig, Brockhaus*, 1821-30, *2 part. en 1 vol. in-4°*; d. mar. gr.

468. Edict faict par le Roy (3 mars 1554), sur le reiglement de ses Monnoyes et Officiers d'icelles. — *Paris, Jean Dallier*, s. d. *in-12* ; parch.

469. Edict du Roy, sur le prix des Especes d'or et d'argent qu'il veut auoir cours en son Royaume, pays, terres et seigneuries de son obéissance, par forme de tolerance et prouision ; publié à Rouen, le Samedy douziesme jour de May 1571. — *Rouen, Le Mesgissier, pet. in-8°, pl.;* br.

470. Edict et Reglement faict par le Roy (mars 1636) sur le cours et prix des Monnoyes, tant de France qu'Etrangeres. — *Paris, Cramoisy*, 1636, *pet. in-8° de 54 p.*; parch.

471. Edict du Roy (juin 1640), portant que les Douzains auront

cours pour quinze deniers chacuns : les pièces de quinze deniers pour dix-huict ; et celles de deux sols six deniers pour trois sols : à la charge de les porter dans deux mois, ès Hostels des Monnoyes, pour estre marquez d'un costé d'une petite Fleur-de-lis, sur peine de confiscation des pieces qui ne se trouueront marquées apres le dit temps. — *Paris, Cramoisy*, 1640, *pet. in-8° de 16 p.*; parch.

472. Edict du Roy (sept. 1641), portant nouvelle fabrication d'espèces d'argent ; augmentation du Marc d'argent le Roy, et des Quarts d'escu, Testons et Francs aux coins et armes de sa Majesté estans de leur juste poids; et continuation du cours des espèces d'argent légères avec le remède des grains, jusques au dernier Mars prochain ; et outre un droit de Seigneuriage sur les ouurages d'Orfeurerie et Tireurs d'or. — *Paris, Cramoisy*, 1647, *in-8°*.

473. Edictz et création des Prévots, Procureur du Roy, Greffier et Sergens en chascune des Monnoyes de France, en tiltre d'offices formez, auec gages, droicts et priuilèges ausditez offices appartenans. — *Paris, Jan Dallies*, 1556, *in-8° de 15 p.*; d. parch.

474. Edict du Roy (déc. 1655) pour la fabrication des nouuelles Espèces d'or et d'argent, appelées Lis, etc. — *Paris, Cramoisy*, 1656, *pet. in-8° de 22 p. ;* d. parch.

475. Éloge historique de l'Université de Paris, avec des remarques. — Discours de Vespérie, traduit du latin, prononcé aux Écoles de Médecine le XI Octobre 1770, en présence de Mgr le Recteur. — *Sans ind., in-4° de 67 p. ;* br.

476. **Émeric-David** (T.-B.). Vies des Artistes anciens et modernes : architectes, sculpteurs, peintres, verriers, archéologues, etc. ; réunies et publiées par les soins de Paul Lacroix. — *Paris, Charpentier*, 1853, *in-12*.

477. — Histoire de la Sculpture antique, précédée d'une notice sur la vie et les ouvrages de l'auteur, par le b^on Walckenaer; publiée pour la première fois par les soins de Paul Lacroix. — *Paris, Charpentier*, 1853, *in-12 ;* br.

478. — Histoire de la Sculpture française, accompagnée de notes et d'observations par J. du Seigneur, statüaire, et publiée pour la première fois par les soins de Paul Lacroix. — *Paris, Charpentier*, 1853, *in-12;* br.

479. — Notices historiques sur les Chefs-d'œuvre de la Peinture

moderne et sur les maitres de toutes les écoles ; mises en
ordre et publiées par Paul Lacroix. — *Paris, Charpentier,
1854, in-12 ; br.*

480. Entrée (L') de François 1er dans la ville de Béziers (Bas-Languedoc), publiée et annotée par Louis Domairon. — *Paris,
Aubry, 1866, in-12, ex. unique sur parchemin de choix ;* rel.
mar. r., doublé de mar. v., f., dent. int., tr. d. (*Andrieux.*)

481. Entrée (L') de Madame de Montmorency à Montpellier (par
Antoine RANCHIN). Réimpression de l'édition originale de
1617, précédée d'une notice et accompagnée de notes (par
L. Gaudin). — *Montpellier, Seguin, 1873, in-8°, pap. de
Holl.,* (*tiré à 25 ex. sur ce pap.*).

482. Entrée (L') à Montpellier, le 18 juin 1617, de la Duchesse de
Montmorency ; reproduction textuelle de la première édition,
avec une introduction par le Cte de Saint-Maur. — *Montpellier,
Coulet, 1873, in-8°, pap. de Chine, (tiré à 20 ex. sur ce pap.).*

483. Epicedion generosiss. et illustriss. principis Eleonori Aure-
lianensis ducis Fronsiaci quem xxxv vulneribus confossum
in obsidione Montispessulani fortiter et strenue dimicantem
acerba et immatura mors oppressit natum annos xvii paucis
ante diebus quam pax firmaretur. Et matris mœstissimæ
illustris. Prin. Annæ Nomparis Calmontiæ Prosopopoeia (autore Petro DE MONTMAUR). — *Parisiis, 1623, in-4° de 4 ff.* ; br.

484. Epitome Gestorum LVIII regum Franciæ, a Pharamondo ad
hunc usque christianissimum Franciscum Valesium. —
Epitome des Gestes des cinquante huict roys de France, depuis Pharamond jusques au présent très chrétien Françoys
de Valois. — *Lyon, Balthazar Arnoullet, 1546, pet. in-4° de
159 pp., texte latin et français, portr.* ; rel. v. br.
> Portraits les plus anciens de ce genre dans un livre imprimé en
> France. Ils sont du maître au double C, c-a-d., selon Rob. Dumesnil,
> de Claude Corneille, de Lyon.

485. **Érasme.** Les Apophthegmes, ce est à dire prompts, subtils
et sententieux dictz de plusieurs roys, chefz d'armées, phi-
losophes et autres grands personnages, tant grecs que latins ;
translatez de latin en françois, par l'esleu Macault, notaire,
secrétaire et valet de chambre du Roy. — *A Paris, en la rue
neufve Nostre-Dame à l'enseigne sainct Jehan Baptiste ..., par
Jehanne de Marnef, vefve de Denys Janot, 1545, in-16* ; rel.
mar. br., dent., tr. d. (*Chambolle-Duru.*)

486. **Esope**. Fabule di Esopo historiate. Latine e volgare. — (*In fine :*) *Venetiis per Augustinum de Bindonis. Anno Domini MD. XXXVIII. pet. in-8° de 80 ff. non chiff.; caract. ronds, fig. sur bois;* rel. vél. blanc.

487. Esope en belle humeur, ou Fables d'Esope mises en Vaudevilles sur des airs nouveaux et très connus, par l'auteur de la *Constitution en Vaudevilles,* avec gravures par J.-B. Huet. — *Paris, Batillot,* s. d., *in-16, front. et fig.* (61); v. rac., fil., tr. dor.

488. Esquisses d'un Voyage dans la Russie méridionale et la Crimée (par le prince Démidoff, vignettes de Raffet). — *Paris, Rousseau,* 1838, *in-4°;* rel. mar. r., fil., (*ex. sur pap. de Chine, de la vente Janin).*

489. Essai sur la Bibliographie et sur les talens du Bibliothécaire, (par Parent l'aîné). — *Paris, chez l'auteur, an IXe Rép. Fr.,* in-8° de 54 p. ; br.

490. Essai sur l'histoire naturelle de quelques espèces de Moines décrits à la manière de Linné ; ouvrage traduit du latin (d'Ignace de Born, mais avec changements et additions) et orné de figures; par Jean d'Antimoine (Auguste Broussonnet). — *Monachopolis,* 1784, *in-8° de 3 ff., XXXI-48 p. et 3 pl.;* d. v. f.

Première édition ; — la 2e avec un titre nouveau est de Paris Obré, an VI-1798.

491. Essai sur l'origine de la Gravure en bois et en taille douce et sur la connoissance des estampes des XV° et XVI° siècles ; où il est parlé aussi de l'origine des Cartes à jouer et des Cartes géographiques ; suivi de recherches sur l'origine des Papiers de coton et de lin, sur la Calligraphie, sur les Miniatures des anciens mss, sur les Filigranes des papiers des XIV°-XVI° siècles, ainsi que sur l'origine et le premier usage des signatures et des chiffres dans l'art de la typographie, (par Henri Jansen). — *Paris, Schoell,* 1808, *2 vol. in-8°, pl.;* d. m. v.

492. Essai de Classification méthodique et synoptique des Romans de Chevalerie inédits et publiés (par Ambr. Firmin-Didot). — Premier appendice au Catalogue raisonné des livres de sa bibliothèque. — *Paris, Didot,* 1870, *in-8°;* br.

493. Essai d'une Bibliographie générale du Théâtre, ou Catalogue raisonné de la bibliothèque d'un amateur, complétant le

catalogue Soleinne, (par Joseph de Philippi). — *Paris, Tresse,* 1861, *in-8°*; d. v. r. (*Tiré à 200 ex.*)

494. Essai sur les Monnaies des Ducs de Bourgogne, (par Anatole Barthélémy). — *Gr. in-4°, pl.*; d. m. (*Manque le titre.*)

495. **Estienne** (C.). De Dissectione partium corporis humani libri tres à Carolo Stephano editi, una cum figuris et incijonum declarationibus à Stephano Riverio compositis. — *Parisiis, Apud Sim. Colinæum,* 1545, *gr. in-fol. de 23 et 375 pp., fig.*; v. br.

496. Estienne (Les) — Henri I; François I et II; Robert I, II et III; Henri II; Paul et Antoine. Extrait de la *Nouvelle Biographie Générale* publiée par Firmin Didot. — *Paris, Didot,* s. d., *in-8° de 80 p.*; d. perc.

497. Eunuchi, nati, facti, mystici, ex sacra et humana literatura illustrati. Zacharias Pasqualigus puerorum emasculator ob musicam, quo loco habendus. Responsio. Ad quæsitum per Epistolam J. Heriberti Cæmeliensis. — *Divione, Chavance,* 1655, *in-4°.*

498. **Eusebius Pamphilus**. (Historia ecclesiastica, latine, interprete Ruffino). F 1, a; Prologus Beati Iheronimi presbiteri in historias Ecclesiasticas Divi Eusebii Cesariensis Episcopi incipit feliciter. — (*In fine :*) Libri Historie ecclesiastice Divi Eusebii Cesariensis Epi. Finiut feliciter. — *Absque nota.* (Attribué par Haim à Henri Eggesteyn de Strasbourg), *pet. in-fol. goth., de 128 ff. non chiff. à 2 col. de 40 lignes*; rel. mar. Lav., ornem. à froid, fil., tr. d., gardes en vélin.

499. Évangile (L') en vers français; traduction et paraphrase de l'Évangéliste Saint-Luc, par C** M**. — *Paris, (Gillé),* 1818, *in-8°;* m. r., fil., tr. d.

500. Évangiles des dimanches et fêtes de l'année. — *Paris, Curmer,* 1864, *2 vol. in-4°;* mar. Lavall., orn. à froid, dent. int., gardes en soie moirée, tr. d.

501. Évangiles (Les) des Quenouilles, (par M. Fouquart, de Cambray, M. Antoine Duval et Jean d'Arras, dit Caron); nouvelle édition, revue sur les éditions anciennes et les manuscrits; avec préface, glossaire, etc. — *Paris, Jannet,* 1855, *in-16, pap. vergé*; perc. r.

502. **Even** (E.). Le Jetonophile, précédé de notions élémentaires d'Héraldique. — *Saint-Brieuc, Guyon, 1877, in-8°, pl. ;* br.

503. Explication des Cérémonies de la Fête-Dieu d'Aix en Provence, (par Gaspard GRÉGOIRE), ornée de figures et des airs notés consacrés à cette Fête. — *Aix, Esprit David, 1777, in-12, portr. et (13) pl. gr. ;* d. v. f. (planches en noir).

> Il y a quelques différences de gravure entre les planches noires et les planches coloriées.

504. Explication des Cérémonies de la Fête-Dieu d'Aix en Provence, (par Gaspard GRÉGOIRE), ornée de figures, etc. — *Aix, David, 1777, in-12, portr. et pl. ;* d. bas (planches coloriées).

505. Exposition universelle de 1855. Extrait des Rapports du Jury de la XXVI° classe. Calligraphie, gravure, cartes à jouer, reliure en registres : rapporteur M. R. Merlin, etc. — *Paris, Iupr. impér., 1856, pet. in-8° ;* rel. mar. br. doublée de m. v., f., petits fers *(Capé).*

506. Exposition de 1867. Délégation des Ouvriers relieurs : I. La Reliure aux expositions de l'Industrie (1798-1862) ; II. Études comparatives de la Reliure ancienne et moderne. — *Paris, 1868-73, 2 vol. in-12, pl. ;* br.

507. Extraits des Édits, Déclarations et Arrêts du Conseil, concernant les Monnoyes de France, à commencer en l'année 1640 ; avec les empreintes de toutes les espèces d'or et d'argent, et les augmentations ou diminutions ordonnées sur icelles depuis 1689 jusqu'en 1731. — *Amiens, V° Morgan, 1731, in-4° de 40 p., pl. ;* br.

F

508. **Fabre** (F.). Némésis médicale illustrée. Recueil de Satires, par François Fabre, phocéen et docteur, revue et corrigée avec soin par l'auteur, contenant 30 vignettes dessinées par Daumier, etc. — *Paris, Béthune et Plon, 1840, 2 vol. gr. in-8° ;* br.

509. **Fabre** (A. et P.). L'Hérault historique illustré ; avec le

concours de plusieurs historiens et archéologues. — *S. ind.*, 1877-78, *2 vol. in-8°* ; *tit. et pl. gr.* ; br. (avec atlas).

Ex sur pap. de Holl.; tiré à 31 ex. sur ce pap.; N° 23. — Le 1er vol. a simplement pour titre : *L'Hérault historique.*

510. **Falkenstein** (Karl). Geschicte der Buchdruckerkunst in ihrer Entstehung und Ausbildung. Ein denkmal zur vierten sœcular Feier der Erfindung der Typographie. — *Leipzig, Teubner*, 1840, *gr. in-4°, pl. n. et col.* ; d. perc. v.

511. Fasciculus temporum (auctore Wernero ROLEWINCK, cartusiensi. = (*In fine :*) Fasciculus temporum omnes quasi antiquas choronicas (*sic*) mortalium usque ad hec tempora complectens feliciter explicit. Impressusque impensa et arte mira Erhardi redolt de Augusta. 1481, 12 calen. Jan.— *In-fol., goth. de 8 ff. prél., (dont 1 blanc) pour la table, et 64 ff. chiff. fig. sur bois ;* cartonné. (Ex. de la vente Didot).

512. **Fauris de St-Vincent**. Monnoies des Comtes de Provence. — *Aix, Henricy*, an IX, *in-4°, pl.* ; d. m. vert.

513. **Favre** (J.-B.-C.) Œuvres complètes languedociennes et françaises, publiées sous les auspices de la Société pour l'étude des Langues Romanes.— *Montpellier, Coulet*, 1878-79, *T. I-II, in-8°, (Ex. sur gr. pap. de Holl.).*

514. — Obras patouèzas : edicioun nouvèla, la soula coumplèta, revista e courijada embé souèn pèr un troubadour d'aquéste tèn (R.-MARTIN). —*Mounpéyé, Virenque*, 1834, *4 vol. in-12.*

515. — Obras Lengadoucianas ; édicioun illustrada pèr Édouard Marsal. — Lou siège de Cadaroussa. — Lou sermoun dé Moussu Sistre. — Lou Trésor de Substancioun. — La Fam d'Erésitoun. — L'Opéra d'Aubais. — Satiras. — Epigramas. — Jan l'an près. —*Mount pelié, Marsal*, 1878, *gr. in-8° ;* br. (*Ex. sur papier de Chine ; tiré à 10 ex. sur ce papier).*

516. **Fénelon**. Ses Œuvres, précédées d'études sur sa vie, par Aimé Martin. — *Paris, Didot*, 1838, *3 vol. gr. in-8°, portr.*, d. m. gr.

517. — Les Aventures de Télémaque, fils d'Ulysse ; nouvelle édition, augmentée et corrigée sur le manuscrit original de l'auteur ; avec des remarques pour l'intelligence de ce poëme allégorique. — *Londres*; (*Paris, Cazin*), 1791, *3 vol., portr.* ; v. m., fil., tr. d.

518. — Les Aventures de Télémaque, suivies des aventures

d'Aristonoüs, précédées d'un essai sur la vie et les ouvrages de Fénelon par Jules Janin; édition illustrée par Tony Johannot, Émile Signol, G. Séguin, E. Wattier, Marckl, Daubigny, François et Marville. — *Paris, Bourdin*, s. d., *gr. in-8°*, portr.; d. mar. r., fil., tête dor. (*Petit*).

>Exemplaire sur papier de Chine.

519. **Ferrier** (Oger). Des Jugemens astronomiques sur les Nativitez. — *Lyon, par Jean de Tournes*, 1550, *in-8° de 4 ff.*, prélim.; *220 p. et un f. pour la marque du libraire*; m. r. dent., tr. d. (*Hardy*).

>Exemplaire réglé. La marque du libraire est celle de Jean de Tournes 1er, bien que le vol. soit imprimé par Jean de Tournes 2e. — Dans la seconde édition (*Lyon, J. de Tournes, 1582, in-12*), l'auteur s'appelle Auger.

520. **Fertiault** (F.). Les Amoureux du Livre , sonnets d'un Bibliophile ; Fantaisies, Commandements du Bibliophile ; Bibliophiliana ; Notes et Anecdotes : Préface du bibliophile Jacob (Paul Lacroix). 16 eaux-fortes de Jules Chevrier. — *Paris, Claudin*, 1877, *in-8°*, br.

>Ex. sur véritable papier de Chine, avec 2 suites avant la lettre, en noir et en bistre, et une 3e avec la lettre. (*Tiré à 20 ex.*; *n° 11.*)

521. **Feugère** (L.). Documents nouveaux sur François Rabelais. —*Paris, Didier*, 1859, *in-8°*. (Extr. des *Caractères et Portraits littéraires du XVIe siècle*.)

522. **Ficin** (Marsile.). De Vita libri tres. ., quorum primus de studiosorum sanitate tuenda. Secundus de vita producenda ; tertius de vita cœlitus comparanda. (Ejusdem Apologia, Epidemiarum antidotus, etc.). — *Lugduni, G. Rovillius*, 1560, *in-12* ; rel. vel. blanc, avec gauffrures en or et en couleurs, tr. d.

523. — Le premier livre de Marsille Fiscine de la Vie saine. Le second livre de la Vie longue ; traduit du latin en françoys par Jehan Beaufilz. — *Paris, Denys Janot*, 1541, pet. *in-8°* goth.;mar. Lev. f., d., tr. d. (*Thibarin-Échaubard*).

524. **Figuier** (Mme Louis). Gutenberg, drame historique en cinq actes et en prose. — *Paris, Poupart-David*, 1869, *in-8°* ; br.

525. Figures historiques du Vieux et du Nouveau Testament, accompagnées de Quadrains en latin et en françois, qui exposent l'Histoire représentée en chaque figure — *Genève, I. de Tournes*, 1680, pet. *in-8°* ; bas.

>17e édition donnée par les de Tournes de ces illustrations attri-

buées à Bernard Salomon, dit le *Petit Bernard*. Elles sont au nombre
de 357 pour l'Ancien Testament et de 101 pour le Nouveau.

526. Figures du Nouveau Testament. — *A Lion, par Ian de
Tournes*, 1558, in-8°; rel. vel.

> Fig. (96) de Bernard Salomon, dit le *Petit Bernard*. Troisième
> tirage. — Le 1er, Nouveau Testament de N.-S. J.-C. *Lyon, J. de
> Tournes*, 1553, *in-16*, a 73 fig. — Le 2e, Figures du Nouveau Testa-
> ment (sixains par Ch. Fontaine). *Lyon, J. de Tournes*, 1556, *in-8°*,
> a 96 fig. — Le 3e (celui-ci) en a 96 également. — Le 4e, Figure
> del Nuovo Testamento, etc. *Lione, J. de Tournes*, 1559, en a 95
> (V. le N° 528). — Il y a encore un 5° tirage. *Lyon, J. de Tournes*,
> 1579, 96 fig.; et un 6e. *Genève, Samuel de Tournes*, 1681. 101 fig.

527. Figures (Les) de l'Apocalipse Saint Jan apostre et derniex
Evangeliste, exposées en latin et vers françois. — Dix
Histoires du Nouveau Testament exposées tant en latin que
rithme françoyse, avecq'un cantique chrestien, en faveur
de ceux qui ayment les saintes et sacrées chansons... Par le
petit Angevin (Jean MANGIN). — *Paris*, 1547, *de l'Impr.
d'Estienne Groulleau, in-16 de 48 ff., 30 fig. sur bois*; rel.
mar. Laval., orn. sur plats, dent. intér., tr. d. (*Lortic*).

528. Figure de la Biblia, illustrate de stanze tuscane per Gabriel
Symeoni. — *In Lione apresso Gul. Rovillio*, 1565. = Figure
del Nuovo Testamento, illustrate da versi vulgari italiani. —
In Lione, per Gio. di Tournes, 1559, *2 part. en 1 vol. pet. in-8°*;
rel. vél.

> La première partie contient 269 fig. sur bois dont une répétée
> (fo C 1, v° et fo D 7, v°). Brunet n'en indique que 266. — La seconde
> partie en renferme 95; tandis que l'édition française de 1548 en
> donne 96. La différence provient de ce que. dans cette dernière, la
> figure de St Jean l'Évangéliste est répétée. Du reste, dans les deux
> éditions les bois sont les mêmes, sauf celui de la Vision de l'Agneau
> (Apocalypse XIII). — Brunet et A.-F. Didot attribuent ces figures à
> J. Moni de Lyon qui les aurait copiées sur celles de Bernard Salomon
> dit le *Petit Bernard*.

529. **Fillon** (B.). Considérations historiques et artistiques sur les
Monnaies de France. — *Fontenay-Vendée, Robuchon*, 1850,
in-8°; br.

530. — Lettres à M. Ch. Dugast-Matifeux sur quelques Monnaies
françaises inédites. — *Paris, Dumoulin*, 1853, *in-8°, pl.*; br.

531. — Études Numismatiques. — *Paris, Charret*, 1856. *in-8°*,
fig. dans le texte, pap. vergé; br. *(tiré à 160 ex.)*.

532. — Collection Jean Rousseau. — Monnaies féodales françaises. — *Paris, Rousseau,* 1860, *in-8°, front. pl.;* br.

533. — L'Art de Terre chez les Poitevins ; suivi d'une étude sur
l'ancienneté de la fabrication du verre en Poitou. — *Niort,
Clouzot,* 1864, *gr. in-4°, pl.*

534. **Fiæra** (B.). Cœna saluberrima Baptistæ Fiæræ mantuani
Medici... lautius ab ipso nuper instructa et multo sale con-
dita. = (*In fine :) Ex ædibus Ascensianis, Idib. Aug.* M. D. VIII,
in-8° de 28 ff. chiffrés ; rel. mar. noir, fil., tr. d. (*Amand*).

535. **Flaubert** (G.). Madame de Bovary. Mœurs de Provence. —
Paris, Michel Lévy, 1857, *2 vol. in-12 ;* br.

536. **Florian.** Fables de Florian ; préface par Anatole de Montaiglon, compositions inédites de Moreau, gravées par Martial.
— *Paris, Rouquette,* 1882, *in-18 ;* br.

> Ex. sur pap. impérial du Japon. avec les 2 suites tirées à part ;
> eaux-fortes et gravures terminées avant lettre.

537. — Fables ; illustrées par Victor Adam, précédées d'une
Notice par Charles Nodier, et d'un Essai sur la Fable, et
suivies des Poëmes de Ruth et de Tobie. — *Paris, Delloye,*
1838, *gr. in-8° ;* mar. gr. avec ornements sur les plats, tr.
dor.

538. **Focard** (J.). Paraphrase de l'Astrolabe, contenant les prin-
cipes de Géométrie, la Sphère, l'Astrolabe ou la déclaration
des choses célestes ; le Miroir du Monde ou exposition des
parties de la Terre. — *Lyon, Jean de Tournes,* 1546, *pet.
in-8° ;* d. v. r.

539. Fond (Le) du Sac ou restant des Babioles de M. X*** (Félix
NOGARET), membre éveillé de l'Académie des Dormans. —
Venise, chez Pantalon-Phébus, (Paris, Cazin), 1780, *2 vol.
in-18 rel. en 1, frontisp. et vignettes (9), dans le genre de
Duplessis-Bertaux ;* mar., fil., dent. citr. int., dos orné, tr.
dor. (*Cazin*).

540. **Fontenay** (J. de). Nouvelle étude de Jetons. — *Autun,
Dejussieu,* 1850, *in-8°, fig.;* br.

541. **Foppens** (J.-F.). Dissertatio de Bibliomaniâ Belgicâ ho-
diernâ, (*Cop. Manusc., fig.) in-8° ;* d. m. br.

542. **Fougères** (F.) et **Combrouse** (G.). Description complète
et raisonnée des Monnaies de la deuxième Race royale de

France. — *Paris, (imp. Moquet)*, 1837, *in-4° de 66 p., pl. et cart.*; d. m. vert. *(tiré à 100 ex.).*

543. **Foulques** (M.-L.). Essai historique sur l'Art monétaire et sur l'origine des Hôtels des Monnaies de Lyon, Mâcon et Vienne, depuis les premiers temps de la monarchie française, — *Lyon, Deleuze*, 1837, *in-8° de 86 p., pl. ;* br.

544. **Foulquier** (Val). Cinquante vignettes pour les Œuvres de Molière, dessinées et gravées à l'eau forte pour le Théâtre choisi, publié par MM. Alfred Mame et fils. Tirage à part sur papier de chine. — *Paris, Morgand et Fatout*, 1877, *gr. in-8° ;* br.

545. **Fournier** (Fr. Sgn.). Nouveau Dictionnaire portatif de Bibliographie, contenant plus de vingt-trois mille articles de Livres rares, curieux, estimés et recherchés, avec les marques connues pour distinguer les éditions originales des contre-façons qui en ont été faites, et des notes instructives sur la rareté ou le mérite de certains livres ; précédé d'un Précis sur les bibliothèques et sur la bibliographie, et suivi du Catalogue des éditions citées par l'Académie de la Crusca, *des* Collections *cum notis Diversorum in-4°, cum notis Variorum in-8°, ad usum Delphini,* et des éditions imprimées par les Aldes, les Elzévirs, Tonson, Cominus, Baskerville, Barbou, Didot, Herhan, etc., etc. Seconde édition, revue et augmentée. — *Paris, Fournier*, 1809, *in-8°*; bas., fil. (*ex. tiré sur pap. in-4°*).

546. Fous (Les) célèbres ; histoire des hommes qui se sont les plus singularisés par leur monomanie, leurs originalités et leurs extravagances, (par O. Delepierre). — *Paris, Renault, (Stenay, Templeux)*, 1835, *in-12, portr.*; demi m. bleu, tr. d.

547. Fragmentum Petronii, texte latin, traduction française et notes par Jos. Marchena; nouvelle édition. — *Soleure (Bruxelles)*, 1865, *in-12, pap. de Holl.* (*N° 73 sur 100*); br.

548. **Fragonard** (Th.) et **Lamarque** (J. de). Les Héros de Rabelais, ou Aventures drolatiques de Gargantua, Panurge et Pantagruel : précédé d'une notice sur la vie et les ouvrages de François Rabelais par Patrice Rollet. — *Paris, Permain*, 1851, *in-12 ;* br.

549. Fredaines (Les) du Diable, ou recueil de morceaux épars pour servir à l'histoire du Diable et de ses suppôts; tirés

d'auteurs dignes de foi, par feu M. Sandras, avocat au Parlement, mis en nouveau style et publiés par J.-F. N. D. L. R. — *Paris, Merlin*, 1797, an 5, *in-12* ; br.

550. **Frère** (Ed.). Manuel du Bibliographe Normand. — *Rouen, Le Brument*, 1858-60, *2 vol. gr. in-8°, pap. de Holl.*

551. — Catalogue des Manuscrits de la Bibliothèque municipale de Rouen relatifs à la Normandie, précédé d'une notice sur la formation de la Bibliothèque et ses accroissements successifs. — *Rouen, Boissel*, 1874, *gr. in-8°, pl., pap. de Holl.*

552. **Fréron**. Les Deux Matrones, ou les Infidélités démasquées ; ouvrage posthume, enrichi de notes curieuses et intéressantes. — *Paris, s. n.*, 1776, *in-8° de 98 p., fig., cart.*

553. **Freund** (G.). Grand Dictionnaire de la langue latine sur un nouveau plan ; traduit en français, revu sur les textes et considérablement augmenté, d'après les travaux lexicographiques et épigraphiques les plus récents, français et étrangers, par N. Theil. — Ouvrage comprenant tous les mots qui se rencontrent dans les monuments de la langue latine, depuis les temps les plus reculés jusqu'à la chute de l'Empire d'Occident, méthodiquement examinés sous les divers rapports : grammatical, étymologique, exégétique, synonymique, chronologique, rhétorique, archéologique et statistique ; 2° les mots les plus importants de la langue latine du moyen-âge et des temps modernes, notamment ceux qui ont passé dans les langues parlées aujourd'hui en Europe ; 3° les termes techniques, latins ou latinisés, de médecine, de chirurgie, d'anatomie, de chimie, de zoologie, de botanique, etc. ; 4° les noms propres de l'histoire, de la mythologie, de la littérature et des arts ; 5° tout le dictionnaire comparé de géographie ancienne, du moyen-âge et moderne de Bischoff et Mœller, revu et amélioré par M. Ch. Müller. — *Paris, Didot*, 1855-72, *2 vol. gr. in-4° ; d. m. v.*

554. **Frognall Dibdin** (Th.). Voyage bibliographique, archéologique et pittoresque en France ; traduit de l'anglais avec des notes par Th. Licquet et Crapelet. — *Paris, Crapelet*, 1825, *4 vol. in-8°.*

555. **Fuchsius** (L.). De Historia Stirpium commentarii insignes. — *Lugduni, Joan. Tornæsius*, 1558, *in-12.*

556. **Fulvius** (And.). Illustrium Imagines, (*in fine*): Imperatorum

et illustrium Virorum ac Mulierum vultus ex antiquis numismatibus expressi : majori parte emendatum correptumque opus. — *Romæ, apud Jac, Mazochium, anno* M.D.XVII, *in-8° de 120 ff.*; mar. r., fers à froid, (reliure espagnole, avec les armes du cardinal Ximenès sur les tranches.).

557. **Furetière** (A.). Le Roman bourgeois, ouvrage comique.— *Paris,Claude Barbin,* 1666, *in-8°, front. gr.*; rel. v. f., fil., ornem. sur plats, dent. int., tr. d. (*Cochen*).

558. — Le Roman bourgeois, ouvrage comique. Nouvelle édition, avec notes historiques et littéraires par Ed. Fournier, précédée d'une notice par Ch. Asselineau. — *Paris, Jannet, in-16, pap. vergé,* ; perc. r.

559. **Fusco** (G.-V.). Intorno alle Zecche ed alle Monete battute nel reame di Napoli da re Carlo VIII di Francia. — *Napoli, nella Stamperia del Fibreno,* 1846, *in-fol., pl.*; br.

G

560. **Gantez**, L'Entretien des Musiciens, par le sᵣ Gantez, maitre de chapelle à Marseille, Aix, Arles, Avignon, Grenoble, Aigues-Mortes, Toulouse, Montauban, etc.; publié d'après l'édition rarissime d'Auxerre, 1648, avec préface, notes et éclaircissements par L. Thoinan. — *Paris, Claudin,* 1878, *in-8°;* br. (*Ex. sur gr. pap. de Holl., tiré à 100 ex., N° 72; épreuves av. et ap. la lettre.*).

561. **Gaidoz** (H.). Gargantua. Essai de mythologie celtique. — *Paris, Didier,* 1868, *in-8° de 20 p.* (Ext. de la *Rev. Archéol.*).

562. **Galle** (Ph.). Semideorum Marinorum, Nympharum Oceanitidum, Ephydridum, Potamidum, Naïadum, Lymnadumque Icones, in gratiam Picturæ studiosæ juventutis delineatæ, sculptæ et editæ. — *Antverpiæ, (circa* 1620*), 35 pl. in-4°.*; rel. vel.

563. **Gariel** (P.). Series Præsulum Magalonensium et Monspeliensium variis Guillelmorum Monspelii Comitum Melgoriensium, Aragoniorum et Gothorum Regum historiis locupletata. Editio secunda in duas partes divisa, auctior multo et locu-

pletior. — *Tolosæ, Joan Boude*, 1664 *et* 1665, *2 part. en
1 vol., port., carte et front. gr.*

564. — Idée de la ville de Montpellier recherchée et présentée aux
honnestes gens. — *Montpellier, Daniel Pech*, 1665, *in-4°*;
rel. mar. bl., fil., tr. d., port., plan et pl. gr. *(Ex. de M. Le-
nain, intendant de Languedoc).*

565. — Maguelonne suppliante. Réimpression textuelle de la très
rare édition de Montpellier (1633), publiée avec une étude
préliminaire par A. Devars. — *Montpellier, Coulet*, 1873,
in-8°; br. *(Ex. sur pap. de Chine, tiré à 22 ex. sur ce pap.,
N° 10).*

566. — Discours de la Gloire de la France; publié d'après le seul
exemplaire connu de l'édition de Jacques Roussin (Lyon,
1643), avec une introduction par A. Devars. — *Montpellier,
Coulet*, 1873, *in-8°. (Ex. sur pap. de Chine, tiré à 20 ex. sur
ce pap.).*

567. — Les Gouverneurs du Languedoc. Reproduction de l'édition
de Daniel Pech (Montpellier, 1669), précédée d'une préface
par P. Sainctyon. — *Montpellier, Coulet*, 1873, *in-8°*, br. *sur
papier de Chine (tiré à 22 ex. sur ce papier, N° 10).*

568. — Les Gouverneurs anciens et modernes du Languedoc.
Reproduction textuelle de l'édition de 1669, accompagnée de
notes, et suivie de la liste chronologique des Commandants
militaires de la province jusqu'en 1789. — *Montpellier. Seguin*, 1874, *in-8°; br., gr. pap. de Hollande, (tiré à 30 ex.
sur ce papier).*

569. **Gastelier de la Tour**. Armoirial des Estats de Languedoc.
— *Paris, Vincent*, 1767, *in-8°*, *pl. gr.;* rel. mar. v., dent.
int., tr. d.

570. **Gaullieur** (E.-H.). Études sur la Typographie Genevoise du
XV° au XIX° siècles et sur les origines de l'Imprimerie en
Suisse. — *Genève, (Vaney)*, 1855, *in-8°, fac sim.*; cart.

571. **Gault de Saint-Germain**. Guide des Amateurs de
Tableaux pour les Écoles allemande, flamande et hollandaise;
nouvelle édition. — *Paris, Renouard*, 1841, *2 vol. in-8°.*; br.

572. **Gaussen** (A.). Portefeuille archéologique de la Champagne.
— *Bar-sur-Aube*, 1861, *gr. in-4°, pl. n. et col.;* d. m. v.

573. **Gavarni**. OEuvres choisies, revues, corrigées et nouvelle-

ment classées par l'auteur. Études de mœurs contemporaines; avec des notices en tête de chaque série par Th. Gautier, Laurent-Jan, Liseux, L Gozlan, etc. — *Paris, Hetzel*, 1846-1848, *4 séries, gr. in-8°*; rel. perc. jaune.

> I. Le Carnaval à Paris. — Paris le matin. — Les Étudiants de Paris.
> II. Fourberies de Femmes en matière de sentiment.
> III. Les Enfants terribles. — Traductions en langue vulgaire. — Les Lorettes. — Les Actrices.
> IV. La Vie du jeune homme. — Les Débardeurs.

574. **Gavarni**. Les Gens des Paris. Suite de 212 planches tirées à part, avec légendes; extraites du *Diable à Paris* publié par Hetzel en 1845-46. — *1 vol. gr. in-8°;* d. mar. n., tête dor.

> Le frontisp. gravé (figure du diable) est reproduit sur une couverture du *Diable à Paris* annexée à cet exemplaire.

575. **Gay** (J.). Bibliographie des ouvrages relatifs à l'Afrique et à l'Arabie. — Catalogue méthodique de tous les ouvrages français et des principaux en langues étrangères traitant de la géographie, de l'histoire, du commerce, des lettres et des arts de l'Afrique et de l'Arabie. — *San-Remo, Gay*, 1875, *in-8°, (tiré à 500 ex. ; N° 279).*

576. **Gayraud-de-Saint-Benoit**. Recherches historiques sur les monnaies des Comtes et Vicomtes de Carcassonne, Rasez et Béziers. — *Carcassonne, Pomiès*, s. d., *in-8° de 52 p., pl.*; br. (Ext. des Mém. de la Soc. des arts et des sc. de Carcassonne.)

577. **Gebhart** (E.). Rabelais, la Renaissance et la Réforme. — *Paris, Hachette*, 1877, *in-12, pap. vergé;* br.

578. **Georgieviz** (B.). De Turcarum moribus Epitome. — *Lugduni, Joan. Tournæsius*, 1578, *in-16 de 184 p., plus 4 ff. pour une épître et l'index, fig.*; d. m. vert.

579. **Gersaint** (E.-F.). Catalogue raisonné d'une collection considérable de diverses curiosités en tous genres contenues dans les cabinets de feu M. Bonnier de la Mosson. — *Paris, Barois*, 1744, *in-12, front. gr.;* bas.

580. **Ginguené**. De l'Autorité de Rabelais dans la Révolution présente et dans la Constitution civile du Clergé, ou Institutions royales, politiques et ecclésiastiques, tirées de Gargantua et de Pantagruel. *En Utopie, de l'imprimerie de l'abbaye de Thélème.* — *Paris, Gattey*, 1791, *in-8°;* d. v. br.

581. **Giovio** (P.). Dialogo dell'Imprese militari et amorose di

Mgr Giosio vescovo di Nocea, et del S. Gabriel Symeoni Fiorentino, con un ragionamento di M. Lod. Domenicho, nel medesimo soggetto. — *Lyone, Gugl. Rovillio, 1574, pet. in-4°, fig.;* d. rel. parch. (V^r aussi JOVIUS.)

582. **Girault de St-Fargeau** (A.). Bibliographie historique et topographique de la France, ou Catalogue de tous les ouvrages imprimés en français depuis le XVe siècle jusqu'au mois d'avril 1845, classés : 1° par ordre alphabétique des anciennes provinces ; 2° par départements formés des dites provinces ; 3° par ordre alphabétique des villes, bourgs ou villages compris dans ces différents départements ; contenant les titres d'environ 12,000 ouvrages, au nombre desquels se trouvent plus de 1.800 ouvrages relatifs aux préliminaires généraux de l'Histoire de France , l'indication d'environ 2,000 cartes de France, plans des principales villes, etc.; plus de 12,000 ouvrages concernant spécialement la ville de Paris ; etc. — *Paris, Didot, 1845, in-8°* ; br.

583. **Glissonius** (F.). Tractatus de Rachitide, sive morbo puerili, subtextis continue observationibus G. Bate et Regemorteri; editio postrema. — *Hagæ-Comitum, Leers, 1682, in-12.*

584. **Gloria** (H.). Le premier Imprimeur Mâconnais, Michel Wesnsler, de Bâle. Notice bibliographique, suivie d'une Étude sur l'établissement définitif de l'Imprimerie à Mâcon. — *Mâcon, Protat, 1877, in-8° de 33 p., fac simile;* br.

585. **Gœthe.** Faust, tragédie ; traduction française par Albert Stapfer, ornée du portrait de l'auteur et de 17 dessins composés d'après les principales scènes de l'ouvrage et exécutées sur pierre par Eugène DELACROIX. — *Paris, Motte, 1828, in-fol., pl. sur Chine.*

> Ex. du premier tirage.

586. — Faust ; orné de dessins de J.-P. Laurens, gravés par Champollion. — *Paris, libr. des Bibliophiles (Jouaust), 1885, gr. in-8°* ; br.

> Ex. sur pap. Whatman, tiré à 15 ex. sur ce papier, avec double épreuve des gravures.

587. — Le Renard (Reineke Fuchs), traduit par Edouard Grenier, illustré par Kaulbach. — *Paris, Hetzel, s. d.;* d. m. bl., tr. dor.

588. **Goldsmith.** Le Vicaire de Wakefield (The Vicar of Wake-

field); traduit en français avec le texte anglais en regard par Charles Nodier, précédé d'une notice par le même sur la vie et les ouvrages de Goldsmith, et suivi de quelques notes. — *Paris, Bourguelert*, 1838, *in-8°* ; rel. mar. gr., ornem. sur plats, tr. d.

Texte encadré ; vignettes (100) sur bois, d'après Jacques, Marville, Janet-Lange, etc. ; port. de Goldsmith gr. sur bois et tiré sur Chine, et 10 planches hors texte et avant la lettre, dessinés par Jobannot et gr. par W. Finden.

589. **Goldsmith**. Le Vicaire de Wakefield. Traduction nouvelle et complète par B.-H. Gausseron. — *Paris, Quantin*, s. d., *gr. in-8°* ; illustrations en couleur par V.-A. Poirson, br.

Ex. sur pap. du Japon, tiré à 100 ex. sur ce papier, N° 61. Couverture en couleurs.

590. **Gordon** (R.). F. Rabelais à la Faculté de Médecine de Montpellier. Autographes, documents et fac-simile. — *Montpellier, Coulet*, 1876, *in-4°* ; br.

Un des deux exemplaires tiré sur peau de vélin. (N° 2.)

591. — F. Rabelais à la Faculté de Médecine de Montpellier. — *Montpellier, Coulet*, 1876, *in-4°*, br.

Ex. sur pap. de Chine, tiré à 35 ex. sur ce pap.

592. — F. Rabelais à la Faculté de Médecine de Montpellier. — *Montpellier, Coulet*, 1876, *in-4°* ; br.

Ex. sur papier de Hollande.

593. **Gordon de Percel** (Lenglet-Dufresnoy). De l'usage des Romans. Où l'on fait voir leur utilité et leurs différents caractères ; avec une Bibliothèque des Romans, accompagnée de remarques critiques sur leur choix et leurs éditions. — *Amsterdam, Vᵉ de Poilras*, 1734, *2 vol. in-12* ; bas.

On a joint à la fin du 1ᵉʳ volume : Pièces curieuses sur le poëte Rousseau, supprimées en Hollande ; s. ind., *60 p.;* nombreuses notes marginales de A. Barbier.

594. **Gourdon de Genouillac** (H.). Dictionnaire des Fiefs, Seigneuries, Chatellenies, etc., de l'ancienne France, contenant : les noms des terres et ceux des familles qui les ont possédées, leur situation provinciale, les dates de possession, de transmission ou d'érection en terres titrées, etc., etc. — *Paris, Dentu,* 1862, *in-8°* ; br.

595. — et **Piolenc** (Mⁱˢ de). Nobiliaire du Département des Bouches-du-Rhône. Histoire, Généalogies. — *Paris, Dentu,* 1863, *in-8°* ; br.

596. **Graesse** (J.-G.-Th.). Guide de l'Amateur de Porcelaines et de Poteries, ou collection complète des marques de fabriques de porcelaines et de poteries de l'Europe et de l'Asie. — *Dresde, Schœnfeld, 1864, in-8°.*

597. — Trésor des livres rares et précieux, ou nouveau Dictionnaire bibliographique. — *Dresde, Kuntze, 1858-59, 7 vol. gr. in-4°;* d. m. v.

598. Grand Tarif ou Évaluation du prix du Marc et Diminutions des Pièces d'argent légères et rongnées, tant de France qu'estrangères. Depuis le grain de chaque espèce jusques à cent Marcs, pour servir aux Bureaux des Trésoriers, Receveurs généraux et autres Bureaux où il se reçoit ordinairement grande quantité d'argent. Suivant les Déclarations du Roy du mois de Juin 1636 et 29 Octobre 1640. — *Paris, Cramoisy,* 1641, *pet. in-8° de 48 p.;* d. vél.

599. Grand Tarif ou Évaluation du prix du Marc, des Escus, des Pistoles d'Espagne, Escus et Pistoles d'Italie légères de diverses fabriques. Depuis le grain de chaque Espèce jusques à cent Marcs, consecutivement, pour servir aux Bureaux des Trésoriers, Receveurs généraux et autres Bureaux où il se reçoit ordinairement grande quantité d'or. Suivant la Déclaration du Roy du 27 Septembre 1640, etc. — *Paris, Cramoisy,* 1641, *pet. in-8° de 16 p.;* d. vél.

600. **Grandmaison** (Ch.). Dictionnaire Héraldique, contenant : l'explication et la description des termes et figures usités dans le Blason ; des notices sur les Ordres de Chevalerie, les marques des Charges et dignités, les ornements et l'origine des Armoiries, les Rois d'Armes et les Tournois, etc. ; suivi de l'Abrégé chronologique d'édits, déclarations, règlements, arrêts et lettres patentes des rois de France de la troisième race, concernant le fait de la Noblesse ; par L.-N.-H. Cherin ; publié par l'abbé Migne. — *Paris, J.-P. Migne,* 1861, *gr. in-8°, fig. ;* br.

601. **Grandville**. Les Métamorphoses du jour, accompagnées d'un texte par MM. Alb. Second, L. Lurine, Cl. Caraguel, Taxile Delord, H. de Beaulieu, Louis Huart, Ch. Monselet, Julien Lemer ; précédées d'une notice sur Grandville par Ch. Blanc. — *Paris, Havard,* 1854, *gr. in-8°, pl. color.;* rel. perc. avec fers spéciaux, tr. dor.

602. — Scènes de la Vie privée et publique des Animaux.

Vignettes par Grandville. Études de mœurs contemporaines, publiées sous la direction de M. P.-J. Stahl, avec la collaboration de MM. de Balzac, L. Baude, E. de la Bédollière, P. Bernard, J. Janin, Ed. Lemoine, Ch. Nodier, George Sand, etc. — *Paris, Hetzel,* 1842, *2 vol. gr. in-8°, front. et fig. ;* carton.

603. **Grécourt**. OEuvres diverses; nouvelle édition corrigée et augmentée d'un grand nombre de pièces qui n'avaient jamais été imprimées, contenant les Épîtres et Fables. — *Luxembourg, s. n.,* 1787, *4 vol. in-16 ;* br.

604. **Grellety**. Bibliographie de Vichy. — Énumération de toutes les publications faites sur Vichy, suivie d'une notice médicale sur les eaux et sur le traitement du Diabète. — *Vichy, Wallon,* 1879, *in-8° de 70 p. ;* br.

605. **Greslon** (J.). Recherches sur la Céramique, suivies de marques et monogrammes de différentes fabriques. — *Chartres, Petrol-Garnier,* 1864, *in-8° ;* br., marques color.

606. **Gresset**. OEuvres complètes, précédées d'une notice biographique et littéraire. — *Paris, Furne* 1830, *in-8°, port. et fig. ;* d. m. v.

607. **Greswell** (W. Parr.). Annals of Parisian Typography containing an account of the earliest typographical establishments of Paris ; and notices and illustrations of the most remarkable productions of the Parisian gothic Press : compiled principally to shew its general character; and its particular influence upon the early English press.— *London, Cadell and Davies,* 1818, *in-8°; pl.;* rel. perc. v. tr. d.

608. **Grimaudet** (F.). Des Monnoyes, augment et dimiuution du pris d'icelles, livre unique, par François Grimaudet, Aduocat du Roy au siège présidial d'Angers. — *Paris, Hierosme de Marnef,* 1536, *pet. in-8° ;* parch.

609. **Gruner** (Ch. G.). Censura librorum Hippocrateorum qua veri a falsis, integri a suppositis degregantur ; collegit ex optimis quibusque auctoribus, recensuit, dijudicavit novumque in ordinem redegit Ch. G. Gruner. — *Vratislaviæ, Kornius,* 1772, *in-8° ;* d. by.

610. **Gruyer** (G.). Les Illustrations des Écrits de Jérôme Savonarole, publiés en Italie au XVᵉ et au XVIᵉ siècles, et les paroles de Savonarole sur l'Art; ouvrage accompagné de 33 grav. exécutées d'après les bois originaux par A. Pilinski

et fils. — *Paris, Didot*, 1875, *gr. in-4°* ; br. ; *pap. de Holl.* (*tiré à 300 ex.*)

611. **Gueroult** (Guill.). Premier (et second) tome des Chroniques et Gestes admirables des Empereurs, avec les effigies d'iceux. Mis en françoys par Guillaume Gueroult. — *Lyon, Balthazar Arnoullet,* 1552, *2 parties en 1 vol. in-4°, fig. sur bois* ; rel. mar. r. du Levant, dent. int., tr. d. (*Lortic.*)

> Seconde édition contenant, outre les figures insérées dans le texte (130. dont 39 encadrées, et un portrait en pied de Mahomet à la page 248), 3 plans : Rome, Constantinople et Lutèce, qui manquent à la première.

612. **Guichard** (J.-M.) Notice sur le *Speculum Humanæ Salvationis.* — *Paris, Techener,* 1840, *in-8°* ; d. perc. bl.

613. **Guidi** (U.). Annali delle Edizioni e delle Versioni dell' *Orlando Furioso* e d'altri lavori al poema relativi. — *Bologna, tipogr. in via Poggiale,* 1861, *in-8° carré, port.* ; d. perc. br.

614. **Guigard** (J.). Armorial du Bibliophile, avec illustrations dans le texte. — *Paris, Bachelin-Deflorenne,* 1870-73, *2 vol. gr. in-8°, pap. vergé, avec 15 planches en couleur* ; rel. mar. br., dent., tête dor. (*Amand*).

615. **Guizot.** Histoire de la Civilisation en France, depuis la chute de l'Empire romain. — *Paris, Didier,* 1840, *4 vol. in-8°* ; d. m. br. = Histoire générale de la Civilisation en Europe depuis la chute de l'Empire romain jusqu'à la Révolution française. — *Paris, Didier,* 1840, *in-8°, port.;* d. m. br.

616. — Des Idées de Rabelais en fait d'éducation. — *Paris, Didier,* 1812, *in-8° de 20 p.* (Extr. des *Méditations et Études morales.*)

617. Gutenberg erfinder der Buchdruckerkunst. Eine historische skizze mit mehreren zeichnungen und facsimile ; autographisch ausgeführt von den zöglingen der Strasburger Industrie schule. — *Strasburg,* 1840, *in-8° de 26 p.* ; br.

618. Gutenberg (Jean ou Hans Genfleisch), par A. Didot. — (*Paris, Didot*), s. d., *in-8° de 14 p.* = (*On y a joint :*) (Jean) Gutenberg. 1405. L'Imprimerie, (par DELÉCLUZE). — (*Paris, typ. Bourdier*), s. d., *in-8° de 43 p.* ; br.

619. **Guy de Chauliac.** Le Guidon en françoys nouvellement imprimé avec les gloses de... maistre Jehan Falcon lisant ordinaire en la tre famée université de Montpellier..., et

6

aussi les additions de maistre Simphorien Champier: avec
les additions de maistre Anthoine Romeri docteur lisant en
ladicte université sus l'antidotaire... mises à la fin. —
Imprimé à Paris (par Denis Janot), M. D. xxxiiii, in-4°, goth.
de 10 et cccxxiiii ff. fig. ; rel. mar. r., fil., dent., tr. d. (*Niedrée*).
(Ex. Yéménez et Renard, de Lyon.).

H

620. **Hain** (L.). Repertorium Bibliographicum in quo libri omnes
ab arte typographicà inventa usque ad annum M D. typis
expressi ordine alphabetico vel simpliciter enumerantur vel
adcuratiùs recensentur. — *Stuttgartiae, Cotta*, 1826-38,
4 vol. in-8°, pap. fort. ; cart.

621. Hagada (récit) de Pâques (texte hébreu) avec le commentaire
de Rabbi-Joseph de Padoue. = (*On y a joint :*) Prières après
le repas, à la demande de Rabbi Salomon Haym et de son
fils Abraham. — Imprimé à Venise le 3 du mois de tamouz
l'année 5363 de la création (1603, de l'ère chrétienne). —
Pet. in-4° de 22 ff., fig. ; rel. parch.

622. Harlan (Le) des Églises de Montpellier (par Petit). Réimpression d'après le seul exemplaire connu de l'édition de 1622
(Béziers, Jean Pech), avec introduction et notes. — *Mont-*
pellier, Félix Seguin, 1874, *in-8°, gr. pap. de Holl. (Tiré à*
35 ex. sur ce papier).

623. **Hassler** (C. D.). Die Buchdrucker-geschichte Ulm's zur
vierten Sæcularfeier der Erfindung der Buchdruckerkunst.
Mit neuen Beiträgen zur Culturgeschichte, dem Faksimile
eines der ältesten Drucke und artistischen Beilagen, besonders zur geschichte der Holzschneidekunst. — *Ulm, Stettin,*
1840, *gr. in-4°, pl. ;* d. toile.

624. **Hatin** (E.). Bibliographie historique et critique de la Presse
périodique française, ou Catalogue systématique et raisonné
de tous les écrits périodiques de quelque valeur, publiés ou
ayant circulé en France depuis l'origine du Journal jusqu'à
nos jours ; avec extraits, notes historiques, critiques et
morales, indication des prix que les principaux journaux

ont atteints dans les ventes publiques, etc. ; précédé d'un essai historique et statisque sur la naissance et les progrès de la Presse périodique dans les deux Mondes. — *Paris, Didot, 1866, gr. in-8°, port. gr.*; d. rel. mar. gr., têt. dor. (*Amand*).

> (Ex. sur gr. pap. de Holl.).

625. **Havard** (H.). Histoire de la Faïence de Delft; ouvrage enrichi de 25 planches hors texte et de plus de 400 dessins *fac-simile*, chiffres, etc., dans le texte, par Léop. Flameng et Ch. Goutzwiller; chromolith, par Lemercier. — *Paris, Plon, 1878, 2 vol. gr. in-8°*; br., (*tiré à 100 ex. sur pap. de Holl.*; N° 34).

> Ex. au nom de C. Cavolier, avec les planches avant la lettre, et les eaux-fortes à la sanguine.

626. **Hennin**. Manuel de Numismatique ancienne, contenant les éléments de cette science et les nomenclatures, avec l'indication des degrés de rareté des Monnaies et Médailles antiques et des tableaux de leurs valeurs actuelles. — *Paris, Merlin, 1830, 2 vol. in-8°, cart.* (*Manque l'Atlas*).

627. Herbarum, arborum, fruticum, frumentorum, ac leguminum. Animalium, præterea terrestrium, volatilium et aquatilium, aliorumque quorum in medicinis usus est, Simplicium Imagines ad vivum depictæ, una cum nomenclaturis eorumdem usitatis. (Texte latin et allemand). — *Francofurti, apud Chr. Egenolphum, 1546, in-4° de 265 ff. et 8 ff. prélim. pour le titre et la table, pl. color.*; rel. chamois.

628, Hecatomgraphie. C'est-à-dire les descriptions de cent figures et hystoires contenans plusieurs appophtegmes, proverbes, sentences et dictz tant des anciens que des modernes (en vers par Gilles CORROZET). = *A Paris, chez Denys-Janot, 1541, pet. in-8°, fig.*; mar. r., dos orné, compart., fil., dent. int., tr. d. (*Lortic.*)

629. **Hérissant** (L.-A.-P.). Bibliothèque physique de la France, ou liste de tous les ouvrages, tant imprimés que manuscrits, qui traitent de l'Histoire naturelle de ce royaume; avec des notes critiques et historiques. Ouvrage achevé et publié par M*** (Ch.-L. Coquereau). — *Paris, Hérissant, 1771, in-8°*; d. bas.

630. **Hermand** (Al.). Histoire monétaire de la Province d'Artois et des seigneuries qui en dépendaient. — *Saint-Omer, Chauvin fils, 1843, in-8°, pl.*; br.

631. **Hermand** (Alex.). Recherches sur les Monnaies, Médailles et Jetons dont la ville de Saint-Omer a été l'objet ; suivies de quelques observations sur l'origine et l'usage des Méreaux, particulièrement dans les chapitres ou collégiales. — (Saint-Omer, Chauvin, 1834), in-8°, pl. gr.; cart. (Extr. des Mém. de la Soc. des Antiquaires de la Morinie).

632. Héro et Léandre, poème nouveau en trois chants; traduit du grec sur un manuscrit trouvé à Castro (c'est-à-dire composé par M. de QUERELLES), auquel on a joint des notes historiques. Édition ornée d'un frontispice et de huit estampes en couleur dessinées et gravées par P.-L. Debucourt. — Paris, impr. P. Didot l'aîné, an IX (1801), gr. in-4°, pap. vél.; cart. non rogné.

633. **Hesychius.** Dictionarium, (græce). ═ (In fine :) Hagenoæ in ædibus Thomæ Anshelmi Badensis. anno MDXXI, in-fol.; v. f., fil.

634. Het groote Tafereel der Dwaasheid, vertoonende de opkomst, voortgang en ondergang der Actie, Bubbel en Windnegotie, in Vrankryk, Engeland in de Nederlanden, gepleegt in den jaare MDCCXX...., gedrukt tot waarschouwinge voor de Nakomelingen, in't woodlottige jaar, voor veel Zotte in Wyze, 1720. — In-fol. , fig. (81) et front. gr.
     Collection de caricatures concernant les opérations financières de Law.

635. **Heulhard** (A.). Rabelais et son Maître. — Paris, Lemerre, 1884, gr. in-8° de 31 p., pap. de Holl. ; br. (Tiré à 150 ex. ; N° 149.)

636. Heures à l'usage de Rome. — S. l. n. d. (Paris, Vérard). Almanach de 1488 à 1508. — In-8° goth. sur vélin de 84 ff., avec encadrements représentant des sujets de l'Histoire Sainte, des bustes de personnages et des arabesques, et 16 grandes figures en noir; rel. (anc.) v. f., tr. d.
     Seul ex. connu de cette édition, provenant de la vente Didot. Vr le Catal. raisonné, N° 801, et Brunet, T. V., col. 1603, N° 120.

637. Heures. — Les présentes heures à lusaige de Romme fu/rent achevez le xvj iour de septembre Lan mil/ cccc iiii xx et viij pour Simon Vostre li/ braire demourant à Paris a la rue neuve nostre/ dame à lymage sainct Jehan levangeliste. (Sur le 1er f., chiffre et nom de Philippe Pigouchet, avec la figure représentant l'homme et la femme sauvages.) — Gr. in-8° goth.

de 96 ff., peau de vélin, signés a-l et A, par 8, 27 lignes à la page; calendrier de 1488 à 1508 ; rel. v., fers à froid, détériorée.

> 20 grandes fig. sans comprendre le titre et l'Homme anatomique. Les bordures à compart. des ff. présentent plusieurs séries de jolis sujets : Vie de la Vierge, Vie et Passion de J.-C., l'Enfant prodigue, le Jugement dernier, etc., et la Danse des Morts (66 fig.) avec les noms en français.

638. Hore dive Virginis Marie secundum verum usum Romanum.... una cum figuris Apocalipsis et multis aliis hystoriis. — (In fine :) Parisiis impressum anno Domini millesimo quingentesimo octavo, die vero XXVIII mensis Maii. Opera Guillermi Anabat.... expensis... Egidii Hardouyn et Germani Hardouyn, etc. — Pet. in-8° de 108 ff. non chiffrés, sign. A P par 8 et O par 4. lettres rondes, 27 lignes à la page; calendrier de 1508 à 1520 ; rel. v. f. gauff. détériorée.

> 19 grandes fig. y compris le frontispice (enlèvement de Déjanire et l'Homme anatomique). et 20 petites dans le texte ; toutes finement coloriées et relevées d'or. Manquent les ff. C 1 et E 3.

639. Heures à lusaige de Rôme tout au long, sans riens (sic) requerir. Avec les figures de Lapolipse et plusieurs aultres figures. (Au recto du dernier f. : Ces présentes heures.... on esté imprimées à Paris par Gillet Hardouyn demourant au bout de Pont nostre dame : à lenseigne de la Rose d'or : devant Sainct Denis de la Chartre. (Almanach de 1514 à 1527.) — Pet. in-8° goth. de 112 ff., larges bordures historiées et seize grandes figures y compris le titre (Enlèvement de Déjanire) et la planche au r° du dernier f.; rel. mar. Lavall., fil., dent. int., gardes en tabis, tr. dor. (Fock).

640. Hore beate Marie Virginis. Heures de Simon Vostre. — In-8° goth., sur vélin. (Ex. incomplet auquel manquent 3 ff. pour le titre et le commencement du calendrier, plus 10 ff. dont 4 à grandes figures; rel. v. pl. f., dent. int., tr. dor. (Rebersat).

641. Heures d'Anne de Bretagne. Livre d'Heures de la reine Anne de Bretagne. trad. avec notes inéd'tes par l'abbé Delaunay. — Paris, Curmer, 1859-61, 2 vol. in-4° ; mar. Lavall., ornem. à froid, dent. int., doublée de soie moirée., tr. d.

642. **Heuschling** (X.). Bibliographie historique de la Statistique en Allemagne, avec une introduction générale. Manuel préparatoire à l'étude de la Statstique. — Bruxelles, Decq, 1845, gr. in-8°; d. perc. v. = (On y a joint :) Bibliographie

historique de la Statistique en France, publiée dans le tome IV du Bulletin de la Commission centrale de statistique de Belgique, par le même. — *Bruxelles, Hayez,* 1851, *60 p.*

643. **Hillemacher** (F.). Galerie historique des portraits des comédiens de la Troupe de Molière, gravés à l'eau forte sur des documents authentiques avec des détails biographiques succincts, relatifs à chacun d'eux. — *Lyon, Perrin,* 1858, *in-8°. (Première édition tirée à 100 ex. ; N° 79)* ; rel.mar. br., dent., tr. d. (*Petit*).

644. — Galerie historique des portraits des comédiens de la Troupe de Molière, etc. ; seconde édition.— *Lyon, Scheuring,* 1869, *in-8°, pap. verg. teinté ;* d. mar. gr., tête d.

645. — Galerie historique des portraits des comédiens de la Troupe de Voltaire gravés à l'eau forte sur des documents authentiques ; avec des détails biographiques inédits recueillis sur chacun d'eux, par C.-D. de Manne. — *Lyon, Scheuring,* 1861, *in-8°, (tiré à 250 ex. ; N° 184).* d. m. r., tête d.

646. **Hippocrate. Rabelais.** Hippocratis ac Galeni libri aliquot, ex recognitione Francisci Rabelæsi medici omnibus numeris absolutissimi. — *Apud Gryphium, Lugd.,* 1532, *in-16* ; cart.

> 427 pp. suivies d'un f. blanc (arraché) et d'un autre f. pour la marque du libraire. Après quoi, vient le texte grec d'Hippocrate, 39 ff. avec titre particulier et souscription finale en grec.

647. — Aphorismorum Hippocratis sectiones septem. Ex. Franc. Rabelæsi recognitione. Quibus ex Ant. Musæ commentariis adjecimus et octavam : et quædam alia. — *Apud Seb. Gryphium, Lugduni,* 1545, *in-16* ; rel. vél.

> 318 pp. suivies d'un f. blanc après lequel suit le texte grec, avec un titre particulier à la date de 1543 et la souscription finale en grec. (3e et dernière édition des Aphorismes commentés par Rabelais).

648. — Les Aphorismes d'Hyppocrates, avec le commentaire de Galien sur le premier livre, traduits de grec en françois par M. I. Breche. Plus, les Aphorismes de J. de Damascène, médecin arabe, etc. — *Paris, Bourriquant,* s. d., *in-12.*

649. — De Natura humana (gr. et lat.). Ejusdem Epidemiarum liber tertius (gr.). — Galeni in Hippocratem de Humoribus opus (gr. et lat.), ex interpret. Nic. Vigorii. — De Diæta, sive victus ratione (lat.), Jano Cornario interprete. — *Parisiis, Morelius,* 1563 et 1565, *in-4°* ; rel. parch.

650. Histoire de la Bibliophilie. Reliures, recherches sur les bibliothèques des plus célèbres amateurs, Armorial des bibliophiles. Publiée par J. Techener père et L. Techener fils, avec le
concours d'une Société de Bibliophiles, et accompagnée de
planches à l'eau forte par Jules Jacquemart. — *Paris,
Techener, 1861-64, livr. I-X, in-fol. (Tout ce qui a paru)*.

651. Histoire de l'Imprimerie et de la Librairie; où l'on voit son
origine et son progrès jusqu'en 1689; divisée en deux livres;
(par JEAN DE LA CAILLE.) — *Paris, Jean de la Caille, 1689, pet.
in-4°*; d. v. f.

652. Histoire de la vie et des ouvrages de François Bacon, baron
de Verulam, suivie de quelques-uns de ses écrits, (par
D. MALLET); traduits pour la première fois en français par
J.-B. de Vauzelles. — *Paris, Levrault, 1833, 2 vol. in-8°*; d.
v. f.

653. Histoire (L') de Primaleon de Grèce, continuant celle de
Palmerin d'Olive, Empereur de Constantinople, son père;
naguère tirée tant de l'italien comme de l'espagnol et mise
en nostre vulgaire par François de Vernassal, quercinois. —
*Paris, Estienne Groulleau, 1559, in-fol de 10 ff. prél., et
173 ff. chiff., lettres rondes, fig. sur bois*; anc. rel. mar.
cit., fil., tr. dor.

654. Histoire des Quatre fils Aymon, très nobles et très vaillans
chevaliers. Illustrée de compositions en couleurs par Eugène
Grasset; gravure et impression par Ch. Gillot; introduction
et notes par Charles Marcilly. — *Paris, Launette, 1883,
in-4°*; br.

>   Ex. sur papier des Manufactures Impériales du Japon, tiré à
> 100 ex. sur ce papier; N° 30.

655. Historiarum memorabilium ex Genesi descriptio, per Guhelmum PARADINUM. — Historiarum memorabilium ex Exodo
sequentibusque libris descriptio, per Guhelmum BORLUYT.
— *Lugduni, apud Joan. Tornaesium, 1558, 2 part. en 1 vol.
pet. in-8°*; rel. mar. jans, dent. int., tr. dor. (*Duru*).

>   230 figures du Petit Bernard; la première partie (Genèse), en
> contient 95; la deuxième. 135. Les quatrains de la Genèse sont de
> G. Parodin, et ceux de l'Exode, de G. Borluyt.

656. **Holbein.** Historiarum veteris Instrumenti icones ad vivum
expressæ; una cum brevi, sed quoad fieri potuit, dilucida
earundem expositione. — *Lugduni, sub scuto Coloniensi,
M.D.XXXVIII. (In fine): Excudebant Lugduni Melchior et Gaspar*

Trechsel fratres, 1538. — *Pet. in-4° de 48 ff., fig. sur bois;*
rel. mar. r., fil., tr. d.

> Première édition de ces figures gravées d'après les dessins de Jean
> Holbein. Elles sont au nombre de 92, y compris les 4 premières,
> empruntées aux *Simulachres de la Mort* du même artiste, imprimés
> aussi pour la première fois en 1538, par les frères Trechsel.

657. **Holbein.** Les Simulachres et historiées faces de la Mort,
autant élegamment pourctraictes que artificiellement ima-
ginées. — *A Lyon, soubz l'escu de Coloigne*, M.D.XXXVIII.
*(A la fin :) Excudebant Lugduni Melchior et Gaspar Tre-
chsel fratres*, 1538. — *Pet. in-4° de 4 ff. prél. et 48 ff.*; rel.
mar. r. (*Derome*).

> Première édition des 41 planches connues sous le nom de : *Danse
> des Morts de Holbein*, gravées par Hans Lutzelburger. Après celle-ci
> (la seule imprimée par les frères Trechsel), il en a été donné de
> 1549 à 1562, 18 autres en français, en latin et même en italien, dont
> 12 par Jean Frellon, successeur des Trechsel. L'avant-dernière a été
> publiée à Bâle, en 1554, sans nom d'imprimeur. Il y a en outre
> 48 éditions ne donnant que des copies sur bois des gravures origi-
> nales ; et 43 avec des planches gravées sur cuivre. Enfin, dans ces
> derniers temps il a été publié plusieurs éditions avec des copies
> gravées sur cuivre, des bois originaux.

658. — Les Images de la Mort, auxquelles sont adjoustées douze
figures. Davantage, la Médecine de l'Ame. Un sermon de
Mortalité, par Sainct Cyprian. Un sermon de Patience, par
Sainct Iehan Chrysostome. — *A Lyon, chez Iehan Frellon*,
1547, *pet. in-8°, fig.*; rel. mar. jans., dent. int. (*Thibaron-
Joly*).

> 53 figures dites *La Danse des Morts* de Holbein. Les éditions pré-
> cédentes données par les frères Trechsel et puis par les frères Frellon,
> en latin et en français (1538, 1542, 1545) n'en contiennent que 41.
> Une édition postérieure (*Lyon, Symphorien Barbier*, 1562,) en donne
> 58, dont 5 nouvelles.

659. **Hoffmann.** Contes fantastiques, traduction nouvelle par
X. Marmier, précédée d'une notice par le traducteur.— *Paris,
Charpentier*, 1552, *in-12* ; d. m., cit., fil. têt. d.

660. **Holtrop** (J.-G.). Catalogus Librorum sæculo XVᵉ impres-
sorum, quotquot in Bibliothecâ regiâ Haganâ asservantur.
— *Hagae-Comitum, Nijhoff*, 1856, *in-8°*; d. m. r.

661. — Thierry Martens d'Alost. — Etude bibliographique. — *La
Haye, Nijhoff*, 1867, *in-8°*; br.

662. **Homerus.** Carmina. Recognovit et explicuit Frid. Henr.

Bothe. — *Lipsiæ, libraria Hahniana*, 1832-34, *6 vol. in-8°* ;
d. v. f.

663. — Ilias, Andrea Divo Justinopolitano interprete, ad verbum
translata. — *(Absque nota), in-8° de 6 ff. prél.*, 277 *ff. chiff.
et 17 ff. dont 2 blancs pour la table* : rel. v. f., plats richement ornés, dent. intér., gardes en soie. tr. dor., fermoirs en
argent.

> On a gravé l'ancre Aldine sur les fermoirs, mais à tort, car ce ne
> sont pas les caractères de ces imprimeurs, et cette édition ne se
> trouve d'ailleurs dans aucune de leurs bibliographies.

664. — Les Dix premiers Livres de l'Iliade d'Homère, traduictz
en vers françois par M. Hugues Salel. — *Paris, Vincent
Sertenas. (imp. per Jehan Loys)*, 1545, *pet. in-fol. de 352 p.,
fig. sur bois* ; rel. vel. bl., fil. et ornem. sur plats, tr. dor.

665. **Horatius.** Opera, cum quatuor commentariis Acronis,
Porphyrionis Mancinelli et Landini, et figuris nuper additis.
(Sur le recto du f. 266) : *Venetiis Impressa per Dominum
pincium*, anno M. CCCCV (pour MCCCCXCV). — *In-fol. de 2
et 266 ff., plus 2 ff. à la fin pour l'Index, qui commence au
v° du f. 216, et le Registrum* ; rel. parch.

666. — Q. Horatii Flacci Poemata. — *Parisiis, Mich. Vascosanus,
1543, 5 parties avec un titre particulier en 1 vol. in-4°* ; riche
rel. v. f. à compart. tr. dor.

> Sur les plats de la reliure, un F couronné, flanqué de trois larmes
> et accompagné de petites fleurs de lys. Texte en caractères italiques.

667. — Quinti Horatii Flacci Opera. — *Londini, æneis tabulis
incidit Johannes Pine*, 1733-37, *2 vol. gr. in-8°, fig.* ; mar. r.,
fil., dent., tr. d.

> Édition entièrement gravée. Exemplaire de premier tirage.

668. Horæ. (V. Heures).

669. **Horus Apollo.** Orus Apollo de Ægypte (sic) de la signification des notes Hieroglyphiques des Égyptiens, c'est-à-dire des
figures par lesquelles ils escripvoient leurs mystères secretz
et les choses sainctes et divines. Nouvellement traduict de
grec en françoys, et imprimé avec les figures à chascun
chapitre. — *Paris, Jacques Kerver, 1543, pet. in-8° de 104 ff.
non chiff., fig.* : rel. mar. f., doublé de mar. gr., avec le
chiffre et la devise de C. Cavalier, fil., tr. d.

670. **Houel** (N.). Traité de la Thériaque et Mithridat, contenant

plusieurs questions générales et particulières : avec un entier examen des simples Médicamens qui y entrent. — *Paris, Jean de Bordeaux*, 1573, *in-8°* ; rel. mar. v., f., tr. d. (*Petit*).

671. **Huart** (L.'. Museum Parisien ; histoire physiologique, pittoresque, philosophique et grotesque de toutes les Bêtes curieuses de Paris et de la banlieue, pour faire suite à toutes les éditions des OEuvres de Buffon. Texte par Louis Huart ; 350 vignettes par Grandville, Gavarni, Daumier, Traviès, Lécurieux et Henri Monnier. — *Paris, Beauger*, 1841, *gr. in-8°* ; d. mar. br., tête dor. (*Heyman*).

672. **Hubaud** (L.-J.). Dissertation littéraire et bibliographique sur deux petits Poëmes satiriques italiens, composés dans le XVI° siècle. — *Marseille, Barlatier-Feissat*, 1854, *in-8° de 40 p.* ; br.

673. — Notice bibliographique sur un recueil de sonnets italiens de Pierre Arétin. — *Marseille, Barlatier-Feissat*, 1857, *in-8° de 86 p.* ; br.

674. — Rapport sur un Mémoire de M. Constanzo Gazzera, faisant partie de ceux de l'Académie royale des sciences de Turin, tome XXVIII, contenant des observations bibliographiques et littéraires au sujet d'un opuscule faussement attribué à Pétrarque. — *Marseille, Barlatier-Feissat*, 1851, *in-8° de 47 p.* ; br.

675. — Examen critique d'un opuscule intitulé : Quelques recherches sur les débuts de l'Imprimerie à Toulouse, par M. Desbarreaux-Bernard, extrait des Mém. de l'Acad. des Sciences, Inscriptions et Belles-Lettres de Toulouse. — *Marseille, Barlatier-Feissat*, 1858, *in-8° de 40 p.* = Examen critique d'un nouvel opuscule de M. Desbarreaux-Bernard, intitulé : l'Imprimerie à Toulouse aux XV°, XVI° et XVII° siècles. — *Marseille, Barlatier-Feissat*, 1866, *in-8° de 28 p.* ; br.

676. **Hucher** (E.). L'Art Gaulois, ou les Gaulois d'après leurs médailles. — *Paris, Morel*, 1868, *gr. in-4° de 63 p., pl.* ; d. parch.

677. — Essai sur les Monnaies frappées dans le Maine. — *Le Mans, Gallienne*, 1845, *gr. in-4° de 55 p., pl.* ; carton.

678. **Hugo** (V.). L'Année terrible. Illustrations de Léopold Flameng. — *Paris, Lévy*, 1873, *in-8°, pap. de Holl.* (*Tiré à 25 ex. sur ce papier ; N° 20*) ; d. mar. gr., tête dor.

Couverture en couleur. L'ex. contient les gravures des pp. 40, 44, 200, 319, interdites par la censure. A la page 42 on a mis une photographie du *Pilori*.

679. **Hyginus**. Clarissimi viri Hygini poeticon Astronomicon. Opus utilissimum fœliciter incipit... = *(In fine :)* Anno... *millesimo quadringentesimo octogesimo quinto... impressum est presens opusculum per Erhardum Radtolt de Augusta Venetiis.— In-4° goth., 56 ff. à 32 lignes, fig. en bois.* m. br., f., tr. d.

680. Hypnerotomachia Poliphili, ubi humana omnia non nisi somnium esse docet atque obiter plurima scitu sane quam digna commemorat opus a Francisco COLUMNA compositum, et a Leo. Crasso veronensi editum). = *(In fine :)* Venetiis mense decembri M. ID. in ædibus Aldi Manutii, in-fol., fig. sur bois d'après les dessins attribués à Giovanni Bellino ; ancienne reliure mar. r., fil., tr. dor.

Exemplaire avec l'errata *in fine* et le feuillet du Sacrifice, intact. Le volume se compose de 234 ff., plus 4 ff. prél. dont le titre fait partie. La souscription de l'avant-dernier, datée de Trévise 1467, se rapporte à l'époque de la composition de l'ouvrage. Hauteur de l'ex., 294^{mm}.

I

681. Iconographie des Estampes à sujets galants et des portraits de femmes célèbres par leur beauté, indiquant les sujets, les peintres, les graveurs de ces estampes, leur valeur et leur prix dans les ventes, les condamnations et prohibitions dont certaines d'entre elles ont été l'objet, etc. ; par le C. d'I*** (Jules GAY). — *Genève, Gay*, 1868, *in-8° ;* br. *(Tiré à 300 ex. ; N° 63).*

682. Idée générale d'une Collection complette (sic) d'Estampes avec une dissertation sur l'origine de la Gravure et sur les premiers livres d'Images, (par HEINECKEN). — *Leipsic et Vienne, Kraus*, 1771, *in-8° ;* m. r., f., tr. d. *(Aux armes de France).*

683. Illustrazione delle Medaglie dei Dogi di Venezia denominate Oselle (da Leonardo MANIN), edizione seconda, — *Venezia, Naratovich*, 1847, *in-8°, pl. ;* carton.

684. Images de la Mort (V. Holbein).

685. **Imbert.** Le Jugement de Paris, poème en IV chants.
— *Amsterdam (Paris)*, 1772, *in-8°*, *titre et fig. de Moreau et vignettes de Choffard ;* rel. v. éc., fil.

686. Imitation de Jésus-Christ, traduction de Marillac. — *Paris, Curmer*, 1856-58, *2 vol. in-4°, pl. en couleurs ;* rel. mar. plein Lavall. ornem. à froid, dent. int. , doublée de soie moirée, tr. d.

> Le 2ᵉ vol. contient une notice de J. Janin sur l'Imitation, une notice de l'abbé Delaunay sur les auteurs présumés du livre, l'histoire de l'ornementation des mss. par Ferd. Denis, le catalogue bibliographique des mss. reproduits, etc.

687. — Les Quatre livres de l'Imitation de Jésus-Christ, traduction de Michel de Marillac , publiée par les soins de D. Jouaust; préface par E. Caro , dessins hors texte par Henri Lévy, gravés à l'eau forte par Waltner, ornements par H. Giacomelli. — *Paris, libr. des bibliophiles (Jouaust)*, 1875, *gr. in-8°;* br., (*Ex. sur gr. pap. Wathman, tiré à 10 ex. sur ce papier ; N° 9*).

688. **Indagine.** Introductiones apotelesmaticæ elegantes in chyromantiam , physiognomiam, astrologiam naturalem, complexiones hominum, naturas planetarum. Cum peri-axiomatibus de faciebus signorum et canonib. de ægritudi-nibus. etc., 1522. = (*In fine:*) *Impensis autoris, opera vero Joanis Scotti Argentorat. sub annum* M.D.XXII. — *Pet. in-fol., fig. en bois ;* rel. vél.

689. — Chiromance et Physiognomie par le regard des membres de l'homme, faite par Jean de Indagine....., le tout mis en françois par Antoine du Moulin. — *Lyon , par Jean de Tournes*, 1559, *in-8°;* rel vél.

690. Index Librorum prohibitorum Innocentii XI P. M. jussu editus, usque ad annum 1681. — Eidem accedit in fine Appendix usque ad mensem junii 1704. — Juxta exemplar romanum. — *Pragæ, Schilhart, 1726, in-8°;* parch.

691. Index librorum prohibitorum sanctissimi Pii septimi Pontificis maximi jussu editus. — *Romæ, Typ. Cameræ apostolicæ, 1819, in-8° , front.;* perc. v.
> Avec divers appendices allant de 1821 à 1837.

692. Indices expurgatorii duo, testes Fraudum ac Falsationum Pontificiarum ; quorum prior jussu Philippi II regis Hisp.

atque Albani Ducis consilio concinnatus est in Belgio,
anno M. DLXXI ; posterior editus jussu Gasparis Guiroga
Hisp. generalis Inquisitoris, juxta exemplar quod typis man-
datum est Madridi apud Al. Gomezium Reg. typogr.,
anno M. DLXXI recusus, primò Salmuri in Gallia et nunc
secundò in Germania. Additus est Index Librorum prohibitorum, auctoritate Pii IV primum editus, postea vero a
Sixto V auctus et nunc demum Clementis VIII jussu recogni-
tus et publicatus, etc. — *Hanoviæ, Antonius, 1611, 3 part. en
1 vol. in-8°* ; rel. parch. = (*On y a joint :*) Manuale Paupe-
rum ad thesaurizandum Thesauros non deficientes in Cœlo a
P. Alexandro a S. Francisco carmelita discalceato. — *Lugduni, ex off. Landriana, 1633.*

693. **Ingold** (Le P.). L'Église de l'Oratoire de Saint-Honoré.
Étude historique et archéologique. — *Paris, Poussielgue,
1886, in-8°, fig. (Tiré à 200 ex. num. ; N° 152).*

694. Insignium aliquot Virorum Icones. — *Lugduni, apud Joan.
Tornaesium, 1559, pet. in-8° de 8 ff. et 236 p.*

    145 petits portraits de savants anciens et modernes.

695. Intrigues (Les) de Molière et celles de sa femme, ou la
Fameuse Comédienne, Histoire de la Guérin ; réimpression
conforme à l'édition sans lieu ni date, suivie des variantes,
avec préface et notes par Ch.-L. Livet ; nouvelle édition considérablement augmentée et ornée d'un portrait d'Armande
Béjart. — *Paris, Liseux, 1877, gr. pap. de Holl. format in-8°
carré, avec 2 épreuves du portrait, avant et avec la lettre.
(Tiré à 200 ex. sur ce papier ; N° 172).*

696. Invention (De l') de l'Imprimerie, ou Analyse des deux
ouvrages publiés sur cette matière par M. Meerman, avec
des notes historiques et critiques par Henri Gockinga ; suivi
d'une notice chronologique et raisonnée des livres avec et
sans date imprimés avant l'année 1501 dans les dix-sept
provinces des Pays-Bas, par Jacques Visser, et augmentée
d'environ deux cents articles par l'éditeur, avec une planche.
— *Paris, Schoell, 1809, in-8°* ; d. perc. br.

697. **Iseghem** (A. F. Van). Biographie de Thierry Martens
d'Alost, premier imprimeur de la Belgique ; suivie de la
bibliographie de ses éditions. — *Malines, Hanicq, 1852,
in-8°, fac simile*; d. perc. v.

698. Itinéraire de Pantin au Mont Calvaire, en passant par la rue

Mouffetard, le faubourg St-Marceau, le faubourg St-Jacques, le faubourg St-Germain, les quais, les Champs Élysées, le Bois de Boulogne, Neuilly, Suresne, et revenant par St-Cloud, Boulogne, Auteuil, Chaillot, etc., ou Lettres inédites de Chactas à Atala ; ouvrage écrit en style brillant et traduit pour la première fois du bas-breton sur la neuvième édition, par M. de Chateauterne. — *Paris, Dentu,* 1811, *in-8° ;* v. m. fil.

J

699. **Jarrin**. Le Rabelais de Gustave Doré ; et accessoirement, des Rapports de Rabelais avec la Bresse. — *Bourg, Dufour,* 1873, *in-8° de 16 p. ;* br. (Extr. du *Courrier de l'Ain.*)

700. **Jackson** (J.). A Treatise on wood Engraving historical and practical, with upwards of three hundred illustrations engraved on wood : the historical portion by W. A. Chatto., second edition. — *London, Henry G. Bohn,* 1861, *gr. in-8°, front. gr. ;* rel. perc.

701. **Jacquemart** (A.). Les Merveilles de la Céramique, ou l'art de façonner et décorer les vases en terre cuite, faïence, grès et porcelaine, depuis les temps antiques jusqu'à nos jours. — *Paris, Hachette,* 1866-69, *3 vol. in-12, pl.*

702. — Notice sur les Majoliques de l'ancienne collection Campana. — *Paris, Techener,* 1862, *gr. in-8° ;* br. (Extr. de la *Gazette des Beaux-Arts.*)

703. — Les Poteries du Midi de la France ; étude à propos d'un livre publié par M. J.-C. Davillier. (Extr. de la *Gaz. des Beaux-Arts*). — *Paris, Claye,* 1863, *gr. in-8° de 38 p. ;* br.

704. — Histoire du Mobilier ; recherches et notes sur les objets d'arts qui peuvent composer l'ameublement et les collections de l'homme du monde et du curieux, avec une notice sur l'auteur par H. Barbet de Jouy, etc. — *Paris, Hachette,* 1876, *gr. in-8°, pl. ;* br.

705. — et **Le Blant** (E.). Histoire artistique, industrielle et commerciale de la Porcelaine, accompagnée de recherches sur les sujets et emblèmes qui la décorent, les marques et

inscriptions qui font reconnaître les fabriques d'où elle sort, les variations de prix qu'ont obtenu les principaux objets connus et les collections où ils sont conservés aujourd'hui ; enrichie de 26 planches à l'eau forte par Jules Jacquemart. — *Paris, Techener;* (*Lyon, Perrin*), 1862, *gr. in-4°, pap. vergé;* d. mar. r., tr. d. (*Amand*).

706. **Jaffé** (Ph.). Monumenta Moguntina. — *Berolini, apud Weidmannos,* 1866, *in-8°.* (*Biblioth. rerum German. Tomus III*).
    Hic, vide, 592-93, in vita Aldeberti II, de schola medicinale Monspelii, jam anno 1137 florente.

707. **Janin** (J.). L'Ane mort; édition illustrée par Tony Johannot. — *Paris, Bourdin,* 1842, *gr. in-8°* ; d. mar. bl., fil., tête dor. (*Petit*). (*Ex. sur pap. de Chine*).

708. — Le Livre. — *Paris, Plon,* 1870, *gr. in-8°* ; br. (*Ex. sur gr. pap. de Holl.,* (*tiré à 200 ex. sur ce papier; N° 68*).

709. Jean Steelsius, libraire d'Anvers (1533-1575). Relevé bibliographique de ses productions par C. J. N. (NUYTS). — *Bruxelles, Heussner,* 1859, *in-8° de 69 p.;* br. (*Tiré à 75 ex.*).

710. **Jehan Foucquet**. Son OEuvre. Heures de maistre Estienne Chevalier, texte restitué par l'abbé Delaunay. — *Paris, Curmer,* 1866, *2 vol. in-4°;* mar. plein Lavall., ornements à froid, dent. int., doublée de soie moirée, tr. d.

711. **Joachim** (Abbas). Vaticinia sive Prophetiæ abbatis JOACHIMI et ANSELMI episcopo Marsicani..., cum præfatione et adnotationibus Paschalini Regiselmi (lat. et ital.). — *Venettiis, apud J.-B. Bertonum,* 1600, *in-4°, fig. ;* d. v. f.

712. **Joannis Physiophili** (Ign. de BORN) Specimen Monachologiæ methodo Linnæana tabulis tribus æncis illustratum, cum annexis thesibus e Pansophia, etc. — *Augustæ-Vindelicorum, sumtibus P. Aloysii Mers,* 1783, *in-4°, pl. ;* cart.

713. **Jordano Bruno**. Philotheus Jordanus Nolanus, de compendiosa architectura et complemento artis Lullii. — *Parisiis, ap. Ægid. Gorbinum,* 1582, *42 ff. chiff.* ═ Articuli Fidei sacrosanctæ ac salutiferæ legis christianæ cum eorumdem perpulchra introductione. Quos (cæteras leges omnes improbando) Illuminatus doctor Magister Raymundus Lulliis rationibus necessariis demonstrative probat. — *Ibidem,* 1578, *64 ff. chiff.* ═ Ars brevis Illuminati doctoris Magistri Raymundi Lull. quæ est ad omnes scientias pauco et brevi tempore

assequendas introductorium ac brevis via, etc. — *Ibidem*, 1378, *49 ff. non chiff.*, 1 *vol. pet. in-12 ;* m. oliv., ornements sur les plats, tr. d. (reliure du temps d'Henri II, genre Clovis Eve).

714. **Josephus** (Fl.). Les Sept Livres de Flavius Josephus de la guerre et captivité des Juifz, traduitz de grec et mis en françoys par N. de Herberay, seigneur des Essars. — *Paris, Estienne Groulleau*, 1557, *in-fol., fig. sur bois ;* rel. vél. bl.

715. **Joubert** (L.). Traité du Ris, contenant son essance, ses causes et mervelheus effais, curieusemant recerchés, raisonnés et observés ; par M. Laur. Joubert, chancelier et juge de l'Université an médecine de Mompelier. Item, la cause morale du Ris de Démocrite, expliquée et témoignée par Hippocras. Plus, un dialogue sur la Cacographie française, avec des annotations sur l'orthographie de M. Joubert. — *Paris, Chesneau*, 1579, *in-8°;* parch.

716. **Jourdain** (Ch.). Histoire de l'Université de Paris au XVIIe et au XVIIIe siècles. — *Paris, Hachette*, 1862-66 ; **2** *vol. in-fol.;* br.

717. Journée de l'Amour ou Heures de Cythère (par la c[sse] de Turpin de Crissé, N. F, Guillard, C. S. Favart et l'abbé de Voisenon), — *Guide*, 1776, *in-8°, fig. par Macret et autres, d'après Taunay;* mar. bl., fil. et dent., tr. d. (*Hardy*).

718. **Jovius** (P.). Vitæ duodecim Vicecomitum Mediolani principum ; ex bibliotheca regia. — *Lutetiæ, ex offic. Rob. Stephani*, 1549, *in-4°, portr.* (10), *gr. sur bois, attribuées à Geoffroy Tory.;* v. fil., f. sur plats.

719. Abbregé de l'histoire des vicontes et ducz de Milan, le droict desquels appartient à la couronne de France. Extraict en partie du livre de Paulus Jovius (par Ch. Estienne). Avec les pourtraicts d'aucuns desdits Vicontes et Ducz, représentez après le naturel. — *Paris, Ch. Estienne*, 1552, *in-4°;* mêmes portraits (10) que ceux de l'édition latine ; rel. v. br., fil.

On y a joint : Apologie première (et seconde) contre les calomnies des Impériaux sur la descente du Turc. — *Paris, Ch. Estienne*, 1552.

720. Joyeuse (La) et magnifique entrée de Monseigneur Françoys, fils de France, et frère unicque du Roy, duc de Brabant, d'Anjou, Alençon, Berri, etc., en sa très renommée ville d'Anvers. — *Anvers, de l'imprimerie de Christophle Plantin*, 1582, *in-fol. avec frontisp. et 20 pl. gr.;* rel. vél.

721. Jugement et nouvelles observations sur les œuvres de François Rabelais (V. Bernier).

722. **Juillac-Vignoles** (de). Dissertation critique sur les Armoiries de la ville de Toulouse. — *Toulouse, Chauvin*, 1863, *in-4° de 16 p., pl. gr.;* cart.

723. **Julien** (l'Empereur). OEuvres complètes ; traduites, pour la première fois du grec en français ; accompagnées d'arguments et de notes, et précédées d'un abrégé historique de sa vie, par R. Tourlet. — *Paris, Moreau*, 1821, *3 vol. in-8°;* d. m. viol.

724. **Justinianus.** Institutionum opus cum glossis. (*In fine:*) *Magunciæ Petrus Schoiffer de Gernszhen,* anno M. ccccLXXVI, *x Kalendis Juniis. — Gr. in-fol. goth. de 103 ff. à 2 col.;* rel. mar. br. doublé de mar. gr., doubles gardes en vélin.

K

725. **Karr** (Alph.). Voyage autour de mon Jardin, illustré par Freeman, L. Marvy, Steinheil, Meissonier, Gavarni, Daubigny et Catenacci. — *Paris, Curmer*, 1851, *gr. in-8°, pl. n. et col.* (*Ex. sur pap. de Chine*); d. mar. r., tit. dor.

726. **Kervyn de Volkærsbeke** (Ph.). Les Bibliophiles flamands; leur histoire et leurs travaux. — *Gand, Hebbelynck*, 1853, *gr. in-8° de 32 p., portr. et pl. col.;* d. m. n. = (*On y a joint :*) Analyse des matériaux les plus utiles pour les futures annales de l'imprimerie des Elzevier. — *Gand, Annoot-Braeckman*, 1842, *46 pages.*

727. **Klotzius** (M. Jo. Ch.). De Libris auctoribus suis fatalibus liber singularis. — *Lipsiæ, ex off. Langenhemia*, 1761. *in-8°;* cart.

728. **Koch** (J. C.). Schediasma de ordinanda Bibliotheca, in quo non solum facillima bibliothecas in ordinem redigendi methodus exhibetur, verum etiam ex historia litteraria varii variorum eruditorum peculiares modi, quibus in ordinandis bibliothecis usi sunt afferuntur, eaque occasione, de necessitate excerpendi, indicesque librorum specialiores conficiendi agitur, et brevissima via, qua in negocio isto eumdum demonstratur. — *Lipsiae, Grossius*, 1713, *in-12.*

7

729. Koran (Le). Traduction nouvelle faite sur le texte arabe par M. Kasimirski; revue et précédée d'un introduction par G. Pauthier. — *Paris, Charpentier*, 1840, *in-12*; d. m. noir, têt. dor.

730. **Kühnholtz** (M.-H.). Notice historique, bibliographique et critique sur François Rabelais. — *Montpellier, Martel*, 1827, *in-8° de 24 p.;* br.

731. — Des Spinola de Gênes et de la Complainte, depuis les temps les plus reculés jusqu'à nos jours ; suivi de la Complaintte de Gennes sur la mort de dame Thomassine Espinolle, Genevoise, Dame intendyo du Roy, Auecq's l'Epitaphe et le Regrect. (Manuscrit du XVI° siècle, de la Bibliothèque de la Faculté de Médecine de Montpellier) : accompagnés d'une notice sur l'historiographe royal d'Auton, de la juste appréciation des amours de Louis XII et de Thomassine Espinolle, d'un grand nombre de notes historiques, philologiques ou critiques et de trois fac-similés. etc., etc. — *Paris, Delion*, 1832, *gr. in-4°, pl.* ; d. m. viol. (*Tiré à 150 ex.*).

732. **Kuntz** (C.). Gutenberg, oder die Erfindung der Buchdruckerkunst. — *Strasburg, Levrault*, 1840, *pet. in-12, pl.* ; cart.

L

733. **Labarte** (J.). Histoire des Arts industriels au Moyen-âge et à l'époque de la Renaissance. — *Paris, Morel*, 1864-66, *4 vol. in-8° et 2 vol. in-4° de planches;* d. m. r., tr. d.

734. **Labat de Serene** (J. P.). Theses ex universa Philosophia, pro Laurea Artium in Academia Monspeliensi. — *Monspelii, Fr. Picot*, 1777, *in-4°;* rel. mar. r., ornem. sur plats, gardes en tabis bleu.

> Avec les armes de M. de Moncan, Commandant de la province de Languedoc.

735. **La Borde.** Choix de Chansons mises en musique par M. de La Borde, premier valet de chambre ordinaire du Roi, gouverneur du Louvre; ornées d'estampes par J.-M. Moreau, dédiées à Madame la Dauphine. — *Paris, de Lormel*, 1773,

4 vol. gr. in-8°; v. éc., fil., portr. de La Borde, gravé par Masquelier, d'après Denon.

Titre, frontispices et figures (100) gravés par Moreau, le Barbier, le Bouteux et Saint-Quentin. — Texte et musique gravés par Moria et Mlle Vendôme.

736. **Laborde** (L. de). Débuts de l'Imprimerie à Mayence et à Bamberg, ou description des Lettres d'Indulgence du Pape Nicolas V, *Pro Regno Cypri*, imprimées en 1454. — *Paris, Techener, 1840, gr. in-4°, fac. sim.*; cart.

Tiré à petit nombre d'ex. Les planches ont été détruites après le tirage.

737. — Débuts de l'Imprimerie à Strasbourg, ou recherches sur les travaux mystérieux de Gutenberg dans cette ville, et sur le procès qui lui fut intenté en 1439 à cette occasion. — *Paris, Techener, 1840, gr. in-8° de 86 p., pl. et fac simile*; d. perc. br.

738. **Lacaze** (L.). Les Imprimeurs et les Libraires en Béarn (1552-1883). — *Pau, Ribaut, 1884, in-4°, pl., fac-sim., pap. vergé*; br.

739. **La Croix** (H. de). Heures pour les Pénitens blancs de Montpellier ; dans lesquelles sont compris les trois Offices de Nostre Dame, celuy des Morts, ceux des quatres Festes solennelles, celuy de la Passion, ceux de la Semaine saincte, les commémoraisons des Dimanches, les propres et communs des Saincts, et généralement tout ce qui se dit pendant l'année dans la Chapelle des Pénitens blancs dudit Montpellier. Ensemble un cérémonial exact de la dite Chapelle, où les principales et plus mystérieuses cérémonies de la Semaine Saincte sont expliquées; dressé pour la commodité des Officiers et des Frères de la dite Chapelle, par le F. H. de La Croix, Maistre de cérémonies. ez années 1649 et 1653 et 1654. — *Montpellier, Daniel Pech*, 1654, *pet. in-fol., pl.*; rel. parch.

740. **Lacroix** (P.). Rabelais, sa vie et ses ouvrages. — *Paris, Delahays, 1858, in-16*; d. v. f., fil., tr. d.

741. — Simples notes sur la vie de François Rabelais, publiées par les soins du Comité pour l'érection d'une statue à Rabelais dans la ville de Chinon. — *Paris, Jouaust, 1879, in-12 de 30 p.*; br.

742. — Sur une Lettre fausse de Rabelais. — (*Paris, Hennuyer*), 1847, *in-8° de 8 pp.* (Ext. du *Bulletin des Arts*, 1847).

743. **Lacroix** (P.). Rabelais à Rome. Pastiche littéraire (par P. Lacroix?) — (*Circa* 1830), *in-8° de 9 pp*. (Extr. de la *Revue des Archives Curieuses*).

744. — Bibliographie Moliéresque, contenant : 1° la description de toutes les éditions des œuvres et des pièces de Molière ; 2° les imitations et traductions des dites pièces ; 3° les ballets, fêtes de cour, poésies de Molière, etc. ; 4° l'indication des ouvrages en tout genre concernant Molière, sa troupe et son théâtre, avec notes et commentaires. — *Turin, Gay*, 1872, *in-8° carré, pap. vélin*, br. (*Tiré à 204 ex. num.; N° 42*).

745. — Bibliographie Moliéresque ; seconde édition. — *Paris, Fontaine*, 1874, *in-8°, pap. Whatman, port.;* br. (*Tiré à 50 ex.; N° 9*).

746. — Iconographie Moliéresque ; seconde édition. — *Paris, Fontaine*, 1876, *in-8°, fig. et fac simile, pap. Wathman ;* br. (*Tiré à 50 ex. ; N° 16*).

747. — Les Arts au Moyen-Age et à l'époque de la Renaissance. — *Paris, F. Didot*, 1869, *gr. in-8°, pl. n. et col.;* br.

748. — Mœurs, Usages et Costumes au Moyen Age et à l'époque de la Renaissance. — *Paris, F. Didot*, 1871, *gr. in-8°, pl. n. et color.;* br.

749. — Sciences et Lettres au Moyen Age et à l'époque de la Renaissance. — *Paris, F. Didot*, 1877, *gr. in-8°, pl. n. et color.;* br.

750. — Vie militaire et religieuse au Moyen Age et à l'époque de la Renaissance. — *Paris, F. Didot, gr. in-8°, pl. n. et color.;* br.

751. — XVII° siècle. Institutions, usages et costumes, France, 1590-1700. — *Paris, F. Didot*, 1880, *gr. in-8°, pl. n. et color.;* br.

752. —XVII° siècle. Lettres, Sciences et Arts. France (1590-1700). — *Paris, F. Didot*, 1882, *gr. in-8°, pl. n. et color.;* br.

753. — XVIII° siècle. Institutions, Usages et Costumes. France 1700-1789. — *Paris, F. Didot*, 1875, *gr. in-8°, pl. n. et color.;* br.

754. — XVIII° siècle. Lettres, Sciences et Arts. France 1700-1789. — *Paris, F. Didot, gr. in-8°, pl. n. et color.;* br.

755. **Lactance**. Lactance Firmian des divines Institutions, contre les Gentilz et Idolatres, nouvellement imprimé avec histoires.

Traduict de Latin en Françoys, par René Famé, notaire. —
Paris, par Jehan Ruelle, 1548, *in-16 de XVI ff. prél. et
774 pp., fig.*; rel. bas.

> Edition non citée par Brunet. Elle contient 179 gr. dont beaucoup
> répétées; ce qui réduit les sujets à 74. La plupart ne sont que des
> copies des grav. originales des *Harmonie Evangelie* de la *Tapisserie*,
> de *l'Eglise chrétienne* et de *l'Amour de Cupido et de Psiché*.

756. — Lactance Firmian des divines Institutions contre les
Gentils et Idolatres, nouvellement recogneu aux premiers
exemplaires et imprimé avec histoires. Traduict de Latin en
Françoys par René Famé. — *Paris, Estienne Groulleau*, 1555,
in-16; grav. sur bois, rel. mar. v. (genre Derôme), fil., tr. d.
(portrait ajouté).

> Ex. de la vente Richard Heber. La gravure du chapitre XV, liv. 2,
> p. 201, ne se trouve pas dans l'édition précédente.

757. **La Ferrière-Percy**. Une fabrique de Faïence à Lyon sous
le règne de Henri II. — *Paris, Aubry*, 1862, *in-8° de 16 p.*;
br.

758. **La Fontaine**. Œuvres complètes, ornées de trente vignettes
dessinées par Devéria et gravées par Thompson. — *Paris.
Sautelet*, 1826, *gr. in-8°, pap. de Chine*; rel. mar. n., f., tr.
dor. (*Edition publiée par Honoré de Balzac.*)

759. — Contes et Nouvelles en vers, par M. de La Fontaine. —
Amsterdam (*Paris, Barbou*), 1762, *2 vol. pet. in-8°*; mar.
v., fil., dent., tr. d., gardes en tabis rouge. (Ex. dit de
cadeau, reliure de Derôme père.)

> Hauteur des marges: 183mm. Cet ex. contient en double 7 des
> figures refusées: Le Savetier. — Gageure des Commères — Calendrier
> des Vieillards. — La Clochette. — Sœur Jeanne. — Comment
> l'esprit vient, etc. — Le Tableau. — Le Rossignol. Le dessin de la
> reliure a été donné par Gruvelot. Ex libris de Rigaud.

760. — Contes et Nouvelles. Edition illustrée par Tony Johannot,
Cam. Roqueplan, Deveria, C. Boulanger, Fragonard père,
Janet Lange, François Laville, Ed. Vattier et Adrien Feart.
— *Paris, Bourdin*, s. d. (1839), *gr. in-8°*; mar. bl., fil., dent.,
tr. d. (*Bauzonnet-Trauss*).

> Ex. sur grand pap. vélin fort, avec les fig. sur Chine. Ex libris
> de Jules Janin.

761. — Fables de La Fontaine, avec un nouveau commentaire
littéraire et grammatical. par Ch. Nodier. Troisième édition

revue, corrigée et ornée de 12 gravures. — *Paris, Emler*, 1828, *2 vol. in-8°, fig.;* d. v. bleu.

762. **La Fontaine**. Fables de La Fontaine; édition illustrée par J.-J. Grandville. — *Paris, Fournier*, 1838, *2 vol. in-8°*; d. mar. r., f., tête dor. (*Capé.*).

> Ex. de premier tirage de la première des deux éditions données dans la même année 1838. Il contient les deux suites, composées chacune de 120 grav. sur bois, dessinées par Grandville, tirées sur Chine et montées sur papier vélin très fort. La première de ces suites fut publiée en 1838, la seconde est une publication à part que donna l'éditeur Fournier en 1840. En tout, 240 grav. hors texte.
>
> Le frontispice du T. Ier appartient à l'édition de 1838 ; il a été reproduit dans la seconde de 1838 et dans celle de 1839.
>
> Le frontispice du T. II (aussi sur Chine et papier fort) est un nouveau frontispice qui fut exécuté pour la deuxième suite de Grandville publiée en 1840.
>
> D'après une note autographe de Capé, le présent exemplaire a appartenu à Grandville.

763. Fables de La Fontaine, publiées par J. Jouaust, avec une introduction par Saint-René Tallandier, ornées de douze dessins originaux de Bodmer, J.-L. Brown, F. Daubigny, Detaille, Gérome, E. Leloir, Émile Lévy, Henri Lévy, Millet, Ph. Rousseau, Alf. Stevens, J. Worms; portr. grav. par Flameng. — *Paris, Libr. des bibliophiles*, 1873, *2 vol. in-8°*; br.

> Ex. sur gr. papier Whatman au nom de M. Cavalier ; tiré à 10 ex. sur ce papier, n° 4, avec double épreuve des gravures, avant et avec la lettre.

764. Les Amours de Psyché et de Cupidon, suivis d'Adonis, poëme ; par Jean de La Fontaine. Édition ornée de (5) gravures d'après Gerard. — *Paris, P. Didot l'aîné*, an V (1797), *gr. in-4°, pap. vél;* rel. mar. r., orn. sur plats, fil., tr. d., gardes en tabis violet. (*Bozérian*).

> Ex. avec les fig. avant la lettre.

765. Les Amours de Psyché et de Cupidon avec le Poëme d'Adonis. — *Paris, Sangrain et Didot*, an V-1797, *2 vol. in-12, pap. vél. ;* rel. d. v. f.

> Portrait d'après Rigaud et fig. (8) de Moreau, grav. d'après Delvaux, avant la lettre. Ces fig. sont réduites de l'édition *in-4°* de 1795.

766. **Lagoy** (Mis da) Description de quelques Médailles inédites

de Massillia, de Glanum, des Caenicenses et des Auscii. — *Aix, Pontier, 1834, in-4°, de 40 p., pl.; cart.*

767. — Notice sur l'attribution de quelques Médailles des Gaules, inédites ou incertaines. — *Air, Pontier, 1837, in-4° de 46 p., pl.; cart.*

768. — Recherches numismatiques sur l'Armement et les Instruments de guerre des Gaulois. — *Aix, Vitalis, 1849, in-4° de 38 p., pl.; cart.*

769. **Lagrange.** — V. Archives.

770. **Laire** (F. X.). Specimen historicum Typographiæ Romanæ XV[i] sæculi. — *Romæ, Monaldinus, 1778, in-8°, fac simile;* d. m. br.

771. **Lambert** (E.). Essai sur la Numismatique gauloise du Nord-Ouest de la France. — *Paris, Derache, 1844-64, 2 part. in-4°, pl.*; br.

772. **Lambinet** (P.). Origine de l'Imprimerie d'après les titres authentiques, l'opinion de M. Daunou et celle de Van Praet; suivie des établissements de cet art dans la Belgique et de l'histoire de la Stéréotypie; ornée de calques, de portraits et d'écussons. — *Paris, Nicolle, 1810, 2 vol. in-8°;* d. v.

773. **Lambros** (P.). Monete inédite dei Gran Maestri dell'Ordine di S. Giovanni di Gerusalemme in Rodi. — *Venezia, 1865, in-8° de 36 p., pl.;* br.

774. **La Motte.** Fables nouvelles, dédiées au Roy, par M. de La Motte, avec un discours sur la Fable. — *Paris, Grégoire Dupuis, 1719, in-4°. fig. par Coypel Gillot, Edelinck, B. Picart et Ranc, gr. par Cochin, Gil'ot, Edelinck, B. Picart, Simoneau et Tardieu;* rel. mar. r., f., tr. d.; aux armes du Régent.

> Ex. en grand papier; portr. de La Motte, gr. par Edelinck d'ap. Ranc, ajouté.

775. **Lancetti** (V.). Pseudonimia, ovvero Tavole alphabetiche de' Nomi finti o suppositi degli scrittori, con la contrapposizione de' Veri, ad uso de' bibliofili, degli amatori della storia letteraria, etc. — *Milano, Pirola, 1836, in-8°;* br.

776. **Landrol** (G.). Les *Œuvres de Maistre François Rabelais,* par Ch. Marty-Laveaux. Compte-rendu, *in-8°. 45 p.,;* (Ext. du *Constitutionnel,* 23 juin 1869).

777. **Langlois** (E. H.). Essai sur la Calligraphie des manuscrits du moyen-âge et sur les ornements des premiers livres d'Heures imprimés. — *Rouen, Lefèvre*, 1841, *gr. in-8°, pl.;* d. m. bl., tête d.

778. — Essai historique, philosophique et pittoresque sur les Danses des Morts, accompagné de 54 planches et de nombreuses vignettes, etc.; ouvrage complété par M. André Pottier et Alf. Baudry. — *Rouen, Lebrument*, 1852, *2 vol. in-8°, pl.;* d. m. n., tête d.

779. **La Perrière** (G. de). Les Considérations des quatre Mondes, à savoir est : Divin, Angélique, Céleste, Sensible : comprinses en quatres centuries de quatrains, contenans la cresme de divine et humaine philosophie, par Guillaume de La Perrière Tolosan. — *A Lyon, par Macé Bonhomme; et à Tolose, par Jean Moulnier*, 1552, *in-8° de 22 ff. prélim. pour le titre, le portrait de La Perrière à l'âge de 52 ans et diverses pièces en vers ou en prose, et 96 ff. non chiff. pour le texte qui est encadré de bordures gravées sur bois;* rel mar. v., dent., tr. d. (*Duru*).

> Au v° du dernier f. on lit : Imprimé par Macé Bonhomme à Lyon.
> Exemplaire de la vente Amb.-F. Didot.

780. La Peyronie aux Enfers. — *Chez Minos, (s. ind.)*, 1748. *in-12 de 12 p.*

781. **Laporte** (A.). Baudelaire et Roger de Beauvoir. Bibliographie. — *Paris, Laporte*, 1884, *in-8° de 15 p., pap. de Holl.;* br. (*tiré à 100 ex.; N° 1*).

782. **La Rochefoucauld**. Maximes et Réflexions morales. — *Paris, Lefèvre, (impr. Didot le jeune), in-64 :* rel. soie, tr. dor., en mauvais état. (*Simier.*)

> Édition imprimée en caractères microscopiques. Exemplaire sur pap. de Chine. Tiré à 50 ex. sur ce papier, N° 12.

783. **Laroque** (L. de). Armorial de la Noblesse de Montpellier. Généralité de Montpellier. — *Montpellier, Seguin*, 1860, *2 vol. gr. in-8°;* d. mar. r., têt. dor.

> (Ex. sur pap. de Hollande).

784. **Las Cases** (Cte de). Mémorial de Sainte Hélène; suivi de Napoléon dans l'exil par MM. O'Meara et Antomarchi, et de l'historique de la Translation des restes mortels de l'Empereur Napoléon aux Invalides. (Le faux titre porte : Mémorial

de Sainte Hélène, illustré par Charlet). — *Paris, Bourdin,*
1842, *2 vol. gr. in-8°;* d. mar. v. f., têt. dor. (*David*).

> Ex. de premier tirage sur papier de Chine.

785. **La Serna Santander** (C. de). Catalogue des livres de sa
bibliothèque ; rédigé et mis en ordre par lui-même, avec des
notes bibliographiques et littéraires. — *Bruxelles,* an XI
(1803), *3 tom. en 4 vol. in-8°, pl. ;* br.

> Le supplément formé par le t. 4 contient : 1° des observations sur
> le filigrane du papier des livres imprimés dans le XVe siècle ; 2° un
> mémoire imprimé en l'an IV (*Bruxelles, Gaborria*) sur le premier
> usage des signatures et des chiffres dans l'art typographique ; 3° une
> préface latine imprimée l'an VIII (*ibid.*) sur la vraie collection des
> œuvres de St Isidore de Séville ; 4° Lettres servant d'éclaircisse-
> ment à cette préface.

786. — Dictionnaire bibliographique choisi du Quinzième Siècle,
ou description, par ordre alphabétique, des éditions les plus
rares et les plus recherchées du quinzième siècle ; précédé
d'un essai historique sur l'origine de l'Imprimerie, ainsi que
sur l'histoire de son établissement dans les villes, bourgs,
monastères et autres endroits de l'Europe, avec la notice des
imprimeurs qui y ont exercé cet art jusqu'à l'an 1500. —
Bruxelles, Tarte et Huyghe, an XIII (1805-1807). *3 vol. in-8°;*
d. v. m.

> Ex. sur pap. fort.

787. — Mémoire historique sur la Bibliothèque dite de Bourgogne, présentement Bibliothèque publique de Bruxelles. —
Bruxelles, de Braeckenier, 1809, *in-8°, gr. pap.;* d. m. br.,
têt. dor.

788. **Laugier.** Étude sur les Monnaies frappées par les Grands
Maîtres de l'Ordre de Saint-Jean de Jérusalem. — *Marseille,*
Roy, in-8° de 65 p., pl.; br.

789. **Laurent de l'Ardèche** (P.-M.). Histoire de l'Empereur
Napoléon, illustrée par Horace Vernet. — *Paris, Dubochet,*
1839, *gr. in-8°;* d. mar. bl.

> Ex. de premier tirage, non rogné.

790. — Histoire de l'Empereur Napoléon, illustrée par Horace
Vernet. — *Paris, Dubochet,* 1839, *gr. in-8°;* rel. mar. gr.,
dent. int., tr. dor. (*Anscelin*).

> Ex. sur papier de Chine. Le portrait illustré de Napoléon dessiné
> par Vernet, qui se trouve en tête des ex. ordinaires, n'est pas dans
> celui-ci. Probablement, il n'a pas été tiré sur Chine.

791. **Laurent de l'Ardèche** (P.-M). Histoire de l'Empereur Napoléon, illustrée par Horace Vernet. — *Paris, Dubochet,* 1839, *gr. in-8°*; d. mar. r., coins, tête dor.

> Cet ex. de 1er tirage contient, de plus que les deux précédents, un frontispice teinté, et la *Collection des types de tous les corps et uniformes militaires de la République et de l'Empire,* dessinés par Hipp. Bellangé, gravés par divers et mis en couleur. Cette suite fut publiée en 1840 par Dubochet et ajoutée à la 2e édition de Laurent de l'Ardèche. Elle reparut en 1844 avec quelques additions et une légende explicative.

792. **Le Blanc**. Traité historique des Monnoies de France, depuis le commencement de la Monarchie jusques à présent. — *Paris, Boudot,* 1690, *in-4°, tit. et pl. gr.*; bas.

793. — Dissertation historique sur quelques Monnoyes de Charlemagne, de Louis le Débonnaire, de Lothaire et de leurs successeurs, frappées dans Rome; par lesquelles on réfute l'opinion de ceux qui prétendent que ces princes n'ont jamais eu aucune autorité dans cette ville que du consentement des Papes. — *Paris, Coignard,* 1789, *in-4°, pl.;* bas.

794. **Le Blant** (Ed.). Mémoire sur l'Autel de l'Église de Minerve. — *Paris, Lahure,* 1860, *in-8° de 40 p. pl.;* br. (Extr. des *Mém. de la Soc. des Antiq. de Fr.,* t. 25).

795. **Lechi** (L.). Della Tipographia Bresciana nel secolo decimoquinto. — *Brescia, Venturini,* 1854, *gr. in-8°, fac. sim.;* br.

796. **Lecointre-Dupont**. Essai sur les Monnaies frappées en Poitou, et sur l'histoire monétaire de cette province. — *Poitiers, Saurin,* 1840, *in-8°, pl.;* br. (Extr. des *Mém. de la Soc. des Antiq. de l'Ouest.)*

797. — Lettres sur l'histoire monétaire de la Normandie et du Perche. — *Paris, Dumoulin,* 1846, *in-8°, pl.;* br.

798. **Le Comte** (Fl.). Cabinet des Singularités d'Architecture, Peinture, Sculpture et Gravure, ou introduction à la connoissance des plus beaux arts figurés sur les tableaux, les statues et les estampes. — *Paris, Picart,* 1699-1700, *3 vol. in-12, fig. gr.;* br.

799. Leçons élémentaires de Numismatique romaine, puisées dans l'examen d'une collection particulière, (par J.-F. Calixte de PENA, Mis de St-Didier). — *Paris, Trouvé,* 1823, *in-8°*; br.

800. **Lecoq-Kerneven** (J.-M.-R.). Traité de la Composition et

de la Lecture de toutes inscriptions monétaires, monogrammes, symboles et emblèmes, depuis l'époque mérovingienne jusqu'à l'apparition des Armoiries. — *Rennes, Leroy*, 1869, *in-8°, pl. ; br.*

801. **Lefebvre** (J.). Traité élémentaire de Numismatique générale. — *Abbeville, Jeunet*, (1850), *in-8°*; br.

802. **Le Féron** (J.). Histoire des Connestables, Chanceliers et Gardes des Seaux, Mareschaux, Admiraux. Sur-intendants de la navigation et Généraux des galères de France : et des grands maistres de la Maison du Roy ; et des Prévosts de Paris : depuis leur origine : avec leurs armes et blasons. Ouvrage commencé et mis au jour par Jean le Féron, l'an 1555, reveu et continué jusques à présent. Augmenté de diverses Recherches et Pièces curieuses non encore imprimées servant au plus grand éclaircissement de ce Recueil ; par Denys Godefroy. — *Paris, Imp. roy.*, 1650, *in-fol* ; v. br. (blasons color. par une main de l'époque).

803. **Le Grand** (J.). Instruction sur le Faict des Finances et Chambre des Comptes : divisée en trois parties. — *Tours, Jamet-Mettayer*, 1591, *pet. in-8°* : d. v. f.

804. **Lejeal** (A). Recherches historiques sur les Manufactures de faïence et de porcelaine de l'arrondissement de Valenciennes. — *Valenciennes, Lemaitre*, 1868, *gr. n-8°.. pl. n. et col.* ; br.

805. **Lejeune** (Th.). Guide historique et pratique de l'Amateur de Tableaux : Etudes sur les imitateurs et les copistes des Maitres de toutes les écoles dont les œuvres forment la base ordinaire des galeries. — *Paris, Ve Renouard*, 1864, *3 tom. en 1 vol. in-8°. fac-simile* : d. m. v.

806. **Lelewel** (J.). Numismatique du Moyen-Age, considérée sous le rapport du type : accompagnée d'un Atlas, composé de tables chronologiques et de figures de monnaies, gravées en cuivre : ouvrage publié par Joseph Straszéwicz. — *Paris, Bourgogne*, 1835. *3 parties en 2 vol. in-8°, avec 1 atlas in-4°* ; cart.

807. **Le Maire** (Jean) **de Belges**. Les Illustrations de Gaule et Singularitez de Troye. Avec les deux épistres de Lamant Verd. Composez par Jan le Maire de Belges. (A la fin) : *Imprimé à Paris, au moys de septembre. Lan Mil. v. c. et xii*

pour maistre Jan Lemaire..., par Geffroy de Marnef. (Le privilège est daté de Lyon, 30 juillet 1509) — *Gr. in-4° goth. de X et 30 ff. non chiffrés, à 48 lignes par page, fig. sur bois ;* rel. mar. r., f., dent., tr. d. (*Niedrée*).

A la suite de cette première partie viennent : Le second livre des Illustrations, etc. (privilège daté de Blois, 1er mai 1512). (A la fin) : Imprimé à Paris, au moys d'apvril. L'an mil cccc et xvj. Par le commandement de maistre Jehan le Maire... par Nycolas hygman : pour Geffroy de Marnef. *8 ff. prelim., liii ff. chiffrés et 2 ff. non chiffrés pour le texte qui commence au verso du 53° f.*

Le tiers Livre des Illustrations, etc., intitulé nouvellement de France Orientale et Occidentale. (A la fin) : Imprimé à Paris au moys de juillet mil cincq cens et treize, par le commandement, etc. Pour Geoffroy de Marnef, libraire, etc. *8 ff. prél. et lvij ff. chiffrés, fig. sur bois, plus J f. pour la marque de Marnef.*

Le traictié intitulé de la différence des Scismes et des Conciles de l'église : Et de la prééminence et utilité des Conciles : de la saincte église Gallicane... Avec lequel sont comprinses plusieurs autres choses curieuses et nouvelles et dignes de scavoir... La vraye histoire et non fabuleuse du prince Syach ysmail dit Sophy, et le sauf conduit que le souldan bailla aux Françoys pour fréquenter en la terre sainte. Avec le blason des armes des Venitiens. *M. v. Centz, et, xi. D' peu assez. — 40 ff. non chiff.*

Lepistre du Roy a Hector de Troye. Et aucunes œuvres assez dignes de veoir. (A la fin) : Imprimé à Paris, au moys de juillet. L'an Mil cinq centz et seze, par le commandement, etc., pour Geoffroy de Marnef (rappel du privilège de 1512). — *28 ff. non chiffrés.* (La Plaincte sur le trespas de feu Messire Guillaume de Bissipat qui s'y trouve, est du poète Guillaume Cretin).

La légende des Venitiens. Ou autrement leur cronicque abbregée, etc. La plaincte du désiré. C'est-à-dire la déploration du trespas de feu Monseigneur le conte de Ligny. Les regretz de la dame infortunée. — S. d. (privilège de Lyon, du 30 juin 1509). *18 ff. non chiffrés*

808. **Lemonnyer** (J.). Essai bibliographique sur les publications de la Proscription française, ou Catalogue raisonné d'une bibliothèque socialiste, communaliste et de libre pensée. — *Bruxelles,* mai 1873, *pet. in-8° de 48 ff. ;* br.

809. **Lenormant** (Ch.). — Introduction à l'étude des vases peints. — *Paris, Leleux,* 1845, *in-4° de 88 p. ;* br.

810. — Rabelais et l'Architecture de la Renaissance. Restitution de l'Abbaye de Thélème. — *Paris, Crozet,* 1840, *in-8° de 35 p. ;* br.

811. **Léonard.** — Poésies pastorales. — *Genève ; et Paris, Lejay,*

(1771), *in-8°*, *front. par Marillier, vignettes et culs de lampe par Eisen, grav. par divers;* br.

812. — V' Colardeau.

813. **Le Petit** (J.). L'Art d'aimer les Livres et de les connaître : lettres à un jeune bibliophile. Eaux fortes de Alfred Gérardin. — *Paris, (Chamerot)*, 1884, *in-12*; br. (*Ex. sur papier du Japon tiré à 40 ex. sur ce papier, avec une double épreuve en bistre de chaque eau forte ; N° 30*).

814. **Le Roux de Lincy.** Recherches sur Jean Grolier, sur sa vie et sa bibliothèque, suivies d'un Catalogue des Livres qui lui ont appartenu. — *Paris, Potier*, 1866, *in-8°, pap. vergé ;* br.

815. **Le Roy** (Ant.). Floretum philosophicum seu Ludus Meudonianus in terminos totius Philosophiæ, auctore Antonio Le Roy ; opus elucubratum Meudonii in Musæo clariss. Fr. Rabelæsi ibidem aliquando Rectoris doctoris medici et scriptoris notissimi. Præmissis diversis Meudonii Elogiis et amplissima ejusdem Rabelæsi commendatione. — *Parisiis, J. Dedin*, 1649, *in-4° ;* d. v. br.

> Ex. de Pericaud, bibliothécaire de la ville de Lyon, avec une note de lui sur la garde.

816. **Leroy** (E.). Aviculture. — La Perruche ondulée et autres perruches acclimatées : Calopsitte, Edwards, Alexandre, à croupion bleu ; Néo-Zélandaise ; de Madagascar ; de Paradis ; de Svvainson ; de Pennant, etc. — Les Diamants. — Les Bengalis. — Installation, nourriture, reproduction par un éleveur. — Illustrations de M. E. Bellecroix ; deuxième édition. — *Paris, Didot*, 1883, *in-12, fig. ;* br.

817. **Le Sage** (D.). Las Fouliès dau Sage de Mounpeliè, revistos e augmentados de diversos piessos. Embe son Testamen, obro tant desirado. — *(Montpellier, D. Pech)*, 1650, *pet. in-8° de 208 pp.;* rel. v. f., tr. d. *(Lardière)*.

818. — Les Folies du sieur Le Sage. (Las Fouliès dau Sage de Mounpelie). Reproduction de l'édition de 1700, collationnée sur les textes de 1636, 1650 et 1725 et augmentée d'une préface par Aubert des Ménils. — *Montpellier, Coulet*, 1874, *in-8°;* br., *pap. de Chine (tiré à 16 ex. sur ce papier ; N° 8)*.

819. **Le Sage.** Histoire de Gil Blas de Santillane, avec des notes historiques et littéraires par François de Neufchateau. — *Paris, Lefèvre*, 1825, *3 vol. in-8°, port. et fig. de Desenne, Smirke, Dévéria, etc. ;* d. m. v., fil.

820. — Histoire de Gil Blas de Santillane. Vignettes par Jean Gigoux. — *Paris, Paulin*, 1835, *gr. in-8°*; d. v. f. *(Ex. de premier tirage.)*

821. **Le Sage**. Histoire de Gil Blas de Santillane. Vignettes par Jean Gigoux. — *Paris, Paulin*, 1835, *gr. in-8°;* mar. r., avec arabesques sur les plats, dent. intér., tr. dor. *(Koelher).*

> Ex. sur papier de Chine, tiré à très peu d'ex. sur ce papier, provenant de la vente J. Janin, avec son ex libris.

822. — Le Diable boiteux, illustré par Tony Johannot, précédé d'une notice sur Le Sage par Jules Janin. — *Paris, Bourdin*, 1840, *gr. in-8°*; br.

823. — Le Diable boiteux, illustré par Tony Johannot précédé d'une notice sur Le Sage, par Jules Janin. — *Paris, Bourdin*, 1840, *gr. in-8°*; d. mar. v. f., tête dor. *(Allo). Ex. sur Chine de la première édition.*

824. **Leschassier** (J.). Observation de la Digamie par Jacques Leschassier, advocat en la Cour de Parlement. — *Paris, Cl. Morel*, 1601, *in-8° de 48 p.*; br.

825. **Lesné**. La Reliure; poëme didactique en six chants; précédé d'une idée analytique de cet art, suivi de notes historiques et critiques, et d'un Mémoire soumis à la Société d'Encouragement, ainsi qu'au Jury d'Exposition de 1819, relatif à des moyens de perfectionnement propres à retarder le renouvellement des reliures. — *Paris, Lesné*, 1820, *in-8°;* v. f., fil., tr. d.

826. — Lettre d'un Relieur français aux principaux imprimeurs, libraires, relieurs et bibliophiles de l'Europe. — *Paris, Renouard*, 1834, *in-8° de 18 p.*; cart.

827. Lettre trentième concernant l'Imprimerie et la Librairie de Paris, traduite de l'anglais (de Th. Frognall DIBDIN) avec des notes, par G. A. Crapelet, imprimeur. — *Paris, Crapelet*, 1821, *gr. in-8° de 71 p.*; d. m. r., têt. dor.

828. Lettre sur l'origine de l'Imprimerie, servant de Réponse aux Observations publiées par M. Fournier le jeune, sur l'Ouvrage de M. Schœpflin intitulé : *Vindiciæ Typographicæ.* — *Strasbourg, s. n.*, 1761. = Remarques sur un Ouvrage intitulé : *Lettres sur l'Origine de l'Imprimerie*, etc., pour servir de suite au Traité de l'Origine et des productions de l'Imprimerie primitive en taille de bois, par Fournier le Jeune. —

Paris, Barbou, 1761. = Plan du *Traité des Origines Typogra-phiques* par M. Méerman ; (traduit du latin en françois). — *Paris, Lottin*, 1762, *1 vol. in-8°* ; bas.

829. Lettres patentes et Déclaration du Roy sur la prolongation du cours et mise de l'Escu Sol à cinquante-quatre sols, et autres especes ayans cours par l'ordonnance derniere à l'equipolent, et Teston de France à douze solz et six deniers tournoys jusques au premier jour du moys de Janvier prochain 2 septembre 1572). — *Rouen, Martin le Mesgissier*, 1572, *pet. in-8° de 69 p.*; br.

830. **Levrault** (L.). Essai sur l'ancienne Monnaie de Strasbourg et sur ses rapports avec l'histoire de la ville et de l'Évêché. — *Strasbourg, Ve Levrault*, 1842, *in-8°* ; d. m. viol.

831. **L'Hermite-Souliers** (J.-B. de). Les Éloges de tous les premiers Présidens du Parlement de Paris, depuis qu'il a esté rendu sédentaire jusques à présent. Épitaphes, Armes et Blazons en taille douce. — *Paris, Cardin, Besongne*, 1645, *in-fol.*; d. v. f., fil.

832. Libri de Re rustica, M. Catonis; M. Terentii Varronis, L. Junii Moderati Columellæ, Palladii Rutilii. — *Venundantur Jodoco Badio Ascensio*, 1529, *in-fol.*; d. m. v.

833. **Lichtenberger** (J.-F.). Histoire de l'Invention de l'Imprimerie, pour servir de défense à la ville de Strasbourg contre les prétentions de Harlem, avec une préface de M. Schweighaeuser, accompagnée d'un portrait de Gutenberg et de huit planches originales gravées sur bois. — *Strasbourg, Heitz*, 1825, *in-8° de 100 p. ;* br.

834. **Lièvre** (Ed.). Les Arts décoratifs à toutes les époques. — *Paris, Morel*, 1868, *in-fol., pl. n. et col.;* br.

835. **Linas** (Ch. de). Émaux champlevés de l'École Lotharingienne ; notice sur un reliquaire appartenent aux Religieuses Ursulines d'Arras. — *Paris, Didron*, 1866, *pl. n. et col.*

836. Liturgiæ sacræ (græce) SS. Johannis Chrysostomi, Basilii Magni, etc. = (*In fine :*) *Romæ*, oct. 1536, *curâ Demetrii Doncas Cretensis, in-8°*; mar. n. (*Titre en mauvais état.*)

> Texte entièrement grec, en caractères noirs et rouges. Ex provenant de la Chartreuse de Villeneuve-les-Avignon.

837. Livres (Les) Cartonnés : essais bibliographiques par Philomneste Junior (Gustave Brunet). — *Bruxelles, Gay et Doucé*,

1878, *in-8°, pap. de Holl. (tiré à 500 ex. num.; N° 77)*; d. m. r., têt. d.

838. **Lobet** (J.). Quelques preuves sur Jean Cousin, peintre, sculpteur, géomètre et graveur, avec 30 gravures et 3 portraits. — *Paris, Loonel, 1881, in-8° de 49 p., pap. de Holl.*; br.

839. **Loiseleur** (J.). — Les Points obscurs de la vie de Molière ; — Les années d'étude ; les années de lutte et de vie nomade ; les années de gloire ; — Mariage et ménage de Molière ; avec un portrait avant et après la lettre, gravé à l'eau-forte par Ad. Lalauze. — *Paris. Liseux, in-8°, gr. pap. Holl. (Tiré à 200 ex. sur ce papier, N° 103).*

840. **Lomeier** (J.). De Bibliothecis liber singularis, editio secunda. *Ultrajecti, Ribbius, 1680, in-8°, front. gr.*; bas.

841. **Longperier** (A. de) — Description des Médailles du cabinet de M. de Magnoncour. — *Paris, Didot, 1840, gr. in-8°, pl.* ; carton.

842. — Mémoires de Numismatique grecque. — *Paris, Didot, in-8° de 42 p., pl.* ; br.

843. — Notice des monnaies françaises composant la collection de M. J. Rousseau, accompagnée d'indications historiques et géographiques, et précédée de considérations sur l'étude de la numismatique française. — *Paris, Rousseau, 1847, in-8°, pl.* ; br.

844. **Longus.** — Les Amours pastorales de Daphnis et Chloé, double traduction du grec en françois de M. Amyot (en caractères italiques), et d'un anonyme (Lecamus, en caractères ronds), mises en parallèle et ornées des estampes originales du fameux B. Audran, gravées aux dépens du feu duc d'Orléans, Régent de France, sur les tableaux inventés et peints de la main de ce grand prince, avec un frontispice de Coypel et autres vignettes et culs de lampe gravés par D. Focke sur les dessins de Cochin et d'Eisen. — *Paris, imprimé pour les curieux, 1757, in-4°, texte encadré* ; v. f., f., tr. d.

Figures de l'édition de 1718, retouchées et encadrées. Celle des petits pieds, différente de l'édition originale, est à la page 162, les culs de lampe sont ceux de l'édition de 1745, mais agrandis et retournés. La même illustration avait précédemment servi à une édition grecque et latine, publiée par J. Bernard, (*Lutetiæ Parisiorum Amstelodami*), 1714, et dont il n'a été tiré que 125 exemplaires.

845. — Les Amours pastorales de Daphnis et Chloé, traduites du grec par Amyot. — *Paris, P. Didot aîné*, an VIII (1800), *gr. in-4°, 9 fig. d'après Gérard et Prudhon, pap. vél.* ; rel. mar. r., orn. sur plats, fil., tr. d., gardes en tabis violet. (*Bozérian*).

> Ex. avec les fig. avant la lettre, c'est-à-dire avant la tablette et l'inscription.

846. — Daphnis et Chloé, traduction d'Amyot ; compositions d'Émile Lévy gravées à l'eau-forte par Flameng ; dessins de Giacomelli gravés sur bois par Rouget et Sargent. — *Paris, Jouaust*, 1872, *in-16* ; br. *Ex. sur pap. de Chine (tiré à 50 ex. sur ce papier* ; *N° 36*).

847. **Lorichs** (G. de). Recherches numismatiques, concernant principalement les Médailles celtibériennes. — *Paris, Didot*, 1852, *vol. gr. in-4°, pl.* ; br.

848. **Lorris** (Guill. de). —

> Cy est le Rommant de la Roze
> Ou tout lart d'amour est enclose
> Hystoires et auctoritez
> Et maintz beaulx propos usitez
> Qui a este nouvellement
> Corrigé suffisantement
> Et cotte bien à lavantaige
> Com on voit en chascune page.

— *On les vend à Paris... en la bouticque de Jehan Petit... Mil. V. C. xxxi (1531), — in-fol. goth. de 4 ff. prél. non chiff. pour le titre, le prologue et la table* ; *et de 131 ff. chiffrés à 2 col. de 45 lignes, fig. sur bois.*

> D'après Brunet, le cartouche du titre de certains exemplaires porterait la marque de Galliot du Pré au lieu de celle de Jehan Petit. Il y aurait aussi, d'après lui, suivant les ex., un f. final portant la marque de l'un ou l'autre libraire ; ce f. ne se trouve pas dans notre ex.

849. **Los-Rios** (F. de). Bibliographie instructive ou notice de quelques livres rares, singuliers et difficiles à trouver, avec des notes historiques pour connaître les différentes éditions et leur valeur dans le commerce. — *Avignon, Seguin*, 1777, *in-8°* ; fil. d. m. br. (*Duru*).

850. **Lostalot** (A. de). Les Procédés de la Gravure. — *Paris, Quantin*, s. d., *in-8°, fig.* ; br.

851. **Lovenjoul** (Ch. de). Histoire des Œuvres de H. de Balzac. — *Paris, C. Lévy*, 1879, *in-8°* ; br.

852. **Lucretius**. De Rerum natura libri sex. Accedunt selectæ lectiones dilucidando Poemati appositæ. — *Lutetiæ-Parisiorum, Joan. Barbou*, 1754, *in-12, frontisp. et fig.* (6) *d'après Van Mieris gr. par Duflos* ; rel. v. f., f., tr. d.

853. **Lycophron**. Alexandra, (gr. et lat.), cum græcis Idaaci Tzetzis commentariis. Accedunt versiones, variantes lectiones, emendationes, annotationes et indices ; cura et opera Joan. Potteri. — *Oxonii è Theatro Sheldoniano*, 1697, *pet. in-fol., frontisp. gr.* ; rel. v. f.

854. **Lyra** (Nic. de). — Postilla super psalterium una cum canticis. — (*In fine*) : *Explicit postilla... Nic. de Lyra... super Cantica canticorum. Anno M. cccc. xcvij. die. x. Aplis. Laus deo.* — S. ind., *in-4° goth. de 67 ff. non chiffrés, 57 lignes par page*; rel. mar., br. poli, fil., dent., tr. d. (*Auguste Petit*).

Ex. provenant de la Chartreuse de Vileneuve-les-Avignon.

M

855. **Macer** (Æm.). Herbarum vires Macer tibi dicet. — *S. l. n. d., pet. in-8°, caract. goth., de 159 ff. signés A. V., y compris celui du titre et le dernier qui est blanc, fig. en bois*; rel. m. v., f., tr. d. (*Amand*).

Les vers sont accompagnés du commentaire de Guill. Gueroaldus; le dernier f. est occupé par une table ms. d'une écriture de XVI° siècle.

856. Magnificentissimi Spectaculi a Regina Regum Matre in hortis suburbanis editi, in Henrici Regis Poloniæ invictissimi nuper renunciati gratulationem Descriptio. Jo. Anrato Poeta Regio autore. — *Parisiis, F. Morellus*, 1573, *in-4° de 22 ff. non chiff., pl.* ; rel. mar. citr., fil., gardes en mar. gr., au chiffre de C. Cavalier.

857. **Magninus**. Regimen sanitatis Magnini Mediolanensis medici famosissimi Atrebatensi Episcopo directum feliciter incipit. — (*In fine :*) *Impressum per Joannem de Westfalia alma in universitate Lovaniensi. M. cccc. lxxxii.* — *Pet. in-4° goth. de 176 ff. (manque le 1er, blanc)* ; d. bas.

858. **Maistre** (J. de). Du Pape. — *Paris, Charpentier*, 1841, *in-12 ;* d. m. br., fil., têt. d.

859. **Maistre** (X. de). OEuvres complètes ; nouvelle édition. — *Paris, Charpentier*, 1843, *in-12 ;* d. m. br., fil., têt. d.

860. **Maittaire** (Mich.). Annales typographici ab Artis inventæ origine ad annum M. D. LVII (et, cum appendice, ad annum M. D. CLXIV).— *Hagæ-Comitum, Vaillant et Prévost,* 1719-25, *5 tom. en 3 vol. in-4°, front. gr.* = Eorumdem Annalium Tomus I ; editio nova auctior. — *Amstelodami, Humbert,* 1733, *2 part. en 1 vol. iu-4°, portr. et front. gr.* = Eorumdem Tomus quintus et ultimus Indicem in tomos quatuor præeuntes complectens. — *Londini, Darres et Dubosc,* 1741, *1 vol. in-4° relié en 2 parties.* = Annalium typographicorum Mich. Maittaire Supplementum. Adornavit Mich. DENIS. — *Viennæ, Jos. de Kurzbek,* 1789, *2 vol. in-4° rel. en 1 ;* d. bas. (*En tout 7 vol.*).

> Dans le projet de Maittaire, le nouveau Tome I devait former le T. IV de son ouvrage et le supplément du volume de 1719. Aussi donna-t-il à l'*Index* imprimé à Londres sous ses yeux la dénomination de *Tomus quintus*. C'est le libraire Humbert qui, voulant faire croire à l'inutilité du premier Tome I de 1719, imagina de donner au nouveau le titre de Tome I. Et Maittaire, entraîné lui-même par la force du fait accompli, se trouva obligé de désigner ainsi : I*, le tome 1 de 1719, en laissant à celui de 1733 la simple désignation de I. Le vol. de 1719 conserve son utilité, car il renferme des dissertations qui ne sont pas reproduites ailleurs.
>
> Division chronologique des parties : I*, 1457-1500 ; I, 1547-1500 ; II, 1501-1536 ; III, 1537-1564.

861. Malleorum quorumdam Maleficarum tam veterum quam recentiorum authorum tomi duo quorum primus continet I. Malleus F.-J. SPRENGER et F.-H. INSTITORIS : inquisitorum. II. F.-J. NIDER librum unum Formicarii qui tractat de maleficis ; secundus vero tomus continet Tractatus VII ibi speciatim nominatos, etc. — *Francofurti, Bassæus,* 1582, *et Lugduni, Landry,* 1604, *2 vol. in-8° ;* parch.

862. **Mangetus** (J.-J.). Bibliotheca Scriptorum Medicorum veterum et recentiorum, in qua sub eorum omnium qui a mundi primordio ad hunc usque annum vixerunt nominibus, vitæ compendio enarrantur, opiniones et scripta recensentur ac sectæ explicantur; sicque historia medica vere universalis exhibetur. — *Genevæ, Perachon et Crumer,* 1731, *4 vol. in-fol., portr.;* bas.

863. **Manne** (E.-D. de). Nouveau Dictionnaire des Ouvrages anonymes et pseudonymes, avec les noms des auteurs ou éditeurs, accompagné de notes historiques et critiques; troisième édition. — *Lyon, Scheuring*, 1868, *in-8°*; br. (*Ex. sur pap. vél.*)

864. — Galerie historique des Comédiens de la Troupe de Talma; notices sur les principaux sociétaires de la Comédie française depuis 1789 jusqu'aux trente premières années de ce siècle (ouvrage faisant suite à la *Troupe de Voltaire*); avec des portraits gravés à l'eau forte par HILLEMACHER. — *Lyon, Scheuring*, 1866, *in-8°*; m. v. f., tr. d. (*Ex. sur pap. de Holl.*)

865. **Mantz** (P.). Hans Holbein. Dessins et gravures sous la direction de Édouard Lièvre. — *Paris, Quantin*, 1879, *in-fol.*; br. (*Ex. sur pap. de Chine, tiré à 10 ex. sur ce papier.*)

866. **Mantellier** (P.). Notice sur la Monnaie de Trévoux et de Dombes. — *Paris, Rollin*, 1844, *in-8°*, *pl.*; br.

867. — Mémoire sur les Bronzes antiques de Neuvy en Sullias. — *Paris, Rollin*, 1865, *gr. in-4°, pl. color.*; br.

868. Manuel du Bibliophile et de l'Archéologue lyonnais (par J.-D. MONFALCON). — *Paris, Delahaye*, 1857, *gr. in-8°., port., fig. et fac-simile*; . d. m. lev., fil., tête d. (*Chapot.*). (*Ex. sur pap. Hollande.*)

869. Manuel du Cazinophile. Le petit format à figures. Collection parisienne, *in-18*, (vraie collection de Cazin.) — *Paris, Corroënne*, 1878, *in-12*, *pap. vergé*; d. v. m. (V. Bulletin).

870. Manuel du Libraire, du Bibliothécaire et de l'Homme de lettres, ouvrage très utile aux Bibliophiles et à tous ceux qui achètent des livres; par un libraire. — *Paris, Thoinier-Desplaces*, 1829, *pet. in-12*; d. toile bl.

871. Manuscrit du XV⁰ (?) siècle, sur vélin, composé de 166 ff. tous ornés de riches bordures en or et en couleur; rel. mar. br., tr. d.

> On y trouve 12 grandes miniatures très finement exécutées représentant: l'Annonciation. — La Nativité. — La Visitation de Sainte-Élisabeth. — L'Annonciation aux bergers,— L'Adoration des Mages. — La Circoncision. — La Fuite en Egypte. — Dieu apparaissant à David. — Descente du Saint-Esprit sur les Apôtres. — Enterrement d'une Sainte. — La Vierge devant le Christ en Croix. — La Vierge couronnée par un Ange. Les 12 premiers feuillets sont occupés par un Calendrier.

872. **Marchand** (P.). Epitome Systematis bibliographici, seu Ordinis recte distribuendi librorum Catalogi. — *Parisiis*, 1709; *in-8° de 52 p*. (Ext. du *Catalogue Faultrier*.)

873. **Marchand** (N.-D.). — Mélanges de Numismatique et d'Histoire, ou correspondance sur les Médailles et Monnaies des Empereurs d'Orient, des Princes Croisés d'Asie, des Barons français établis dans la Grèce, des premiers Califes de Damas, etc. Première *monnaie épiscopale* sous les Mérovingiens, *seule monnaie d'or* légitime d'un *Évêque français*. — *Paris, Fournier*, (*Metz, Villy*), 1818, *in-8°, fig.*; br.

874. **Mareschal** (M.-A.-A.). Les Faïences anciennes et modernes, leurs marques et décors. — *Beauvais, Pineau*, 1818, *pet. in-4°., pl. col., montées sur onglet*.

875. — Marques de la faïence. — *In-8°, de 9 ff.*; cartonné.

876. Margarita philosophica, rationalis moralis philosophiæ principia duodecim libris complectens, olim ab ipso autore (Georgio REISCH) recognita : nuper autem ab Orontio Finco castigata et aucta. — *Basileæ* (*Henricus Petrus, Conradi Reschii impensis*), 1535, *in-4°, pl.*; rel. vél. gauffré.

877. **Marguerite de Navarre.** Contes et Nouvelles, mis en beau langage, accommodé au genre de ce tems. — *La Haye, Gosse et Neaulme*, 1777, *2 vol. in-12*; v. f., fil., tr. d.

878. — Les Nouvelles de Marguerite, reine de Navarre. — *Berne, chez la nouvelle Société Typographique*, 1780-81, *3 vol. in-8°, fig.*; mar. r., f., tr. d.

> 1 frontispice par Dunker servant pour les 3 volumes. — 73 pl. de Freudenberg gravées par divers. Les planches du 1er vol. n'ont pas de N° d'ordre au bas.
> L'erreur de pagination signalée par Cohen comme existant dans tous les exemplaires du T. Ier, p. 166, n'est pas dans celui-ci.

879. **Marmontel.** OEuvres complètes. Nouvelle édition ornée de trente-huit gravures. — *Paris, Verdière*, 1818-19, *18 vol. in-8°, port.*; d. m. r.

> I et II. Mémoires. — III à VI. Contes moraux. — VII. Bélisaire. — VIII. Les Incas. — IX. Théâtre. — X. Mélanges. — XI. La Pharsale. — XII-XV. Éléments de Littérature.— XVI. Grammaire et Logique.— XVII. Métaphysique et Morale. — XVIII. Régence du Duc d'Orléans.

880. Marques Typographiques, ou recueil des Monogrammes, chiffres, enseignes, emblêmes, devises, rebus et fleurons des libraires et imprimeurs qui ont exercé en France depuis

l'introduction de l'Imprimerie, en 1470, jusqu'à la fin du 16° siècle. A ces marques sont jointes celles des Libraires et Imprimeurs qui pendant la même période ont publié, hors de France, des livres en langue française; (par L.-C. SILVESTRE). — *Paris, P. Jannet,* 1853, *in-8°, pap. vergé;* rel. mar. br., fil., dent intér., tr. dor. (*Amand*).

881. Marquis (Le) de Sade; l'homme et ses écrits; étude bio-bibliographique (par Gustave BRUNET). — *Sadopolis,* l'an 0000, (*Paris,* 1866), *in-12, pap. de Holl. (tiré à 150 ex.; N° 120*); rel. mar. citr., dent. int., tr. dor. (*Amand*).

882. **Marryat** (J.). Histoire des Poteries, Faïences et Porcelaines; ouvrage traduit de l'anglais sur la 2° édition, et accompagné de notes et additions, par d'Armaillé et Salvetat, avec une préface par Riocreux. — *Paris, Renouard,* 1866, *2 vol. gr. in-8°, pl.;* br.

883. **Marsiliis** (H. de). Practica causarum criminalium domini Hippolyti de Marsiliis, J. U. doctoris Bononiensis recenter correcta. Una cum Repertorio et summariis unicuique novissime appositis.— *(In fine:) Lugduni, impressa in officina typographaria Jacobi Myt, anno M. ccccxxxi. — Pet. in-4°, goth. de 159 ff. chiff., à 2 col. de 51 lign., plus 25 ff. non chiff. pour le Repertorium.* ▬ (*On y a joint du même:) Trac-tatus de Questionibus : in quo materie maleficiorum per-tractant.— (In fine:) Lugduni... per Jacobum Myt impensis Jacobi et Francisci de Giuncta Florentini ac Sociorum, anno M. ccccxxxii. — Pet. in-4°, goth. de 28 ff. prél. non chiff. pour le titre, la dédicace et la table; et 144 ff. chiff.* Rel. v. f., fers à froid sur les plats, représentant l'Annonciation.

884. **Marsy** (A. de). Bibliographie Compiègnoise. — *Compiègne, Edler,* 1874, *in-8°, fig., pap. vergé;* br. (*Tiré à 140 ex. num.; N° 19*).

885. **Marthold** (J. de). Histoire de Malborough ; dessins en couleur de Caran d'Ache. — *Paris, J. Lévy, (impr. Gillot),* 1885, *in-8°, en portefeuille.*

Ex. sur papier du Japon, n° 20. Tiré à 32 ex. sur ce papier, dont 25 seulement mis dans le commerce.

886. **Martialis** Epigrammata. — *(In fine:) Impressum Venetiis impensis Joannis de Colonia, sociisque ejus Joannis Manthen de Gherretzez. M cccc. lxxv. — pet. in-fol. de 170 ff. (le dernier blanc) non chiffrés mais sig. a.-r. ;* rel. mar. f., fil. à froid.

D'après Brunet cette édition aurait été faite sur celle de Vindelin de Spire. On y trouve aussi au v° du 1er f., la lettre de Pline à Corn. Priscus, et sur les 2 dern. ff., l'épître de Gorgias Alexandrinus.

887. **Martialis**. — (*In fine* :) *Venetiis in ædibus Aldi, mense decembri, M. D I.* — *Pet. in-8° de 192 ff. non chiff., dont le dernier est blanc*; rel. v. f., plats ornés de losanges renfermant des étoiles d'or, tr. d.

> Il existe de cette édition, donnée par Alde l'ancien, deux contrefaçons la reproduisant ligne par ligne, mais outre qu'elles ne sont pas datées, elles sont reconnaissables à des fautes qu'on ne trouve pas dans cet exemplaire.

888. **Martigny** (l'abbé). Dictionnaire des Antiquités chrétiennes, contenant le résumé de tout ce qu'il est essentiel de connaître sur les origines chrétiennes, jusqu'au Moyen-Age exclusivement : 1° Etude des mœurs et coutumes des premiers chrétiens; 2° Etude des monuments figurés ; 3° Vêtements et meubles. — *Paris, Hachette*, 1865, *gr. in-8°, 80 fig.*; br.

389. **Martin** (G.). Catalogus librorum bibliothecæ illustr. viri Caroli Henrici, comitis de Hoym, etc. — *Parisiis, Martin*, 1838, *in-8°;* d. bas.

890. **Martins** (Ch.). Le Jardin des Plantes de Montpellier. Essai historique et descriptif, accompagné de neuf planches. — *Montpellier, Bœhm*, 1854, *gr. in-4° de 90 p.* ; br.

891. **Marty-Laveaux**. Lettres à l'auteur de *Rabelais et ses éditeurs*. — *Paris, Lemerre*, 1869, *in-8° de 12 p., pap. vergé*; br.

892. **Massé** (P.). De l'Imposture et tromperie des Diables, Devins, Enchanteurs, Sorciers, Noueurs d'esguillettes, Chevilleurs, Nécromanciens, Chiromanciens et autres, qui par telle invocation diabolique, arts magiques et superstitions abusent le peuple. — *Paris, Poupy*, 1579, *in-12*, ; bas. = (*On y a joint :*) Déclamation contre l'erreur exécrable des Maléficiers, Sorciers, Enchanteurs, Magiciens, Devins, et semblables observateurs des superstitions ; lesquels pullulent maintenant couvertement en France ; à ce que recherche et punition d'iceux soit faicte, sur peine de rentrer en plus grands troubles que jamais. Plus les Articles et Erreurs touchant ceste matière condemnez à Paris par la Faculté de Théologie ; avec une très chrestienne et docte Préface faicte à cette censure par M. Jehan Gerson et les Docteurs de ladite Faculté; par F. Pierre Nodé, Minime. — *Paris, Jean du Carroy*, 1578.

893. **Massillon**. Petit Carême. — *Paris, impr. de P. Didot l'aîné*, 1812, *in-12* ; rel. vél. vert.

> Exemplaire imprimé sur vélin. Premier volume d'une *Collection des meilleurs ouvrages de la langue française.*

894. **Mead** (R.). De Imperio Solis ac Lunæ in corpora humana et morbis inde oriundis. — *Londini, Smith*, 1704, *in-8°* ; v. br.

895. Médailles sur les principaux événements du règne de Louis-le-Grand, avec des explications historiques, par l'Académie Royale des Médailles et des Inscriptions; (rédigées par F. Charpentier, Paul Tallemant, J. Racine, Nic. Boileau, Jacq. de Tourreil, E. Renaudot, A. Dacier, Et. Pavillon, et J.-P. Bignon, avec une préface composée par Tallemant. — *Paris, Impr. Roy.*, 1702. *in-4°, front. et fig.* ; bas. (Ex. sans la Préface).

896. Médailles sur les principaux évènements du règne entier de Louis le Grand avec des explications historiques. — *Paris, Imp. royale*, 1723, *in-fol.* ; mar. r., f., tr. d. (Armes royales sur les plats).

897. **Meerman** (G.). Origines typographicae. — *Hagae-Comitum Nic. Van Daalen*, 1765, *2 tom. en 1 vol. in-4°, port. et pl. gr.* ; bas.

898. Mélanges d'Archéologie, d'Histoire et de Littérature, rédigés et recueillis par les auteurs de la *Monographie de la Cathédrale de Bourges* (les P. Ph. CAHIER et Arth. MARTIN). Collection de Mémoires sur l'Orfèvrerie ecclésiastique du moyen âge, etc. ; sur les Miniatures et les anciens Ivoires sculptés de Bamberg Ratisbonne, Munich, Paris, Londres et sur les étoffes Byzantines, Arabes, etc. ; sur les peintures et bas-reliefs mystérieux de l'époque carlovingienne, romane, etc. — *Paris, Vᵉ Poussielgue-Rusand*, 1847-56, *4 vol. gr. in-4°, pl. n. et color.* ; d. m. lav.

899. **Ménage**. Ægidii Menagii Poemata ; quarta editio auctior et emendatior. — *Amstelodami, ex officina Elzeviriana*, 1663, *pet. in-12 ;* v. f., f., tr. d.

900. **Menestrier** (Le P.). Histoire du Règne de Louis-le-Grand par les médailles, emblèmes, devises, jettons, inscriptions, armoiries et autres monuments publics. Édition nouvelle, corrigée et augmentée d'un Discours sur la Vie du Roy et de plusieurs médailles et figures. — *Paris, Robert Pepic*, 1700, *in-fol., port. et pl.* ; bas.

> C'est l'édition de 1693, avec un titre daté de 1700.

901. **Méray** (A.). La Vie au temps des Cours d'amour; croyances, usages et mœurs intimes des XI°, XII° et XIII° siècles, d'après les chroniques, gestes, jeux-partis et fabliaux. — *Paris, Claudin*, 1876, *in-8°*; br. (*Ex. sur gr. pap. de Chine, tiré à 20 ex. sur ce papier* ; *N° 20*).

902. **Mercier**. (V. Arnaud).

903. **Messier**. Essai philologique sur les commencemens de la Typogographie à Metz et sur les imprimeurs de cette ville ; puisé dans les matériaux d'une Histoire Littéraire, biographique de Metz et de sa province. — *Metz, Dosquet*, 1828, *in-8°, portr. et pl. gr.* ; d. parch.

904. **Michaud**. Biographie universelle, ancienne et moderne, ou histoire par ordre alphabétique de la vie publique et privée de tous les hommes qui se sont fait remarquer par leurs écrits, leurs actions, leurs talents, leurs vertus ou leurs crimes ; nouvelle édition considérablement augmentée d'articles omis ou nouveaux, etc. — *Paris, Mad. Desplaces*, 1854-1865, *45 vol. gr. in-8°* ; d. mar. Lavall., tête d.

905. Michel et Jean Hillenius ou Van Hoochstraeten, imprimeurs à Anvers (1511-1546). Enumération de leurs productions typographiques. — *Bruxelles, Heussner*. 1863, *in-8° de 76 p.* ; br. (Extr. du *T. 19 du Bulletin du Bibliophile belge*).

906. **Michiels** (A.). Histoire de la Peinture flamande depuis ses débuts jusqu'en 1864. — *Paris, Lacan*, 1865-76, *10 vol. in-8°*.

907. **Milet** (A.). Céramique normande. Priorité de l'invention de la Porcelaine à Rouen en 1673. — *Rouen, Cagniard*, 1867, *in-12 de 24 p.* (*tiré à 204 ex.* ; *N° 6*).

908. **Millæus** (J.). Praxis Criminis persequendi, elegantibus aliquot figuris illustrata. — *Parisiis, apud Sim. Colinæum*, 1541, *in-fol. de IV et 85 ff., fig. sur bois* ; v. br. f.
   (Ex. Firmin Didot.)

909. Mille (Les) et une Nuits ; contes arabes, traduits par G. Galland, suivis de nouveaux contes de Caylus et de l'abbé Blanchet, avec une préface historique par Jules Janin. — *Paris, Pourrat*, 1837, *4 vol. in-8°, front. et fig.* ; d. m. viol., tr. d.

910. **Millet** (M.). Notice sur les Imprimeurs d'Orange et les Livres sortis de leurs presses, avec un appendice sur les Écrits relatifs à l'histoire de cette ville. — *Valence, Chenevier*, 1877, *in-8° de 76 p.* ; br.

911. **Millin** (A.-L.). Voyage dans les départemens du Midi de la France. — *Paris, Imp. impér.*, 1807-1811, *4 tom. en 5 vol. in-8° et atlas*; d. m. br. (*Ex. sur gr. pap. vélin*).

912. — Dictionnaire des Beaux-Arts. — *Paris, Barba*, 1838, *3 vol. in-8°*; d. v. f.

913. **Milsand** (Ph.). Bibliographie des Publications relatives au livre de M. Renan, *Vie de Jésus*, (de juillet 1863 à juin 1864). — *Paris, Dentu*, 1864, *in-12 de 48 p.*; d. perc. r.

   On y a joint un supplément manuscrit allant de juillet 1864 à juillet 1866.

914. **Minzloff** (R.). Catalogue détaillé d'ouvrages étrangers sur la Russie (Rossica), qui se trouvent dans la Bibliothèque publique impériale de St-Pétersbourg. I. Pierre-le-Grand dans la littérature étrangère. — *Saint-Pétersbourg, Glazounoff, in-8°*; d. vél. (*Texte russe*).

915. Mirabilis liber qui Prophetias Revelationesque necnon res mirandas preteritas presentes et futuras aperte demonstrat... In duas partes presens liber distinguetur. Prima prophetias : revelationesque quas latine scriptas offendimus continebit. Secunda vero et ultima : gallico ydiomate inventas enarrabit : quas ob ipsarum difficultatem latinitate donare omisimus. — *Veneunt Parrhisins ab Engleberto de Marnef*. (*In fine :)* imprimé à Paris l'an mil cinq cens vingt et trois; *in-4° goth. de 87 ff. chiff., plus un pour la marque de Marnef*; rel. m. r., f., tr. d. (*Duru*).

916. **Moët de la Forte-Maison** (C.-A.). Antiquités de Noyon, ou étude historique et géographique, archéologique et philologique des documents que fournit cette ville à l'histoire des cités gallo-romaines et féodales de France. — *Paris, Aubry*, (1845), *in-8°, pl. et cartes*; br.

917. **Molière.** Œuvres de Molière ; nouvelle édition. — *Paris*, 1734, *6 vol. gr. in-4°, fig.*; rel. v. j., f., tr. dor.

   Ex. de premier tirage, ave la faute de la page 360, ligne 12, du 6° vol. Portrait gravé par Lépicié d'après Coypel. 1 fleuron sur le titre servant pour chaque vol. 32 fig. par Boucher, grav. par Laurent Cars, et 198 vignettes et culs de lampe (dont plusieurs répétés), par Boucher, Blondel et Oppenort, gr. par Joullain et L. Cars.

918. — Œuvres de Molière avec des remarques grammaticales, des avertissements et des observations sur chaque pièce, par

M. Bret. — *Paris, Comp. des Libraires associés*, 1773, *6 vol·
in-8°* ; rel. mar. r., fil. *(Derôme).*

Portr. d'après Mignard, gravé par Cathelin, fleurons et figures par
Moreau, gravées par Delaunay, Duclos, de Ghendt. etc. Exemplaire
avec les pages 66, 67, 80 et 81 doubles dans le tome 1er.

919 — Œuvres, avec des notes de divers commentateurs. —
Paris, Lefèvre, 1833, *gr. in-8°, portr.* ; d. m. gr.

920. — Œuvres, précédées d'une notice sur sa vie et ses ouvrages
par Sainte-Beuve, vignettes par Tony Johannot. — *Paris,
Paulin,* 1835-36, *2 vol. gr. in-8°* ; cartonnés non rognés.

921. — Œuvres, précédées d'une notice sur sa vie et ses ouvra-
ges par Sainte-Beuve. Vignettes par Tony Johannot. —
Paris, Paulin, 1835-36, *2 vol. gr. in-8°*; d. rel. v. f.
(Ex. sur Chine et de premier tirage).

922. — Théâtre de J.-B. P. Molière, orné de dessins de Louis Loir
gravés à l'eau-forte par Léopold Flameng. — *Paris, Libr. des
Bibliophiles,* 1876-83, *8 vol. gr. in-8°*; br. *(Ex. tiré sur grand
papier Whatman avec double épreuve avant et avec la lettre ;
N° 7 de ce tirage fait à 1 0 ex.).*

923. — Théâtre de Molière avec une notice par M. Poujoulat. —
Tours, Alfr. Mame, 1873-79, *2 vol. gr. in-8° avec 50 eaux-
fortes par Valentin Foulquier* ; br. *(Ex. sur pap. vergé fort,
tiré à 275 ex. sur ce papier; N° 164).*

924. — Œuvres de Molière ; nouvelle édition revue sur les plus
anciennes impressions et augmentée de variantes, de notices,
de notes, d'un lexique des mots et locutions remarquables,
de portraits, de fac-similés, etc., par MM. Eugène Despois et
Paul Mesnard. — *Paris, Hachette,* 1873-93, *1 1 vol. in-8°.*

925. **Moline de Saint-Yon.** Histoire des Comtes de Toulouse.
— *Paris, Bertrand,* s. d., *4 vol. in-8°* ; br.

926. **Mommsen** (Th.). Histoire de la Monnaie romaine, traduite
de l'allemand par le duc de Blacas. — *Paris, Rollin,* 1865,
4 col. in-8°, pl. ; br.

927. **Monfalcon** (J.-B.). Précis de Bibliographie Médicale, contenant l'indication et la classification des ouvrages les
meilleurs, les plus utiles ; la description des livres de luxe
et des éditions rares et des tables pour servir à l'histoire de
la Médecine. — *Paris, Baillière,* juin 1827, *pet. in-12* ; br.

928. Monete Cufiche dell' I. R. Museo di Milano. — *Milano, Regia Stamperia*, 1819, *gr. in-4°, pl. ;* cart.

929. Monnaies inconnues des Évêques des Innocens, des Fous et de quelques autres associations singulières du même temps, recueillies et décrites par M. J. R. (RIGOLLOT d'AMIENS), avec des notes et introduction sur les espèces de plomb, le personnage de fou et les rébus, dans le Moyen-Age, par M. C. L. (Leber). — *Paris, Merlin*, 1837, *2 vol. in-8° dont 1 atlas ;* cart.

930 Monnoies des Comtes de Provence, (par FAURIS SAINT-VINCENS). — *Aix, Henricy*, an IX, *in-4°, pl. ;* dérelié.

931. **Monnier** (H.). Scènes populaires dessinées à la plume ; deuxième édition augmentée de deux scènes et de deux vignettes. — *Paris, Levavasseur*, 1831, *in-8°;* d. v. br.

932. **Monnier** (D.). Du Culte des Esprits dans la Séquanie. — *Lons-le-Saulnier, Gauthier*, 1834, *in-8°, fig. ;* br.

933. — Mémoire sur les Monnaies des Ducs bénéficiaires de Lorraine. — *Nancy, V° Raybois,* 1862, *gr. in-4° de 40 p., pl. ;* br.

934. **Monselet** (Ch.). Retif de la Bretonne, sa vie et ses amours. Documents inédits ; ses malheurs, sa vieillesse et sa vie, ce qui a été écrit sur lui ; ses descendants ; catalogue complet et détaillé de ses ouvrages, suivi de quelques extraits ; avec portr. gr. par Nargeot et fac simile. — *Paris, Aubry*, 1858, *in-12, pap. vergé, (tiré à 400 ex.);* rel. mar. r., dent. intér., tr. d. (*Amand*).

935. **Montaiglon** (A. de). Sept dixains de sonnets tirés de Rabelais. — *Paris, Rouquette,* 1881, *in-8° de 77 p., portr. et fig., pap. vergé ;* bas.

936. **Monteregio** (J. de). (MULLER) Calendarium. — (*Venetiis,* 1485, *absq. typ. nom.), in-4° goth. de 24 ff., fig.*

937. **Montesquieu**. Œuvres complètes, avec des notes de Dupin, Crevier, Voltaire, Mably, Servan, La Harpe, etc.. etc. — *Paris, Lefèvre,* 1835, *gr. in-8°, portr. ;* d. m. gr.

938. — (V. Colardeau).

939. **Montuus** (S.). Annotatiunculæ Sebastiani Montui in errata recentiorum medicorum per Leonardum Fuchsium collecta Apologetica epistola pro defensione Arabum a domino Bernardo UNGER composita. Epistola responsiva pro Græcorum

defensione in Arabum errata a Symphoriano CAMPEGIO composita. (*Et, sur un second titre occupant le f. 25*) : Epistolæ physicales Manardi, Campegii et Coronæi ; de Transmutatione metallorum ; catalogus illustrium medicorum qui nostris temporibus scripserunt; defensio Avicennæ Laur. Frisio autore, etc. — *Lugduni, (Benoist Bounyn)*, 1533, *pet. in-8°*; rel. vél.

940. Monuments romains de Nimes (dessinés d'après nature par Alph. de SEYNES). — *Paris, Didot*, 1818, *gr. in-fol.*; cart.

941. **Moquin-Tandon** (A.). Carya Magalonensis, manuscrit du commencemént du XIV° siècle. — *Toulouse, Lavergne*, 1836, *in-8°* ; rel. d. mar., tête dor. (*Tiré à 50 ex.; N° 8*).

942. — Carya Magalonensis ou Noyer de Maguelone ; seconde édition avec la traduction en regard par A. Moquin-Tandon. — *Montpellier, Bœhm*, 1844, *in-12, titre et têtes de chapitre en or et couleur*; br.

943. Moralistes français. Pensées de Blaise PASCAL; Réflexions, Sentences et Maximes de LA ROCHEFOUCAULD, suivies d'une réfutation par M. L. Aimé-Martin ; Caractères de LA BRUYÈRE ; Œuvres complètes de VAUVENARGUES. — *Paris, Lefèvre*, 1834, *gr. in-8°, port* ; d. m. r.

944. **Morin** (H.). Numismatique féodale du Dauphiné. — Archevêques de Vienne — Évêques de Grenoble — Dauphins de Viennois. — *Paris, Rollin*, 1854, *gr. in-4°, pl.;* br.

945. **Morlini** (H.). Hieronymi Morlini parthenopei Novellæ, Fabulæ, Comœdia. Editio tertia, emendata et aucta. — *Lutetiæ Parisiorum, P, Jannet*, 1855, *in-16, pap. vergé* ; perc. r.

946. Musée du Moyen-Age et de la Renaissance (au Louvre). — *Paris, De Mourgues, in-12;* br.

Série A. Notice des Ivoires, par A. SAUZAY, 1863. — Série B. Notice des Bois sculptés, Terres cuites, Marbres, Albatres, Grès, Miniatures peintes, Miniatures en cire, etc., par A. SAUZAY, 1864. — Série D. Notice des Émaux et de l'Orfévrerie, par A. DARCEL, 1867. — Série E. Galerie d'Apollon. Notice des Gemmes et Joyaux, par H. BARBET de JONY, 1867. — Série G. Notice des Faïences peintes, italiennes, hispano-moresques et françaises, et des Terres cuites italiennes, par A. DARCEL, 1866.

N

947. **Nagler** (G.-K.). Die Monogrammisten und diejenigen bekann-
ten und unbekannten Künstelr aller Schulen welche sich zur
bezeichnung ihrer werke eines figürlichen Zeichens, der
Initialen des Namens, der Abbreviatur desselben, etc., bedient
haben, mit berucksichtigung von Buchdruckerzeichen der
Stempel von Kunstsammlern, der Stempel der alten Gold-
und Silberschmiede ; der Majolicafabriken Porcellan-manu-
facturen, u. s. w. ; bearbeitet von G.-K. NAGLER; fortgesetzt
von Dʳ ANDRESEN und C. CLAUSS. — *München, Franz und
Hirth*, 1857-81, *5 vol. gr. in-8°. ;* rel. perc.

948. **Natalibus** (P. de). Catalogus Sanctorum ex diversis ac
doctis voluminibus congestus a reverendissimo in Christo
patre domino Petro de Natalibus de Venetiis..., ac jam
denuo accurate revisus. Anno M. D. XXI. (Absque aliā nota).
*— In-fol. goth. de 3 ff. non chiff. et 236 ff. chiff. à 2 col. de
66 lign. ;* rel. mar. v., f., dent., tr. d.

> Par suite d'erreurs dans la pagination, le nombre des ff. n'est
> réellement que de 216.

949. **Navis** stultifera. (Vʳ Brandt).

950. **Nîmes.** — *Recueil in-8°* ; d. m. :

> 1° Notice provisoire des Tableaux renfermés dans le Musée. (Signée
> E. F. — *Nîmes, Durand Belle), 20 pag.*
> 2° Description de l'Amphithéâtre de Nîmes, par Auguste PELET. —
> *Nîmes, imp. Baldy,* 1853, *pl.*
> 3° Catalogue du Musée de Nîmes. — Notice historique sur la Maison-
> Carrée. — Biographie de Sigalon, par Auguste Pelet ; cinquième
> édition. — *Nîmes, Baldy,* 1853.

951. **Nimsgern** (J.-B.). Histoire de la ville et du pays de Gorze,
depuis les temps les plus reculés jusqu'à nos jours, avec
gravures, sceaux et monnaies. — *Paris, Borrani,* 1853, *in-8°* ;
br.

952. **Nodier** (Ch.). Histoire du Roi de Bohême et de ses sept
châteaux. — *Paris, Delangle frères,* 1830, *in-8°* ; d. rel.
mar. ; *fig. dans le texte.*

953. — Des Matériaux dont Rabelais s'est servi pour la composition de son ouvrage. — *Paris, Techener,* janvier 1835, *in-8° de 14 p. ;* br.

954. — Contes; nouvelles éditions. — *Paris, Charpentier,* 1841, *in-12 ;* d. m. viol.

955. — Journal de l'Expédition des Portes de fer, rédigé par Charles Nodier, de l'Académie française. — *Paris, Imprim. royale,* 1844, *in-8°, vignettes d'après Raffet.*

> Ex. unique, imprimé, texte et gravures, sur papier de Chine, relié par Petit ; mar. r. doublé de mar. vert avec dentelles ; sur les plats les initiales F.-F. O. (Ferdinand-François d'Orléans) surmontées d'une couronne. C'est l'ex. décrit par Brivois, p. 307.

956. — Mélanges de Bibliographie. Recueil factice , *in-8°* . :

> 1. De la Reliure en France au 19e siècle. — 2. Echantillons curieux de Statistique. — 3. Bibliographie des Fous. De quelques livres excentriques. — 4. Des matériaux dont Rabelais s'est servi pour la composition de son ouvrage. — 5. Les Papillottes du Perruquier d'Agen. — 6. De quelques langues artificielles qui se sont introduites dans le langage vulgaire. — 7. Du langage factice appelé Macaronique.

957. **Noel** (Eug.). Le Rabelais de poche. Avec un dictionnaire pantagruélique tiré des Œuvres de F. Rabelais. — *Alençon, Poulet Malassis et de Broise,* 1860, *in-12, titre gr. à l'eau-forte par Carolus Durand ;* rel. d. mar., br., coins, tête dor. non rogné (*Ex. sur pap. de Chine*).

958. **Noriac** (J.). Le 101e Régiment, illustré par Armand Dumaresq, G. Janet, Pelcop, Morin et Deuxétoiles. — *Paris, Bourdillat,* 1860, *in-8°, pap. teinté* (*Tiré à 13 ex. sur ce papier, N° 8.*); rel. d. m. r., tr., d. (*Reymann*).

959. **Norvins** (de). Histoire de Napoléon; vignettes par Raffet.— *Paris, Furne,* 1839. *gr. in-8° ;* d. m. bleu, tête d.

960. — Histoire de Napoléon, 20e édition, illustrée par Raffet. — *Paris, Furne,* 1846, *gr. in-8° ;* d. m. vert. *(Ex. avec les planches hors texte coloriées).*

961. Notice bibliographique sur les publications faites par la Société centrale d'Agriculture de France, pendant un siècle, depuis son origine en 1761, jusqu'en 1862, dressée par Louis Bouchard-Huzard. — *Paris , Ve Bouchard-Huzard,* 1863, *in-8° de 34 p. ;* br.

962. Notice biographique et bibliographique sur Gabriel Peignot, par P. D. (Pierre DESCHAMPS). — *Paris, Techener*, 1857, *in-8° de 60 p , pap. vergé*, rel. mar. du Lev., dent., tr. d. (*Tiré à 125 ex.*).

963. Notice des Ouvrages imprimés et manuscrits de l'abbé Rive, par MORENAS, son neveu. — (*Paris, Gueffier*, 1817), *in-8° de 23 p.* ; br.

964. Notice de Livres rares et précieux imprimés sur papier de Chine (dont la vente aura lieu le 18 avril 1836, etc.). — *Paris, Warée*, 1836, *in-12 de 22 p.;* d. perc. grise.

965. Notice sur Colard Mansion, libraire et imprimeur de la ville de Bruges en Flandre dans le quinzième siècle, (par VAN PRAET). — *Paris, de Bure*, 1820, *in-8°. gr. pap., cart.*

966. Notice sur Jules-François-Paul Fauris Saint-Vincens . — *Aix, Henricy*, an VIII, *in-4° de 40 p., pl.;* br.

> On y a joint : 1° Médailles de Marseille, 3 p. ; 2° Mémoire sur une urne sépulchrale et sur une inscription en vers grecs, trouvées à Marseille, dans le mois de prairial an 7 , 8 p. ; 3° Cippe trouvé sous les fondements de l'abbaye de St-Victor de Marseille, 2 p. ; 4° Notice sur quelques anciennes médailles du cabinet de feu J.-F.-P. Fauris Saint-Vincens , 14 p.

967. Notice sur la rareté des Médailles antiques, leur valeur et leur prix, calculés par approximation d'après Jean Pinkerton et Jean-Godefroy Lipsius, avec les notes et observations du traducteur G. Jacob ; deuxième édition. — *Paris, Everat*, 1823, *in-8° de 82 p.;* cart.

968. Notice sur les Écrivains érotiques du quinzième siècle et du commencement du seizième; extrait de l'ouvrage allemand du docteur J.-G. Graesse de Dresde : *Histoire universelle de la littérature*, traduit et annoté par un bibliophile français. — *Bruxelles, Mertens*, 1865, *in-12, pap. de Holl.* (*tiré à 150 ex.; N° 115*); rel. mar. r., dent., tr. dor. (*Amand*).

969. Notitia utraque cum Orientis tum Occidentis ultra Arcadii Honoriique Cæsarum tempora... Præcedit Andreæ Alciati libellus de magistratibus civilibusque ac militaribus officiis..., cui succedit descriptio urbis Romæ quæ sub titulo Pub. Victoris circumfertur, et altera urbis Constantinopolitanæ incerto autore, etc. — *Basileæ*, (*Frobenius*), 1552. ＝ Nicolai GRUCCHII de Comitiis Romanorum libri tres. — *Lutetiæ, Vascosanus*, 1555, *1 vol. in-fol. ;* bas.

970. Nouveau (Le) Entretien des Bonnes Compagnies, ou le recueil des plus belles chansons à danser et à boire, tiré des cabinets des plus braves autheurs du temps. — *Paris, Jacq. Villery et Jean Guignard*, 1635; *Réimpression de Bruxelles, pet. in-12, pap. de Holl., tiré à 100 ex. sur ce papier; N° 92*); br.

971. (Nouveau) Lavater complet, ou réunion de tous les systèmes pour juger les Dames et les Demoiselles, connaître leurs qualités, leurs défauts, leur caractère, leurs inclinations les plus secrètes, leurs goûts et leurs passions dominantes, leurs ruses, leurs finesses et leurs subtilités en amour, leur prédisposition à la Fécondité ou à la Stérilité, leur penchant à la Dissimulation, à la Fidélité, à l'Inconstance, à la Coquetterie, à la Gourmandise, etc. De plus, leur sympathie et leurs rapports à l'égard des animaux avec lesquels elles sont mises en parallèle, ainsi que les détails les plus curieux sur les causes et effets de leurs Envies dans l'état de Grossesse, les moyens de savoir si elles ont et à quelles parties du corps sont placés les Taches ou Signes cachés; d'après les diverses complexions, la physionomie, la physiologie, la cranologie, la phrénologie ou bosses de la tête, la silhouette, la pose, le geste, la tournure, la démarche, la voix, la conversation, les tics, manies, etc.; et de plus la similitude des traits et du caractère des animaux auxquels elles sont comparées. Connaissance et jugement fondés sur un grand nombre d'observations recueillies dans la société, et les systèmes émis dans les divers ouvrages publiés par MM. Cabanis, Porta, Spurtzheim, Gall, Broussais et autres savants tant anciens que modernes. — *Paris, Terry*, 1838, *1 vol. pet. in-12, fig.*; br.

972. Novi Testamenti editio vulgata. — *Lugduni, apud Theob. Paganum*, 1509, *in-16, fig.*; rel. mar. r., tr. dor. (très détérioré).

973. Nuit (La) et le Moment, ou les Matines de Cythère; dialogue (par Crébillon fils). — *Londres*, 1781; v. marb., fil., tr. d. *(Cazin)*.

O

974. **Oberlin** (J.-J.). Essai d'Annales de la vie de Jean Gutenberg, inventeur de la Typographie. — *Strasbourg, Levrault*, an IX (1801), *in-8° de 45 p.*; d. perc. verte.

975. — Essai d'Annales de la vie de Jean Gutenberg, etc. — *Réimpression de l'ouvrage précédent faite en 1840, in-8° de 51 p., pl. col.*

976. **Obsequens** (Julius). Giulio Ossequente de' Prodigii. — Polidoro VERGILIO de' Prodigii Libri III, per Damiano Maraffi fatti Toscani. — Di Giovacchino CAMERARIO la Norica, overo degl' Ostenti libri II. — *In Lione, Giov. di Tournes, 1554, in-8°, portr. et fig. sur bois*; rel. v. f., fil., tr. dor.

> L'ouvrage de Camerarius, qui commence à la p. 253, n'est pas annoncé sur le titre.

977. **Occo** (Ad.). Imperatorum Romanorum Numismata, a Pompeo magno ad Heraclium, ab Adolfo Occone olim congesta, nunc Augustorum Iconibus perpetuis historico-chronologicis notis, pluribusque additamentis illustrata et aucta; studio et curà Fr. Mediobarbi Biragi. — *Mediolani, typ. Lud. Montiae*, 1683, *in-fol., fig.*; rel. m. r., fil., tr. dor.

978. **Oettinger** (E.-M.). Bibliographie bibliographique universelle. Dictionnaire des ouvrages relatifs à l'Histoire de la vie publique et privée des personnages célèbres de tous les temps et de toutes les nations, depuis le commencement du monde jusques à nos jours, contenant : la désignation chronologique de toutes les monographies biographiques ; 2° l'énumération de leurs diverses éditions, réimpressions et traductions ; 3° les dates exactes de la naissance et de la mort des personnages mentionnés ; 4° la date de l'avènement des souverains et celle du mariage des reines et des princesses ; 5° l'indication des portraits joints aux ouvrages cités ; enrichi du répertoire des bio-bibliographies générales, nationales et spéciales. — *Paris, A. Lacroix et Paul Daffis*, 1866, *2 vol. gr. in-8°*; br.

979. Office (L') de la Semaine Sainte, corrigé de nouveau par le

commandement du Roy, conformément au bréviaire et missel de N. S. P. le Pape Urbain VIII. — *Paris, Ruette*, 1661, *in-8°, titre gr.*

> Rel. mar. r. aux armes du Grand Dauphin ; ornée de petits fers encadrant des dauphins et des fleurs de lys couronnées.

980. Officium Beatae Mariae Virginis ad usum Romanum. — *Paris, chez Gabriel Clopejan* ; (à la fin:) *Paris, Louys Sevestre, imprimeur*, 1611, *in-8°, titre et pl. (5) gr.*; rel. mar. r. plats losangés de filets d'or. tr. d.

981. Opéra (L') de Frountignan, obro galoya, accoumpagnada de decouratieous de theatre et de symphonias escarabilladas, 1679; (par Nicolas FIZES). Publié d'après un ancien manuscrit inédit, et suivi de quelques autres poésies patoises, également inédites, du même auteur. — *Montpellier, Félix Seguin*, 1873, *in-8° ;* br, (*Ex. sur pap. de Holl. tiré à 10 ex. sur ce papier*).

982. Ordonnance faicte par le Roy sur le cours et pris des Espèces d'or et d'argent, et descry des monnoyes rongnées. Publiée à Paris, le dernier jour de Janvier mil cinq cens quarante neuf. — *1550, in-12, pl.* ; rel. parch.

983. Ordonnance du Roy et de sa Court des Monnoyes (5 août 1555), contenant les pris et poix, tant des Monnoyes de France qu'estrangières, d'or, d'argent, auxquelles ledict seigneur a donné cours en son royaulme, pays, terres et seigneuries de son obéissance. Avec le descry des monnoyes de billon estrangères au dessoubz de trois solz pièce, lesquelles doivent estre portées à la fonte, pour le pris du marc, once, gros et denier, qui est spécifié au pourtraict de chacune pièce. Reveu de nouveau et corrigé par ladicte Court, et publié en la ville de Paris le cinquiesme jour d'octobre mil cinq cens cinquante-cinq. — *Paris, Jehan Dallier*, 1555, *pet. in-4°, pl.* ; br.

984. Ordonnance faicte par la Court des Monnoyes, suyvant les lettres patentes du Roy, données à Blois le premier jour de Fevrier, mil cinq cens cinquante cinq, sur le cours et descry des monnoyes de billon, forgées es-païs de Bearn, aux coings et armes du Roy de Navarre. — *Paris, Jean Dallier*, 1556, *pet. in-8° de 8 p.;* d. parch.

985. Ordonnance faicte par la Court des Généraulx des monnoyes sur le descry des monnoyes rongnées, avec injonction à

toutes personnes de poiser au trébuchet toutes especes d'or
et d'argent qu'ils prendront les uns des autres, sur les peines
y contenues. Publié à Paris le samedy xviij jour d'Avril.
l'an mil cinq cens cinquante-six après Pasques. — *Paris,
Jean Dallier*, 1556, *pet in-8° de 8 p.*; d. vel.

986. Ordonnance du Roy et de sa Court des monnoyes (3 mars
1557), sur la défense de ne prendre, mettre ou allouer
monnoyes rongnées ou foibles de poix. — *Paris, Jan Dallier,
1557, in-12, de 16 p.;* d. vel.

987. Ordonnance sur le faict des Monnoyes (le titre manque).
— *Paris, Dallier (*postérieur à 1571), *pet. in-8°, de 22 p.*;
d. vel.

988. Ordonnance du Roy, pour le reiglement general de ses
monnoyes (du 16 oct. 1571). Publié à Rouen, le Samedy,
dix-neufiesme jour de Juillet. mil cinq cens soixante et
douze. — *Rouen, Martin le Mesgissier*, 1572, *pet. in-8°, pl.*; br.

989. Ordonnance du Roy, contenant le cours, poix et pris donné
par ledit Sieur, aux escuz, sols, testons, et autres espèces,
tant de France qu'estragères; ensemble les pris donnez aux
marcs d'or et d'argent. Publiée à Rouen le lundy vingt-
deuxiesme jour de juing mil cinq cens soixante et trèze. —
Rouen, Martin le Mesgissier, 1573, *pet. in-8° de 45 p.*; br.

990. Ordonnance du Roy sur le faict et règlement général de ses
Monnoyes (septembre 1577). — *Paris, Veusue Jehan Dallier,
pet. in-8° de 66 p., fig.*; d. vél.

991. Ordonnance du Roi (24 mai 1601) sur le faict et Règlement
de ses Monnoyes. — *Orléans, Hotot, 1601, in-8°;* d. parch.

992. Ordre (C'est l') qui a esté tenu à la nouvelle et joyeuse entrée,
que... le Roy très chrestien Henry deuziesme de ce nom, a
faicte en sa bonne ville et cité de Paris, capitale de son
Royaume, le sezieme iour de Iuin M. D. XLIX. — *On les
vend à Paris, par Iehan Dallier sus le pont Saint Michel à
l'enseigne de la Rose blanche. —In-4° de 4 ff. plus 2 pl. sans
texte dont la seconde est pliée;* rel. mar. bleu du Lev., fil sur
plats, dent. int., tr. d. (*Lortic*), armes de Ruggieri.

<small>Sur le titre, marque de Jacques Roffet, dit le Faucheur, mais
différente de celle donnée par Brunet. Les onze belles planches sur
bois qui décorent le livre sont attribuées à Geoffroy Tory. *L'Entrée
de la Reyne* qui fait suite à celle du roi, commence au f. 29. La numé-</small>

ration des ff. 38 et 40-41 est fautive. A cet opuscule est jointe la
pièce suivante : C'est l'ordre et forme qui a esté tenue au Sacre et
Couronnement de tres haulte et tres illustre dame, madame Catharine
de Medicis, Reyne de France, faict en l'Église Monseigneur Sainct
Denys en France, le X⁰ iour de Iuin M. D. XLIX. — *On les vend à*
Paris chez Iacques Roffet..., in-4⁰ de 11 ff.

993. Ortus Sanitatis. De herbis et plantis. De animalibus et
reptilibus. De avibus et volatilibus. De piscibus et natatilibus.
De lapidibus et in terre venis nascentibus. De urinis et
earum speciebus. Tabula medicinalis cum directorio
generali per omnes tractatus (autore Joan. Cuba). — *In-fol.*
goth., de 360 ff. à 2 col. de 55 lignes, fig. en bois; rel. mar.
r. du Levant, tr. d.

> Édition sans indication de lieu ni de date ni d'imprimeur ; sans
> chiffres mais avec signatures. Le Traité *de Herbis* comprend les
> ff. 1-202 ; celui *de Animalibus, de Avibus,* etc., les ff. 203-332 ;
> celui *de Urinis et Tabula,* les ff. 333-360 et dernier.

994. Ortus Sanitatis. = (*In-fine* :) *Propriis impensis Jacobus*
meydenbach civis moguntinus impressit.... anno salutis mille-
simo quadringentesimo nonagesimo primo. — *In-fol., goth. de*
453 ff. à 2 col. de 47 lignes, fig. en bois, rel. mar. r., f., tr. d.

> Le Traité *de Herbis* comprend les ff. 1-248 ; *de Animalibus,* 249-
> 290 ; *de Avibus,* etc, 299-408 ; *de Urinis,* 409-422 ; et la Table, les
> ff. 423-453.

995. Ortus Sanitatis translaté de latin en françois. = (*A la fin du*
2⁰ vol. :) Nouvellement imprimé à Paris pour Anthoine
Verard, marchand libraire, demourant... en la rue saint
Jaques près petit pont, etc. s. d. (mais vers 1501 selon Brunet),
2 vol. in-fol., goth. à 2 col. de 50 lignes, fig. en bois; rel. mar.
v., f., dent., tr, d. (*Hardy,* pour le 1ᵉʳ vol., et *Duru et Cham-*
bolle pour le 2⁰.)

> La 1ᵉʳ vol. traitant des Herbes comprend 275 ff. chiff. et une table
> de 17 ff. non chiff... Le 2⁰, renfermant le *Traictie des bestes, oyseaux...*
> *et urines du Jardin de santé* comprend 170 ff. chiff., plus 13 ff. non
> chiff. pour le *Traictie des urines;* et 14 autres ff. pour le texte.

996. **(Osiander).** Harmoniæ Evangelicæ libri quatuor, in quibus evangelica historia ex quatuor evangelistis in unum est
contexta, etc., (autore Andrea Osiandro. — *Parisis, ex offic.*
Dionysii Janoti, 1544, *pet. in-8⁰ de 4 ff. prél. non chiff. et*
160 ff. chiffrés, fig. sur bois; rel. mar. r. du Lev. dent., tr.
dor. (*Chambolle-Duru*).

> Exemplaire d'Amb. Firmin-Didot. Les figures attribuées par lui à

Jean Cousin sont au nombre de 96 (dont 5 répétées) ; plus une plus grande, au v° du dernier feuillet. Elles font partie d'une série dont la première apparition, incomplète encore, remonte au *Mirouer de Prudence* de Jean Cabosse publié par Janot en 1541, série reproduite avec augmentations dans les *Harmoniæ* (1544), et puis dans la *Tapisserie de l'Eglise chrestienne* (1544 ou 1545), où l'on en a ajouté 78 nouvelles. Cette réunion de gravures se retrouve, avec adjonction d'autres empruntées aux *Figures de l'Apocalypse* (1547) dans le *Sanctum Christi Evangelium*. (*Paris, Veuve de Maurice a Porta*, 1556), mais moins nombreuse, puisque ce nouveau Testament n'en a que 169 au lieu de 227 contenues dans cette série. Partie de cette réunion de figures (179, dont beaucoup répétées) a été reproduite dans le *Lactance* français d'Étienne Groulleau (1re éd. avant 1548 et 2me en 1555). Jean Ruelle avait déjà publié en 1548 à Paris un *Lactance* français avec 179 fig. dont beaucoup répétées, qui seraient, d'après Didot, des contre-façons admirablement réussies des gravures originales des *Harmoniæ* de la *Tapisserie* et de l'*Amour de Cupido et Psiché*. (*Ve Denys Janot*, 1546).

997. **Osmont** (J.-B.-L.). Dictionnaire typographique, historique et critique des livres rares, singuliers, estimés et recherchés en tous genres, etc. — *Paris, Lacombe*, 1768, *2 vol. in-8°*; br.

998. Ossian fils de Fingal, barde du troisième siècle. Poésies Galliques traduites sur l'anglois de Macpherson par Le Tourneur. — *Paris, Musier, 1777, 2 tomes en 1 vol. in-8°, tirés in-4°, sur pap. vél.*; rel. mar. v., f., tr. dor., avec paysage, gardes en tabis rose. (*Bozerian*).

999. **Outrepont** (C.-T.-F. d'). Dialogues des Morts; suivis d'une lettre (supposée) de J.-J. Rousseau, écrite des Champs-Elysées à M. Castil Blaze. — *Paris, Didot, 1825, in-8°*; d. v. f.

1000. **Ovide**. Trois premiers livres de la Métamorphose d'Ovide, traduictz en vers françois. Le premier et second, par Cl. Marot. Le tiers par B. Aneau. Mythologisez par allegories historialles, naturelles et morales... Illustrez de figures et images convenantes. Avec une préparation de voie à la lecture et intelligence des Poètes fabuleux.—*Lyon, Guill. Roville*, (à la fin:) *Imprimé par Macé Bonhomme à Lyon*, 1556, *pet. in-8° de 22 ff. et 266 pp.*; rel. mar. v., doubles filets, dent. intér. tr. d. (*Masson-Debonnelle*, success. de *Capé*).

> Texte encadré de bordures historiées; les vignettes sont au nombre de 57.

1001. — La Métamorphose d'Ovide figurée (en vers français). — *Lyon, par Jean de Tournes, MDLVII, in-8° de 92 ff.*; mar.

bleu, plats et dos ornés, dent intér. tr. d. (*Allé*). Exemplaire avec témoins et réglé.)

> 176 fig. encadrées, tirées des deux côtés des ff., avec un huitain en italique au-dessous de chaque. Ces figures sont attribuées à Bernard Salomon dit le Petit Bernard. Quelques encadrements sont répétés.

1002. — Nouvelle traduction des Métamorphoses d'Ovide par M. Fontenelle. — *Paris, Panckoucke, 1767, 2 vol. in-8°, portr., titres et 25 fig. gr. par Gregori d'après Zocchi;* rel. v., fil., tr. d.

1003. — Les Métamorphoses d'Ovide, en latin et en françois, de la traduction de M. l'abbé Banier; avec des explications historiques. — *Paris, Panckoucke, 1767-71, 4 vol. in-4°, pl. gr.* (dit le titre) *sur les desseins des meilleurs peintres français par les soins des s^rs Le Mire et Basan, graveurs;* rel. v. f., fil., tr. d.

> Exempl. du 1er tirage, contenant le titre gravé (T. 5) et le grand cul-de-lampe (à la fin du 4e vol.) exécutés pour la collection des figures de cette édition qui fut publiée sans texte.

1004. — L'Ovide travesty ou les Métamorphoses (les cinq premiers livres) burlesques, (par L. Richer). — *Paris, E. Loyson, 1659, 5 part. en 1 vol. in-12, front. gr.* = L'Ovide en belle humeur (premier livre), augmenté du Ravissement de Proserpine et du Jugement de Paris, par le sieur Dassoucy. — *Paris, Loyson, 1659, in-12, frontisp.;* les 2 ouvrages reliés en 1 vol. mar. r., fil., dos orné, dent. int., tr. d. *(Petit).*

> Le frontisp. de Dassoucy est le même que celui de Richer.

1005. — Le Trasformationi (di Ovidio) di M. Lodovico Dolce. — *Venetia, Gabr. Giolito de Ferrari e fratel., 1553, in-4°, fig. sur bois;* rel. vél., avec dorures effacées.

1006. — Les Vingt et une Epistres d'Ovide translatées de Latin en Françoys par réverend Père en Dieu Monseigneur l'Evesque d'Angoulesme (Octavien de Saint-Gelais). — *On les vend à Paris... chez Pierre Reynault, libraire, 1544,* = (*In fine :*) *Imprimé à Rome, par Nicolas le Roux pour Pierre Reynault.* — *Pet. in-8°, de 172 ff., fig. sur bois;* rel. mar. r., fil., dos orné, dent. int., tr. d. *(Hardy-Mennil).*

P

1007. Paaw (P.) Primitiæ anatomicæ, de Humani corporis Ossibus. — *Lugduni-Batavorum, Colster*, 1615, *in-4°, fig.;* rel. parch.

1008. Pagnon (A.). Art de reconnaître les Médailles fausses des vraies antiques et les divers moyens qu'emploient les faussaires pour les contrefaire et les patiner; suivi d'un catalogue de Médailles fausses frappées dans des coins connus et modernes. — *Marseille, Bon*, 1857, *in-16, de 19 ff.*; cart.

1009. Palustre (L.). Monographie de l'Église Saint-Clément de Tours, précédée d'une notice historique par Léon Lhuillier; dessins par H. Nodet. — *Tours, Pericat*, 1887, *in-4°*; br.

1010. Panzer (G.). Annales typographici ab artis inventæ origine ad annum MD, post Maittairii, Denisii aliorumque doctissimorum virorum curas in ordinem redacti, emendati et aucti. — *Norimbergæ, Eberhardus Zeh*, 1798-1803, *11 vol. in-4°*; d. bas.

T. I-V. (1500 incl.).
I. Abbatis villa-Luneburgi. — II. Madridi.-Rothomagi. — III. Salmanticæ - Zwollis. — IV. Libri cum nota anni at sine indicio loci et typogr. — Libri omni indicio destituti. — Supplementa. — V. Tabulæ.
T. VI-XI. (1501-1536).
VI. Albiburgi. - Ettelingæ. — VII. Parisiis, 1512. — VIII. Parisiis, 1513 ; — Vicentiæ.— IX. Viennæ-Zwollis. — Supplementa quatuor. — X. Index bibliographicus A.-N.. — XI. Index bibliogr. O,-Z. = Urb. et Typogr. A.-Z. Supplementum ab artis origine ad annum MD et ab anno MDI ad MDXXXVI. — Indices. — Errata.

1011. Papillon (J.-M.). Traité historique et pratique de la Gravure sur bois. — *Paris, Simon*, 1766, *2 vol. in-8°, port. et pl. gr.*; bas.

1012. Paracelse. Pronosticatio eximii doctoris Theophrasti Paracelsi ad illustriss. principem Ferdinandum Roman. Regem atque archiducem Austriæ conscripta anno 1586. — *S. ind., in-4° de 39 ff., avec 32 fig. gr.;* rel. parch.

1013. Paradin (Cl.). Devises héroïques. — *Lion, Ian de Tournes*

et Guil. Gazeau, 1557, *in-8°, de 261 pp., avec 182 grav.
sur bois; mar. r. du Levant, dos orné, fil., dent int., tr. d.
(Raparlier).

> Ces 182 fig. (et non 180 , comme dit Brunet) sont attribuées à
> Salomon Bernard, dit le Petit Bernard. — Première édition avec
> texte explicatif. En 1551, le même libraire avait donné une édition
> des fig. sans le texte, mais cette édition n'en contenait que 118. Celle-
> ci en a donc 64 nouvelles. V^r, aussi, Quadrains.

1014. — Alliances généalogiques des rois et princes de Gaule. —
Lion, par Jan de Tournes, in-fol., blasons ; rel. v. éc., fil.

1015. Paris ridicule et burlesque au dix-septième siècle, par
Claude Le Petit, Berthod, Scarron, François Colletet,
Boileau, etc., nouv. édition revue et corrigée, avec des notes,
par P. L. Jacob , bibliophile (Paul Lacroix). — *Paris,
Delahays*, 1859, *in-12*; d. v., f. fil., têt. dor.

1016. **Parran** (A.). Romantiques. Éditions originales, vignettes,
documents inédits ou peu connus, avec une figure de Tony
Johannot gravée par Porret : Honoré de Balzac. — *Paris,
Rouquette*, 1881, *gr. in-8° de 54 p., pap. vergé*; tiré à
50 *ex. sur ce papier; N° 20*); br.

1017. Partie des pièces et actes qui concernent l'estat présent et
ancien de l'Université de Paris, M^r le Recteur qui en est et a
toujours esté le chef, les trois Facultez de Théologie, de Droit
canon et de Médecine; les Quatre Nations de France, de Pi-
cardie, de Normandie et d'Allemagne ; les trois doyens des
dites Facultez et les quatre Procureurs des dites nations. —
Paris, Julien, 1653, *in-4°;* br.

1018. **Pas** (Crispin de). La prima parte della luce del dipingere et
designare, nelle quale si vede una facillissima maniera di
disegnare tutte le parti del corpo, con una figura proposta
con la misura per disegnarle..., messa in luce da Crispino
del Passo, con molte belle stampe (en italien, hollandais,
français et allemand). — *Amsterdam, Janoz*, 1643, *in-fol.,
204 pl. gr.*, bas.

> L'ouvrage se compose de 5 parties, dont la 2e et la 3e sont datées
> de 1644 ; les autres sont sans date.

1019. **Pascal** (B.). Lettres écrites à un Provincial ; précédées
d'un essai sur les Provinciales et sur le style de Pascal. —
Paris, Lefèvre, 1826, *in-8°;* d. v. viol.

1020. **Passeri** (G.). Histoire des Peintures sur majoliques faites à Pesaro et dans les lieux circonvoisins; traduite de l'italien et suivie d'un appendice par H. Delange. — *Paris, (Meulde et Renou)*, 1853, *in-8°* ; br.

1021. Passio domini Nostri Jesu Christi, ex Euangelistarum textu quam accuratissime depromptu, additis sanctissimis exquisitissimisque figuris. = (*In fine :*) *Joannes Knoblonchus imprimebat Argeñ*, anno M. D. VIII, *in-fol.*, *25 pl. gr.*, rel. mar. r. jans., tr. d. (*Trantz-Bauzonnet*).

> Ces planches sont au monogramme V G, que Bartsch attribue à Urse Graf, strasbourgeois, élève de Martin Schœn, tandis que Fréd. Christ le croit être celui de V. Gamberlein.

1022. **Patin** (C.). Imperatorum Romanorum Numismata ex ære mediæ et minimæ formæ. — *Argentinæ, Paulli*, 1671, *in-fol.*, *portr. (ajouté) et pl. gr.;* bas.

1023. **Pauly** (A.). Bibliographie des Sciences médicales, avec une introduction par Ch. Daremberg. — *Paris, Tross*, 1874, *3 fasc. in-8°;* br. (*Ex. sur pap. vélin très fort.*).

1024. **Payan-Dumoulin** (E . de). Antiquités gallo-romaines découvertes à Toulon sur Allier, et Réflexions sur la Céramique antique, — *Paris, Dibron*, 1860, *gr. in-8°, fig.;* br.

1025. **Peignot** (G.). Répertoire de Bibliographies spéciales curieuses et instructives, contenant la notice raisonnée : 1° des ouvrages imprimés à petit nombre d'exemplaires : 2° des livres dont on a trouvé des exemplaires sur papier de couleur; 3° des livres dont le texte est gravé, et 4° des livres qui ont paru sous le nom d'*Ana*; le tout rédigé et publié avec des remarques historiques, littéraires et critiques. — *Paris, Renouard*, 1810, *in-8°;* d. m. vert. (*Ex. en grand pap. vél. avec l'ex libris de Pixérécourt.*)

1026. — Répertoire Bibliographique universel, contenant la notice raisonnée des Bibliographies spéciales publiées jusqu'à ce jour, et d'un grand nombre d'autres ouvrages de Bibliographie, relatifs à l'Histoire Littéraire et à toutes les parties de la Bibliologie. — *Paris, Renouard*, 1812, *in-8°;* v. f., fil. (*Ex. sur pap. vélin*).

1027. — Traité du Choix des Livres, contenant : 1° des observations sur la nature des ouvrages les plus propres à former une collection peu considérable, mais précieuse sous le rapport du goût; 2° des recherches littéraires sur la prédilection particulière que des hommes célèbres de tous les temps ont eue pour certains ouvrages; 3° un mémorial bibliographique des éditions les plus correctes et les plus belles des chefs-d'œuvre de la littérature sacrée, grecque, latine, française et étrangère ; enfin une notice sur l'établissement d'une bibliothèque, sa construction, sa division, le soin que l'on doit prendre des livres, etc., etc. — *Paris, Renouard*, 1817, *in-8°* ; d. v. f.

1028. — Essai historique et archéologique sur la Reliure des Livres et sur l'état de la Librairie chez les anciens (avec planches). — *Dijon, Lagier*, 1834, *in-8° de 7 7 p.;* br.

1029. — Choix de Testamens anciens et modernes, remarquables par leur importance, leur singularité ou leur bizarrerie ; avec des détails historiques et des notes. — *Paris, Renouard*, 1829, *2 vol. in-8°* ; br.

1030. — Recherches historiques et littéraires sur les Danses des Morts et sur l'origine des Cartes à jouer. — *Dijon, Lagier*, 1846, *in-8°, fig.* ; d. m., br.

1031. Peine (La) et misère des garçons chirurgiens autrement appelés Fratres ; representez dans un Entretien joyeux et spirituel d'un garçon chirurgien et d'un clerc. — *Troyes, Jean-Antoine Garnier*, s. d., *in-8° de 24 p.* ; rel. mar. r. du Levant, dent., tr. d. (*Amand*).

1032. **Peghoux (A.).** Essai sur les Monnaies des Arverni. — *Clermont, Thibaud*, 1857, *in-8° de 7 0 pages, pl.* ; br.

1033. **Pellico** (S.). Mes Prisons, suivies des Discours sur les Devoirs des hommes. Traduction d'Antoine de Latour ; avec des chapitres inédits, les additions de Maroncelli et des notices littéraires ou biographiques sur plusieurs prisonniers du Spielberg. Édition illustrée par Tony Johannot. — *Paris, Charpentier*, 1843, *gr. in-8°, fig.* ; d. m. vert.

1034. **Pelet (A.).** Essai sur les Médailles de Nemausus. — *Nimes, Clavel-Ballivet*, 1861, *in-8° de 7 1 p.;* br. (Ext. des *Mém. de l'Acad. du Gard.* — Année 1860).

1035. **Péricaud** (**A**.) l'aîné. Bibliographie Lyonnaise du XVe siècle. — Nouvelle édition. — *Lyon, Perrin et autres*, 1851-53, *4 part. en 1 vol. in-8°* ; d. m. v. tête dor.

1036. **Perrault.** Les Contes de Perrault, dessins par Gustave Doré ; préface par P.-J. Stahl. — *Paris, Hetzel, éditeur, libr. Firmin Didot*, 1862, *in-fol.* ; rel. perc. lilas, avec fers spéciaux. (Ex. sur pap. spécial de Marais).

1037. **Persius**. Satyræ sex ; cum posthumis commentariis Joannis Bond, nunc primum excusæ. — *Parisiis, Seb. Cramoisy,* 1644, *in-8°* ; mar. citr., dent. int., tr. d.

1038. **Petity** (P.). Étrennes Françoises, dédiées à la Ville de Paris, pour l'année jubilaire du règne de Louis le Bien-Aimé ; par l'abbé de Petity, prédicateur de la Reine. — *Paris, P.-G. Simon,* 1766, *in-8°, pap. de Holl.* ; v. éc., f., tr. d. ; avec les armes du Roi et celles de la Ville de Paris sur les plats.

> Huit planches (armoiries, médaillons, sujets) dessinées par Saint-Aubin et Gravelot, gr. par Duclos et Chenu. — Non cité dans Cohen, 3ᵉ édit.

1039. **Petrarcha**. Il Petrarcha, con l'esposizione d'Alessandro Vellutello di novo sistampato con le figure a i Triomphi et con piu cose utili in varii luoghi aggiunte.— *Vinetia, Gabriel Giolito de' Ferrari,* 1544, *in-4°, fig. sur bois* ; rel. vél.

> Mêmes ornements des feuillets que dans l'édition suivante.

1040. — Il Petrarcha, con l'esposizione d'Alessandro Vellutello di novo ristampato con le figure a i Triomphi. et con piu cose utili in varii luoghi aggiunte. — *Vinegia, Gabriel Giolito de Ferrari,* 1545, *in-4°, fig. sur bois ;* rel. anc. mar. r., avec plats richement ornés et armes, tr. d. et ciselée.

> Édition la plus recherchée des deux données par Giolito dans la même année 1545. La souscription finale est datée de 1545, tandis que dans l'autre édition, cette date n'existe pas sur le titre et la souscription finale est datée de 1543. — 10 ff. prél. non chiff. pour le titre, l'avis au lecteur, la table, la vie de Petrarque, la carte de Vaucluse et la vie de Laure. Le IIᵉ porte le chiffre 3 et la numération va jusqu'à 197; après quoi il y a 7 ff. non chiffrés pour finir.

1041. — Il Petrarca con nuove sposizioni,... Insieme alcune molto utili e belle annotationi d'intorno alle regole della lingua Toscana, e una conserva di tutte le sue rime... — *Lyone, Gulielmo Rovillio,* 1574, 2 part. en 1 vol. in-16, *fig. ;* rel. vél. blanc, tr. d.

> Edition faite sous la direction d'Alf. Cambi Importuni et très recherchée, Le vol. contient 24 ff. prél. ; texte pp. 19-558 (pour 588). Tavola delle desinenze... 25 ff. Tavola di tutte le rime... 294 pp., plus 5 ff. pour la table des mots dans l'ordre des cinq voyelles.

1042. **Petzholdt** (J.). Catalogus ,, Indicis Librorum prohibitorum et expurgandorum " — Specimen quod maxime viris præ-nobiliss. et perillustr. Præfectis Bibliothecarum Berolinensis, Bruxellensis, Dresdensis, Florentinæ, Gottingensis, Lipsiensis,

Londinensis, Lovaniensis, Madritensis, Mediolanensis, Mona-
censis, Norimbergensis. Oxoniensis, Parisinæ, Petropolitanæ,
Pragensis, Vaticano-Romanæ, Venetianæ et Vindobonensis,
eo consilio, ut catalogum ex opibus suis corrigant, suppleant
atque augeant, rite pie offert auctor J. Petzholdt. —
Dresdæ. Blochmannus, 1859, *34 pages*, =(*On y a joint du
même*) : Chronologische Uebersicht von bibliographischen
Systemen. — *Dresden, Schœnfeld*, 1860, *50 p*. = Uebersicht
der gesammten militairischen Bibliographie. — *Dresden,
Schœnfeld (C.-A. Verner)*, 1857, *23 p.*, *1 vol. in-8°*; d. m. r.

1043. **Philippi** (J.). Vᵣ Mémoires.

1044. **Piccolpassi (C.).** Les trois libres de l'Art du Potier
esquels se traicte non seulement de la Practique mais brief-
vement de tous les secrets de ceste chouse qui jouxte mes-
huy a estée toujours célée ; translates de l'italien en langue
françoise par maistre Claudius Popelyn, Parisius. — *Paris,
libr. internat.*, 1861, *in-fol. pl. gr.;* br.

1045. **Picot (E.).** Bibliographie Cornélienne ou description raisonnée de toutes les éditions des œuvres de Pierre Corneille,
des imitations ou traductions qui en ont été faites et des
ouvrages relatifs à Corneille et à ses écrits. — *Paris, Fontaine*, 1876, *in-8°*, *port.;* br. (Ex. papier Whatman, tiré sur
ce papier à 50 ex.; Nᵒ 12).

1046. Pièces diverses de différents auteurs concernant les Remèdes
et précautions contre la Peste, et la conduite chrétienne qu'on
doit garder dans les tems de contagion. — *Lyon, Molin*,
1721, *in-12*.

> 1. Traité de la Peste, de M. Fr. RANCHIN, chancelier de l'Université
> de Montpellier. — 2. Histoire de la Peste de Montpellier en 1629 et
> 1630, avec les remèdes qu'on y apporta ; et la désinfection parti-
> culière de la ville, par le même. — 3° L'ordre public de la ville de
> Lyon, par M. CHEVALIER. — 4° Remède contre la Peste par feu
> M. le Curé de Collonge. — (*On y a joint :*) Lyon affligé de la con-
> tagion ou récit de ce qui s'est passé de plus mémorable en cette
> ville, du mois d'août 1628 au mois d'octobre 1629, par le P. Jean
> GRILLOT.— *Lyon, la Bottière*, 1649.

1047. **Pierquin de Gembloux.** — Histoire monétaire et philologique du Berry. — *Bourges, Vᵉ Ménagé*, 1840, *in-4°*, *pl.;*
d. m. vert. (T. 1ᵉʳ).

1048. **Pinæus** (S.). De Integritatis et corruptionis Virginum notis :
graviditate item et partu naturali mulierum opuscula. —

II : Lud. Ronacioli Enneas muliebris. — III : Fel. Plateri de origine partium earumque in utero conformatione. — IV. Petri Gassendi de septo cordis pervio observatio. — F. Melchioris Sebizii de notis Virginitatis. — *Lugduni-Bata-vorum, Moyaert, 1650, pet. in-12, fig.* ; rel. vél.

1049. **Pinder**. Speculum passionis domini nostri Ihesu Christi... (*In fine :*) *Speculum de passione domini nostri Ihesu Christi cum textu quatuor evāgelistarū... cum figuris pulcris et magistralibus et oratiōibus devotis : non minus et de duodecim admirādis fructibus ligni vite : et stupendis mysteriis sanctissime crucis per doctorem Vdalricū Pinder cōncxū : et in civitate impiali Nurembergen. bene visum et impressum finit feliciter Anno... M . CCCCC. vii. Die vero.* xxx *mensis Augusti.* — *In-fol. de 90 ff. chiffrés et un titre ; 40 grandes planches et 37 petites gravées sur bois ;* rel. mar. Lavall., jans., dent. int., tr. d. (*Trantz Bauzonnet*).

> Édition à 2 col., caractères ronds. La 38ᵉ grandes planche (vᵒ du f. 73) porte la marque de Kans Schanfelein.

1050. **Pinder**. Numismatique Beckerienne ; recueil des médailles contrefaites par Becker, décrites par M. Pinder; traduction de l'allemand. — *Paris, Leleux, 1853, in-8ᵒ de 92 p., pl.* ; br.

1051. **Placcius** (Vinc.). Theatrum Anonymorum et Pseudonymorum ex symbolis et collatione virorum per Europam doctiss. et celeberr. post Syntagma dudum editum summa Beati auctoris cura reclusum et benignis auspiciis Matth. Dreyeri cujus et commentatio de Summa et Scopo hujus operis accedit, luci publicæ redditum. Præmissa est præfatio et vita auctoris, scriptore Jo. Alb. Fabricio. ⚌ Bibliotheca Anonymorum et Pseudonymorum detectorum ultra 4000 scriptores quorum nomina vera latebant antea... complectens, ad supplendum et continuandum Vincentii Flaccii *Theatrum*, et Christ. Aug. Heumanni *Schediasma de Anonymis et Pseudonymis*, collecta et adornata a Joh. Christ. Mylio, cum præfatione Gottl. Stollii. — *Hamburgi, vidua Got. Liebernickelii et Chr. W. Brandt, 1708 et 1740, 3 part. en 2 vol. in-fol., front. gr.* ; d. bas.

1052. **Plaine** (dom Fr). Essai historique sur les Origines et les Vicissitudes de l'Imprimerie en Bretagne. — *Nantes, Morel, 1876, in-4ᵒ de 43 p.*; br.; *pap. vergé, (tiré à 50 ex.).*

1053. **Planche** (G.). Portraits d'artistes. Peintres et Sculpteurs. — *Paris, M. Lévy, 1853, 2 vol. in-12,* br.

1054. — Études sur l'École française. Peinture et Sculpture. — *Paris, Lévy,* 1855, *2 vol. in-12,* br.

1055. — Études sur les Arts. — *Paris, M. Lévy,* 1855, *in-12* ; br.

1056. **Plantet** (L.) et **Jeannez** (L.). Essai sur les Monnaies du Comté de Bourgogne, depuis l'époque gauloise jusqu'à la réunion de la Franche-Comté à la France, sous Louis XIV. — *Lons-le-Saunier, A. Robert,* 1855, *in-4°, pl.* ; d. m. vert.

1057. **Plantavit de la Pause** (J.). Chronologia Præsulum Lodovensium. — *An. D.,* M.DC.XXXIV, *in-4°, titre gr.*; mar. r., f., aux armes de l'auteur.

> Ex. de Mgr. Barrès, évêque d'Agde, de 1631 à 1663.

1058. **Plato.** Omnia Platonis opera, gr. — *(In fine :) Venetiis, in ædibus Aldi et Andreæ Soceri,* mense septembri M.D.XIII, *in-fol.;* mar. anc.

> Autographe de Rabelais sur le titre : *Francisci Rabelesi medici* σπουδαιοτάτου καὶ τῶν αὐτου φίλων Χριστιανῶν. On trouve, en outre, sur 18 pages du volume, 22 notules mss.; mais d'une écriture, ce semble, différente de celle du titre.

1059. **Platter** (Th.). Sa Vie écrite par lui-même ; traduction d'É. Fick. — *Genève, J.-G. Fick,* 1862, *in-8°, pap. vergé, tit. et pl. gr.;* rel. vél. gauf.

1060. **Platter** (F.). Ses Mémoires ; trad. d'Édouard Fick. — *Genève, J.-G. Fick.* 1866, *in-8°, pap. vergé, fig.;* br.

1061. **Plautus.** Ex emendationibus adque commentariis Bernardi Saraceni, Joannis Petri Vallæ, Plauti Comœdiæ XX recens singulari diligentia formulis excusæ. — *(In fine:) Impressum Venetiis per Lazarum Soardum die xiiii augusti* MDXI. — *In-fol., nombreuses fig. sur bois, signées B.*; rel. v. f.

> Certains exemplaires de cette édition portent quelques modifications sur le r° et le v° du feuillet du titre.

1062. **Plinius** Secundus (C.). Historia naturale di C. Plinio ; secondo tradocta di lingua latina in fierentina per Christophoro Landino, etc. — *(In fine:) Opus Nicolai Jansonis Gallici impressum anno salutis* M.DCCC.LXXVI, *Venetiis.* — *In-fol. de 413 ff. non chiff., dont les 20 premiers occupent le proemium et la table.* Rel. mar. vert, fil. intér., tr. d.

> Les lettres initiales de tout le vol. sont en or, accompagnées d'ornements polychromes en bleu, vert et pourpre. Le 21° feuillet est richement enluminé de 3 côtés par une bordure or et polychrome.

1063. **Pluquet** (A.). Bibliographie du département de la Manche. — *Caen, Massif,* 1873, *in-8°,* d. m. v., têt. dor.

1064. **Plutarque**. Vies des Hommes illustres; traduction de D. Ricard. — *Paris, Lebigre,* 1834, *8 vol. in-8°;* d. v. r.

1065. **Poey d'Avant** (F.). Monnaies féodales de France. — *Paris, Rollin,* 1858-62, *3 vol. in-4°. pl. ;* d. v. f., fil., têt. dor.

1066. — Description des Monnaies seigneuriales françaises, composant la Collection de M. F. Poey d'Avant. Essai de classification. — *Fontenay-Vendée, Robuchon,* 1853, *in-4°, pl. ;* rel. parch.

1067. — De l'Influence du Langage poitevin sur le style de Rabelais. — *Paris, Techener,* 1855, *in-8° de 14 p ;* br.

1068. **Ponton d'Amécourt** (Vte de). Essai sur la Numismatique Mérovingienne, comparée à la Géographie de Grégoire de Tours. — Lettre à M. Alfred Jacob. — *Paris, Rollin,* 1864, *in-8°;* br.

1069. **Pogge** (F.). Ses Contes, avec des réflexions. — *Amsterdam, Fréd. Bernard,* 1712, *in-12 ;* v. f.

1070. **Poitevin** (J.). Essai sur le Climat de Montpellier, contenant des vues générales sur la nature et la formation des météores et les principaux résultats des observations faites à Montpellier depuis l'établissement de la ci-devant Académie des Sciences de cette ville; ouvrage qui peut servir de suite aux mémoires publiés par cette compagnie. — *Paris, Marchant,* 1808, *in-4°;* v. marb., fil. (*Ex. sur pap. vél.*).

1071. **Poldo d'Albenas**. Discours historial de l'antique et illustre cité de Nismes, en la Gaule Narbonoise , avec les portraitz des plus antiques et insignes bastimens dudit lieu, réduitz à leur vraye mesure et proportion, ensemble de l'antique et moderne ville. — *Lyon, Guill. Roville,* 1559, *pet. in-fol, pl. ;* rel., mar. r., f., dent. intér., tr. d. (*Chambolle Duru*).

1072. — Discours historial de l'antique et illustre cité de Nismes en la Gaule Narbonoise avec les portraitz des plus antiques et insignes bastimens dudit lieu, réduitz à leur vraye mesure et proportion, etc. — *Lyon, Guill. Roville,* 1560, *pet. in-fol. pl. ;* v. j.

1073. **Pons** (A.-J.). Les Éditions illustrées de Racine. — *Paris, Quentin,* 1878, *gr. in-8° de 88 p., pap. Holl., port.;* br. (*Tiré à 300 ex., N° 36*).

1074. **Ponsonailhe**(Ch.). Sébastien Bourdon, sa vie et son œuvre, d'après des documents inédits tirés des archives de Montpellier. — *Montpellier, Martel,* 1882, *gr. in-8°, fig. sur bois,* (*pap. de Holl., tiré à 10 ex.*).

1075. **Popelin** (C.-L.). L'Email des Peintres. — *Paris, A. Lévy,* 1866, *in-8°;* cartonné.

1076. **Porta** (J.-B.). La Physionomie humaine, divisée en quatre livres ; enrichie de quantité de figures tirées au naturel, où, par les signes extérieurs du corps, on voit si clairement la complexion, les mesures et les desseins des hommes, qu'on semble pénétrer jusques au plus profond de leurs âmes ; œuvre d'une singulière érudition, très utile et très agréable aux curieux de toutes sortes de conditions, nouvellement traduite du latin en françois par le sieur Rault, avec deux tables très amples des matières et des mots. — Seconde édition. — *Rouen, Berthelin,* 1660, *in-8°, fig,*; bas.

1077. **Pottier** (A.). Céramique. Essai de classification de Poteries normandes des XIIIe, XIVe et XVe siècles. — (*Rouen, Brière, s. d.*), *in-8°. de 13 p.*

1078. — Histoire de la Faïence de Rouen, précédée d'un Index synchronique mettant en regard les faits correspondants de l'histoire des autres fabriques, et suivie d'un Catalogue descriptif des pièces datées, classées chronologiquement; ouvrage posthume publié par les soins de l'abbé Colas. — *Rouen, Le Brument,* 1869, *gr. in-4°, pl. col.* ; br.

1079. **Pourcelet** (le P. A.). Le Guide du Bibliothécaire dans les Collèges et les Communautés, ou méthode de classement et d'organisation d'une bibliothèque considérable, spécialement dans un établissement religieux. — (Extrait) de la Bibliogr. Cathol., tome X. — *Paris, Le Clerc,* 1856, *in-8°* ; d. perc. br.

1080. Pourtraictz de plusieurs hommes illustres qui ont flory en France depuis l'an 1500 jusques à présent (1622). Recueil connu sous le nom de *Chronologie collée,* et renfermant 144 petits portraits gravés par Léonard Gauthier, avec une planche de texte. — *In-fol. de 6 ff.* ; br.

1081. Precationes Biblicæ Sanctorum Patrum, Illustrium Virorum et Mulierum utriusque Testamenti Oth. Br. (Brunfels). — *Argentorati, apud Joannem Schottum,* 1528, *in-16 de 8 ff.*

10

prél. et 91 chiffrés, sauf le dernier; rel. mar. r. du Lev., fil. à froid, dent. intér., tr. d. (*Capé*).

> Petit vol. inconnu de Panzer, de Maittaire, de Brunet et de Græsse. Le texte est dans un encadrement historié de 16 sujets différents, dont cependant 7 sont répétés 12 fois, et 9, 11 fois. Recueil d'oraisons extraites des livres bibliques et applicables aux diverses circonstances humaines. Le titre est imprimé en rouge et en noir avec encadrement formant sujet.

1082. Préface du Catalogue de la Bibliothèque Mazarine, rédigé en 1751 par le Bibliothécaire Desmarais ; publiée, traduite en français et annotée par Alfred Franklin. — *Paris, Miard,* 1867, *in-12, pap. Holl.* ; br. (*tiré à 306 ex.*).

1083. Premier (Le) livre de l'histoire et ancienne cronique de Gerard d'Euphrate, duc de Bourgongne : traitant, pour la plus part, son origine, jeunesse, amours et chevalereux faits d'armes : avec rencontres, et aventures merveilleuses, de plusieurs chevaliers et grans seigneurs de son tems : mis de nouveau en notre vulgaire françoys. — *Paris, pour Vincent Sertenas, libraire,* 1549; (au dernier f.) : *Fin du premier livre de Gérard d'Euphrate, imprimé à Paris par Estienne Groulleau, pour luy, Jan Longis et Vincent Sertenas, libraires,* 1549, *in-fol. de 6 et* CXXXVII *ff., lettres rondes, fig. sur bois;* rel. mar. Lavall., fil., tr. dor.

1084. **Prévost** (l'abbé). Histoire de Manon Lescaut et du Chevalier des Grieux ; édition illustrée par Tony Johannot, précédée d'une notice historique sur l'auteur par Jules Janin. — *Paris, Bourdin,* s. d. (**1839**), *gr. in-8°* ; mar. v., fil., dent., tr. dor. (*Cuzin*).

> Ex. sur pap. de Chine de la première édition, imprimé d'un seul côté. Outre les fig. à part de Tony Johannot, qui font partie de l'édition, on y a ajouté la suite de Hédouin (1 port. et 5 fig.) et celle de Chauvet (1 portr., 1 frontisp. et 9 fig., en tout 11 fig.), tirées en noir et en bistre. Ce sont des eaux-fortes avant la lettre.

1085. — Histoire de Manon Lescaut et du Chevalier des Grieux ; édition illustrée par Tony Johannot, etc. — *Paris, Bourdin,* s. d. (**1839**), *gr. in-8°* ; br.

> Ex. de première tirage avec le frontispice et 18 pl. tirées à part sur Chine, avant la lettre. Couverture illustrée.

1086. — Histoire de Manon Lescaut et du Chevalier des Grieux. — *A Paris, (Leclère),* 1860, *2 vol. in-18, pap. vél. fort, tiré à 50 ex., portr. et fig. gr.* ; rel. mar. f., dos et plats ornés, dent. int., tr. d. (*Hardy*).

Reproduction avec les mêmes caractères et les mêmes fig. de Lefèvre gravées par Coiny, de l'édition de Didot 1797. — On y a joint 4 grav. de Desenne faites pour la *Bibliothèque Française* et 57 bois de Tony Johannot, tirage à part des gravures données par cet artiste dans l'édition de Bourdin. Ex. de M. de Ginestous.

1087. — Histoire du Chevalier des Grieux et de Manon Lescaut. Bibliographie et notes pour servir à l'histoire du livre, (par Henry HARRISSE), 1728-1731-1753. — *Paris, Rouquette*, 1875, *in-8° de 61 p., pap. vergé (tiré à 127 ex.; N° 69)*.

1088. **Prevost** (F.). Recherches sur le blocus d'Alesia. Mémoire en faveur d'Alise. — *Paris, Leleux*, 1858, *in-8°, cart.; br.*

1089. Projet (Un) gigantesque en Languedoc au XVIIIᵉ siècle, publié d'après le ms. des Archives de l'ancienne Intendance, avec préface, par J. Seeker. — *Montpellier, Coulet*, 1773, *in-8°; br.*

1090. **Promis** (D.). Monete dei Reali di Savoia. — *Torino, Chirio e Mina*, 1841, *2 vol. gr. in-4°, pl.; br.*

1091. — Monete dei Romani Pontefici avanti il Mille. — *Torino, Stamp. reale*, 1858, *gr. in-8°, pl.; br.*

1092. — Monete del Piemonte, inédite o rare. = Monete della Zecca d'Asti. = Monete della Zecca di Savona. — *Torino, Stamp. reale*, 1852-64, *3 fasc. gr. in-8°, pl.; br.*

1093. Prontuario delle Medaglie de piu illustri e fulgenti huomini e donne, dal principio del Mondo insino al presente tempo, con le lor vite in compendio raccolte. — *In Lione, appresso Glielmo Rovillio*, 1553, *2 part. en 1 vol. in-4°, portr. en médaillons gr. sur bois*; rel. parch.

1094. Psalmi, Proverbia, Ecclesiastes, Canticum Canticorum, Sapientia, Ecclesiasticus. — *Parisiis, Pomeray*, 1629-30, *2 part. en 1 vol. in-12*; reliure accolée mar. r. à petits fers, au chiffre du Chancelier Pierre Seguier et de sa femme Madeleine Fabri (P. S. M. F. entrelacés), doubl. de mar. r. à compartiment, tr. d.

1095. Psalterium Hebræum, Græcum, Arabicum et Chaldæum cum tribus latinis interpretationibus et glossis (studio Aug. JUSTINIANI). — (Au v° de l'avant-dernier f.) : *Impressit miro ingenio Petrus Paulus Porrus Genuæ in ædibus Nicolai Justiniani Pauli*, anno M.D.XVI, *gr. in-4°; d. m. r.*

> Première édition polyglotte, imprimée avec les caractères propres à chaque langue. Dans une note sur le Ps. *Cœli enarrant* Justinianus a trouvé le moyen d'insérer une vie assez étendue de Christophe Colomb.

1096. **Puget de La Serre**. Parallèle et éloges historiques d'A-
lexandre le Grand et de Monseigneur le prince d'Angnien
avec les planches des plus importantes villes qu'il a réduites
en ses quatre campaignes sous l'obeyssance du Roy ; seconde
édition. — *Paris, Cl. Morlot, 1647, in-4°*; mar. r., fil., tr. d.
armes sur les plats.

> Titre et lettres capitales imprimées en or. Neuf grandes figures
> coloriées et relevées aussi d'or, ainsi que le frontispice, les culs
> de lampes et les lettres ornées. Non cité dans Brunet.

1097. **Puteanus** (G.). Joannis Mesue medici præstantissimi Aloen
aperire ora venarum aliaque similia non pauca dicenda,
adversus Joannem Manardum et Leonardum Fuchsium,
aliosque neotericos multos defensio, ad simplicium medica-
mentorum facultates noscendas non parum utilis. — *Lugduni,*
Rose, (in fine : excudebat Joannes Barbous), 1537, pet. in-8°
de 107 p. et 8 ff. pour l'index ; rel. vél., tr. d.

Q

1098. Quadrins historiques de la Bible. Quadrins historiques
d'Exode (par Claude PARADIN). — *A Lyon, par Iean de Tour-*
nes, M.D.LIII, 2 part. en 1 vol. in-8°; rel. mar. r., fil. et orn.
sur plats, dent. intér, tr. d. *(Capé)*.

> Édition originale et premier tirage des gravures dues à Salomon
> Bernard dit le *Petit Bernard*. La 1re partie (Genèse) en contient 74 ;
> la 5e partie (Exode et autres livres) en contient 125, ce qui fait 199
> fig. pour les deux parties.

1099. **Quantin**. Dictionnaire raisonné de Diplomatique Chrétienne, contenant les notions nécessaires pour l'intelligence
des anciens monuments manuscrits; suivi d'un Rapport au
Roi sur les Archives départementales; et des Éléments de
critique, ou recherches des différentes causes de l'altération
des textes latins. — *Paris, J.-B. Migne,* 1866, *gr. in-8°* ; br.

1100. Quelques notes sur Guillaume Silvius, imprimeur d'Anvers
(1560-1579). — *Bruxelles, Heusner,* 1862, *gr. in-8° de 38 p.;*
br.

1101. **Quérard** (J.-M.) et **Barbier** (A.-A.). Les Supercheries littéraires dévoilées. Galerie des Écrivains français de toute

l'Europe qui se sont déguisés sous des anagrammes, des as-
teronymes, des cryptonymes, des inialismes, des noms littéraires, des pseudonymes facétieux ou bizarres, etc; seconde
édition, considérablement augmentée; publiée par Gustave
Brunet et Pierre Jannet. suivie : 1° du Dictionnaire des ouvrages anonymes, troisième édition, revue et augmentée par
M. Olivier Barbier; 2° d'une table générale des noms réels
des écrivains anonymes et pseudonymes cités dans les deux
ouvrages. — *Paris, Daffis*, 1860-77, 7 vol. gr. in-8°; d. rel.
mar. r., Jansen, tr. d. (*Ex. en grand papier de Hollande.*)

1102. — OEuvres posthumes, publiées par G. Brunet. Livres perdus
et Exemplaires uniques. — *Bordeaux, Lefevbre*, 1872, in-8°,
pap. vergé, (tiré à 300 ex. ; N° 59): rel. mar. gr., chiffre de
Cavalier sur les plats, dent. intér., tr. dor. (*Amand.*)

1103. **Querlon** (Meunier de). Les Grâces (recueil de différents
ouvrages sur les Grâces, en prose et en vers). — *Paris, Laurent Prault*. 1769, *gr. in-8°, fig, de Moreau et Boucher, gr.
pap. de Holl.*, rel. mar. v. du Levant, fil., tr. d. (Allo et dorures par Wampflug).

1104. Quinze (Les) Joyes de Mariage; nouvelle édition conforme
au manuscrit de la Bibliothèque publique de Rouen, avec
les variantes des anciennes éditions, une notice bibliographique et des notes. — *Paris, Jannet*, 1853, *in-16, pap.
vergé ;* d. perc. r.

R

1105. **Rabelais**. La vie très horrifieque du grand Gargantua, père de
Pantagruel, jadis composée par M. Alcofribas, abstracteur de
quintessence. Livre plein de Pantagruelisme. M.D.XLII. — *On
les vend à Lyon chez Françoys Juste. — In-16 goth., de 155 ff.,
fig. sur bois, titre en lettres rondes et en gothique*; rel mar. br.,
avec le dos et les plats richement ornés, doublés de mar. r.,
dent., tr. d. ; (*Capé*). 38 chapitres. = Pantagruel, Roy des
Dypsodes restitué à son naturel avec ses faictz et prouesses
espouvantables : composez par feu M. Alcofribas abstracteur
de quintessence. M.D.XLII. — *On les vend à Lyon chez Françoys
Juste. — In-16 goth. de 147 ff., titre en lettres rondes sauf les*

deux lignes de l'adresse (34 chapitres, suivis de la Pronostication qui commence au f. 135.). — Même reliure que le
vol. précédent.

1106. **Rabelais.** Le Quart Livre des Faictz et Dicts héroiques du
bon Pantagruel. Composé par M. Françoys Rabelais, docteur
en médecine. Avec une briefve déclaration d'aucunes dic-
tions plus obscures contenues en cedict livre. Nouvellement
reveu et corrigé par ledit autheur pour la deuxiesme édition.
— 1553 (*S. autre indication*), *in-16* ; mar. r,, ornem. et fil.
sur les plats, dent., tr. d. (*Duru*).

> 17 ff. prél. ; 294 pp. et 12 ff. à la fin pour la table et la *brièfve
> déclaration*. D'après Brunet, c'est 17 ff. et non 12 ff. qu'il faudrait
> à la fin.

1107. —Les Œuvres de maistre François Rabelais, docteur en mé-
decine, contenant cinq livres de la vie,|faictz et dicts héroiques
de Gargantua et de son fils Pantagruel. Et augmentez de l'Isle
des Apedèfres, de la Cresme philosophale et d'une Épistre
Limosine : outre la Navigation en l'Isle Sonnanto, la Visita-
tion de l'Oracle de la dive Bacbuc et le mot de la Bouteille.
La Pronostication Pantagrueline.—*A Lion, par Jean Martin*,
1569. *in-16, port. sur bois* ; rel. v. f.

> 402 pp. et 5 ff. de table, pour le 1er vol. contenant le 1er et le
> 5e livre. 238 pp. pour le 5e livre, qui a pour titre : *Le cinquiesme et
> dernier livre des faitz et ditz héroiques du bon Pantagruel*, appelé
> *vulgairement l'Isle sonnante*, etc. — Lion *1519*, (sans le nom de
> Martin, mais avec le même portrait au verso). Au-dessous du portrait
> il y a un quatrain et un dizain au-dessous de celui du 1er vol.
> Manque le vol. renfermant les 3e et 4e parties.

1108. —Les Œuvres de M. François Rabelais, docteur en médecine.
Augmentées de la vie de l'auteur et de quelques remarques
sur sa vie et sur l'histoire. Avec l'explication de tous les
mots difficiles.—*A la Sphère,(Amsterdam, L. et D. Elzevier)*,
1663, *2 vol. pet. in-12* ; rel. mar. r., fil., tr. d. (Armes de
France sur les plats).

1109. —Les Œuvres de M. François Rabelais, docteur en médecine.
Augmentées de la Vie de l'auteur et de quelques remarques
sur sa vie et sur l'histoire. Avec l'explication de tous les
mots difficiles.—*(Amsterdam, L. et D. Elzevier)*, 1666, *2 vol.
pet. in-12* ; mar. r. dent., tr. d. (*Canape*).

> Édition copiée page par page sur celle de 1663. Le titre du 1er vol.
> est en rouge.

1110. —Les Œuvres de M. François Rabelais, docteur en médecine. Augmentées de la Vie de l'auteur et de quelques remarques sur sa vie et sur l'histoire. Avec l'explication de tous les mots difficiles et la clef nouvellement augmentée. — *A la Sphère, (Hollande)*, 1675, *2 vol. pet. in-12, reliés en 1* ; cart.

> Même pagination qu'aux éditions de 1663 et 1666, sauf qu'après la table du t. 1er, il y a un feuillet pour la clef.

1111. — Œuvres de Maître François Rabelais, publiées sous le titre de Faits et dits du Géant Gargantua et de son fils Pantagruel ; avec la Prognostication Pantagrueline, l'Épître du Limosin, la Crème Philosophale et deux Épîtres à deux vieilles de mœurs et d'humeurs différentes ; nouvelle édition où l'on a joint des remarques historiques et critiques sur tout l'ouvrage (par J. Le Duchat et B. de la Monnoye); le vrai Portrait de Rabelais, la Carte du Chinonnois, le dessein de la Cave peinte et les différentes vues de la Devinière, métairie de l'auteur. — *Amsterdam, H. Bordesius*, 1711, *6 tomes en 5 vol. pet. in-8°, fig.* ; rel. mar. r., f., dent. int., tr. dor. *(Lortic)*.

1112. — Œuvres de Maître François Rabelais, publiées sous le titre de Faits et Dits du Géant Gargantua et de son fils Pantagruel, avec la Prognostication Pantagrueline, etc.; nouvelle édition où l'on a joint des remarques historiques et critiques sur tout l'ouvrage; (par Le Duchat), etc. — *Amsterdam, Bordesius*, 1711, *6 vol. in-12, fig.* ; bas.

1113. — Œuvres de Maître François Rabelais, publiées sous le titre de Faits et Dits du Géant Gargantua et de son fils Pantagruel, etc.; avec des remarques historiques et critiques de M. Le Duchat sur tout l'ouvrage : nouvelle édition, augmentée de quelques remarques nouvelles (par Guelette et Jamet l'aîné). — *(Paris, Prault)*, 1732, *6 tomes en 5 vol. pet. in-8°, fig. Ex. en gr. pap.;* rel. mar. r., fil., dent., tr. d. *(Allo)*.

> Réimpression avec les quelques remarques de Guelette et Jamet de l'édition de 1711, en caractères plus gros, mais avec moins de correction.

1114. — Œuvres de Maître François Rabelais, avec des remarques historiques et critiques de M. Le Duchat ; nouvelle édition, ornée de figures de B. Picart, etc.; augmentée de quantité de nouvelles remarques de Le Duchat, de celles de l'édition anglaise des Œuvres de Rabelais, de ses lettres et de plusieurs pièces curieuses et intéressantes. — *Amsterdam, J.-Frid. Bernard*, 1741, *3 vol. in-4°* ; rel. mar. bl. doublé de mar. citron, dos orné, filets,, dent., tr. dor. (*Chambolle-Duru*) .

Ex. sur grand papier.

1115. **Rabelais.** Œuvres choisies de François Rabelais, docteur en médecine de la Faculté de Montpellier, etc. (par l'Abbé Pérau). — *Genève, Barillot*, 1752, *3 vol. in-12*; d. mar. v., têt. dor., non rogné. *(Petit)*.

1116. — Les Œuvres de François Rabelais, docteur en médecine. — *Genève, (Paris, Cazin)*, 1781, *4 vol., portr.*; rel. v. éc., f., tr. d.

1117. — Œuvres de Maître François Rabelais, anciennement publiées sous le titre de Faits et Dicts du Grand Gargantua et de Pantagruel ; avec la Pronostication pantagrueline, l'Épître de l'Écolier limousin, la Crême philosophale, les Épîtres à deux Vieilles de mœurs et d'humeurs différentes, et des Remarques critiques, historiques et grammaticales sur le Gargantua, et un Vocabulaire pour les deux volumes du Pantagruel ; édition nouvelle. — *La Haye, et se trouve à Paris, hôtel de Bouthillier*, 1789, *3 vol. pet. in-12, fig.*; v. m., fil.

Les fig. sont des copies de celles de B. Picard pour l'édition in-4° de 1741.

1118. — Œuvres de maistre François Rabelais, suivies des remarques publiées en anglois par M. Le Motteux et traduites en françois par C. D. M. (de Missy) ; nouvelle édition, ornée de 76 gravures. — *Paris, Ferd. Bastien*, an VI (1792), *2 vol. in-8° tirés sur pap. fin, pet. in-fol.*; rel. v. rac., fil., tr. dor.

Les planches sont avant la lettre ; le texte est encadré.

1119. — Œuvres de Rabelais. — *Paris, Th, Desoer*, 1820, *3 vol. in-18, portr. et fig. sur bois*; rel. mar. f., filets sur les plats, dent. intér., tr. dor (*Thibaron-Joly*).

Un des six exemplaires dont chaque feuille est d'un papier de couleur différente ; (N° 5). — Les deux premiers vol. contiennent le texte, le 3e un avertissement de l'éditeur (de l'Aulnaye), une liste des éditions, une table, un glossaire ; les Erotica verba, etc.

1120. — Œuvres de Rabelais, (publiées par l'abbé de l'Aulnaye). — *Paris, Janet*, 1823, *3 vol. in-8°*; d. mar. bl., tête dor., non rogné.

Exemplaire en grand papier, auquel on a ajouté la suite des gravures avant la lettre de l'édition de Bastien, et celles aussi avant la lettre et sur Chine de Dévéria de l'édition de Dalibon. — Le T, 3 contient le commentaire de l'abbé de l'Aulnaye plus complet que dans l'édition de Desoer de 1820.

1121. — Œuvres de Rabelais. Édition Variorum, augmentée de pièces inédites, des Songes drolatiques de Pantagruel, ouvrage posthume, avec l'explication en regard ; des remarques de Le Duchat, de Bernier, de Le Motteux, de l'abbé de Marsy, de Voltaire, de Ginguené, etc.; et d'un nouveau commentaire historique et philologique, par Esmangart et Éloi Johanneau. — *Paris, Dalibon*, 1823. *9 vol. in-8°, fig.* ; rel. d. mar. gr., coins, tête dor., non rognés. (*Lardière.*)

> Ex. en grand papier velin, avec les deux portr. de Rabelais et les dix vignettes de Deveria sur Chine, ainsi que les eaux-fortes. Le T. 9 contient les 120 fig. grav. sur bois par Thompson, des *Songes drolatiques.*

1122. — Œuvres de F. Rabelais, accompagnées de notes explicatives du texte et précédées d'une notice par M. L*** (P. Lacroix). — *Paris, Pinard et Jehenne*, 1827-26, *5 vol. in-16* ; d. v. f.

1123. — Œuvres de F. Rabelais. — *Paris, Ledentu*, 1837, *gr. in-8°*, *portr.*; d. m. viol.

1124. — Œuvres de François Rabelais contenant la vie de Gargantua et celle de Pantagruel, augmentées de plusieurs fragments et de deux chapitres du Ve livre restitués d'après un Manuscrit de la Bibliothèque impériale; précédées d'une notice historique sur la vie et les ouvrages de Rabelais, augmentée de nouveaux documents par P.-L. Jacob, bibliophile (Paul Lacroix); nouvelle édition, revue sur les meilleurs textes et particulièrement sur les travaux de J. Le Duchat et de S. de l'Aulnaye, éclaircie quant à l'orthographe et à la ponctuation et accompagnée de notes succinctes et d'un glossaire, par Louis Barré. Illustrations par Gustave Doré. — *Paris, Bry*, 1854, *gr. in-8°, fig.*; br.

1125. — Œuvres de Rabelais; seule édition conforme aux derniers textes revus par l'auteur, avec les variantes de toutes les éditions originales, des notes et un glossaire. — *Paris, Jeannet et Daffis*, 1858-72, *2 vol. pet. in-12* ; br. (*Ex. sur pap. de Chine; tiré à 12 ex. sur ce papier.*)

1126. — Œuvres de Rabelais collationnées pour la première fois sur les éditions originales, accompagnées d'un commentaire nouveau par Burgaud des Marets et Rathery ; seconde édition, revue et augmentée. — *Paris, Didot*, 1872-73, *2 vol. in-12*; br. (*Ex. tiré sur pap. de Holl., format in-8°.*)

1127. **Rabelais.** Les Quatre Livres de maistre Rabelais, suivis du Manuscrit du cinquième livre, publiés par les soins de MM. Anatole de Montaiglon et L. Lacour. Impression par D. Jouaust. — *Paris, Acad. des Bibliophiles*, 1868-72, *3 vol. pet. in-8° en feuilles.*

> Un des deux exemplaire tirés sur peau de vélin.

1128. — Les Œuvres de Maistre François Rabelais, accompagnées d'une notice sur sa vie et ses ouvrages, d'une étude bibliographique, de variantes, d'un commentaire, d'une Table des noms propres et d'un glossaire, par Ch. Marty-Laveaux. — *Paris, Lemerre*, 1868-81, *4 vol. in-8° écu*; br.

> Exemplaire tiré sur grand papier Whatman (N° 15, sur les 22 tirés sur ce papier). On y a joint : Eaux-fortes (16) de Rabelais, dessinées par Braquemond. — *Paris, Lemerre*, 1872. Ex. de premières épreuves, sur papier de Chine.

1129. — Œuvres de Rabelais ; texte collationné sur les éditions originales avec une vie de l'auteur, des notes et un glossaire. Illustrations par Gustave Doré. — *Paris, Garnier*, 1873, *2 vol. gr. in-fol.*; br.

> (Ex. sur papier de Chine tiré à 25 ex. sur ce papier; N° 24).

1130. — Les Cinq Livres de F. Rabelais, publiés avec des variantes et un glossaire, par P. Chéron, et ornés de onze eaux fortes par E. Boilvin. — *Paris, Libr. des Bibliophiles, (Jouaust)*, 1876-77, *5 vol. in-8°*; br.

> Ex. sur papier Whatman avec les gravures en double épreuve avant et après la lettre ; tiré à 15 ex. sur ce papier.

1131. — Œuvres de Maître François Rabelais. Édition collationnée sur les textes originaux. — *Paris, Delarue*, (1877), *6 vol. pet. in-12* ; br. (*Ex. sur pap. de Chine*).

1132. — Œuvres de Rabelais, édition conforme aux derniers textes revus par l'auteur, avec une notice et un glossaire par Pierre Jannet. Illustrations en noir et en couleur, de A. Robida. — *Paris, Libr. illustrée*, s. d., *2 vol. gr. in-8°*; br.

1133. — Œuvres de Rabelais ; édition conforme aux derniers textes revus par l'auteur, etc. Illustrations de A. Robida. — *Paris, libr. illustrée, gr. in-8°*; br.

> Ex. sur Chine ; (N° 46) du Tome Ier seulement.

1134. — Meister Franz Rabelais der arzenen Doctoren Gargantua und Pantagruel aus dem Franzœsischen verdeutscht mit Einleitung und Ammerkungen, den Varianten des zweigten Buchs von 1533, auch einem noch unbekannten Gargantua, herausgegeben durch Gottlob Regis. — *Leipzig, Barth,* 1832-1841, *2 tom. en 3 vol. in-8°, portr. et carte*; br.

> La traduction allemande forme le 1ᵉʳ vol. ; les deux autres sont pour le commentaire.

1135. — Les Songes drolatiques de Pantagruel ; ouvrage posthume, avec l'explication en regard. — *Paris, Dalibon,* 1823, *in-8°* ; d. mar. r.

> Ce vol. forme le T. 9 de l'édition Dalibon. Le docteur H. de Guillin d'Avenas, possesseur de cet exemplaire, n'a gardé que la préface imprimée de l'édition de 1565 et les gravures sur bois reproduisant en fac-simile celles de cette édition originale. Les explications mises en regard de ces gravures dans l'édition Dalibon ne lui ayant pas convenu, il les a remplacées par un nouveau commentaire manuscrit très érudit et très ingénieux.

1136. — Les Songes drolatiques de Pantagruel, où sont contenues plusieurs figures de l'invention de maistre François Rabelais, avec une introduction et des remarques par M. E. T. — *Paris, Tross* ; (*Lyon, Perrin*), 1869, *pet. in-8°*; br. (*Ex. sur pap. de Chine.*)

1137. — Les Songes drolatiques de Pantagruel, où sont contenues plusieurs figures, etc. — *Paris, Tross,* 1869, *in-8°* ; rel. toile blanche. (*Ex. sur pap. de Holl.*)

1138. — Les Epistres de Maistre François Rabelais, escrites pendant son voyage d'Italie, nouvellement mises en lumière. Avec des observations historiques et l'abrégé de la Vie de l'autheur, par Mʳˢ de Sainte-Marthe. — *Paris, Charles de Sercy,* 1651, *pet. in-12, port.;* rel. mar. v., dent. int., tr. d. (*Petit*).

1139. — Les Lettres de François Rabelais, escrites pendant son voyage d'Italie, nouvellement mises en lumière, avec des Observations historiques par M. de Sainte-Marthe, et un Abrégé de la Vie de l'auteur ; édition nouvelle, augmentée de plusieurs remarques. — *A Brusselle, chez F. Foppens,* 1710, *in-12, port.*; v. f.

Voir en outre, sur Rabelais, les noms qui suivent :

Albénas (d'), Bernier, Broussonnet, Bourquelot, Brémond, Brunet, Burgaud-Desmarests, Catalogue Avenas, Chasles (Ph. et E.), Chevalier, Compayré, Desaivre, Dubouchet, Dupré, Feugère, Fragonard,

GAIDOZ, GEBHART, GUINGUENÉ, GORDON, GUIZOT, HEULHARD, HIPPOCRATE, KUNHOLTZ, JARRIN, LACROIX, LANDROL, LENORMANT, LEROY, MARTY-LAVEAUX, MONTAIGLON, NODIER, NOEL, POEY-D'AVANT, RATHERY, RÉAUME, SAINTE-BEUVE, SARDOU.

1140. Rabutaux. De la Prostitution en Europe depuis l'antiquité jusqu'à la fin du XVIe siècle; avec une bibliographie par M. Paul Lacroix, et 4 planches hors texte. — *Paris, Seré*, 1851, *in-4°, fig.*; br.

1141. Racine. Ses Œuvres. — *Paris, 1760, 3 vol. gr. in-4°, fig.*; rel. mar. r., f., tr. d.

> Portrait gravé par Daullé. Les illustrations, grandes et petites, ont été dessinées par Jacques de Sève et gravées par Chevillet, Aliamet, Flipart, Lemire, etc.

1142. — Œuvres, précédées des Mémoires sur sa vie, par Louis Racine. — *Paris, Lefèvre*, 1833, *gr. in-8°, port. et pl. sur Chine*; d. mar. r.

1143. — Théâtre de Jean Racine, trésorier de France, l'un des Quarante de l'Académie françoise; orné de vignettes gravées à l'eau forte sur les dessins d'Ernest Hillemacher par Frédéric Hillemacher. — *Paris, Libr. des Bibliophiles (Jouaust)*, 1873, *4 vol. in-8°;* mar. r., dent. intér., tr. dor. *(Cuzin).*

> Exemplaire en grand papier de Hollande avec les eaux fortes avant la lettre. Tiré à 100 ex. sur ce papier. On y a joint la suite complète du portr. et des eaux fortes tirées à part sur chine volant, avant la lettre et d'un tirage antérieur à l'édition du texte (travail moins avancé). On y a joint aussi la suite des figures de Moreau pour l'édition de Renouard.

1144. — Esther, tragédie tirée de l'Écriture Sainte. — *Paris, Denys Thierry*, 1689, *in-4° de 6 ff. et 83 pp., fig. gr. par Séb. Leclerc d'après Le Brun*; v. j.

1145. Raoul-Rochette. Second Mémoire sur la Croix Ansée ou sur le signe qui y ressemble, considérée principalement dans ses rapports avec le Symbole égyptien sur des monuments étrusques et asiastiques.— *Paris, Imp. roy.*, 1846, *gr. in-4° de 100 p., pl.*; br.

1146. Rathery (E.-J.-B.). François Rabelais. — *Paris, Didot*, 1866, *5 pag. in-8°.* (Ext. de la *Nouvelle Biographie Gén.*, t. 41°).

1147. Réaume (E.). Rabelais. (Extr. des *Prosateurs français du XVIe siècle*). — *Paris, Didier*, 1869, *in-8° de 35 p.*

1148. Rebuffi (P.). Privilegia Universitatum, Collegiorum, Bibliopolarum et omnium demum qui studiosis adjumento sunt..., a D. Petro Rebuffo de Montepessulano juris doctore olim collecta, nunc vero luci restituta, etc. — *Francofurti, Bassæus*, 1575, *in-8°*; *vél. gauffré.*

1149. Recherches bibliographiques sur le Télémaque, les Oraisons funèbres de Bossuet et le Discours sur l'Histoire Universelle; par M*** (l'abbé A.-L.-P. Caron); seconde édition. — *Paris, Périsse*, 1840, *in-8°*; br.

1150. Recueil des Privilèges de l'Université de Paris, accordez par les Rois depuis sa fondation jusqu'à Louis-le-Grand. — *Paris, Ve Cl. Thiboust*, 1674. = Remarques sur la dignité, rang, préséance et juridiction du Recteur de l'Université de Paris, par César Egasse du Boulay. — *Paris, de Bresche*, 1668. = Factum ou remarques sur l'élection des Officiers de l'Université, par le même. — *Paris, de Bresche*, 1668, *3 part. en 1 vol. in-4°*; d. m. r.

1151. Recueil de Poésies françoises des XVe et XVIe siècles : morales, facétieuses, historiques; réunies et annotées par Anatole de Montaiglon et James de Rothschild. — *Paris, Jannet-Daffis*, 1855-78, *13 vol. in-16, pap. vergé*; perc. r.

1152. Recueil des meilleurs Contes en vers. — *Londres (Paris, Cazin)*, 1778, *4 vol. in-18, port. et fig.*,; *par Duplessis-Bertaux*, rel. mar. citr., fil., dent. intér., tr. d. (*Cuzin*).

> Les deux premiers vol. ont pour titre : Contes et Nouvelles en vers, par M. de La Fontaine (64 vignettes). Le 3e, Contes et Nouvelles en vers, par MM. Voltaire, Vergier, Sénécé, Perrault, Moncrif et Ducerceau, (21 vignettes). Le 4e, Contes et Nouvelles en vers, par MM. Grécourt, Autereau, Saint-Lambert, Champfort, Piron, Dorat, La Monnoye et Fr. de Neufchateau (28 vignettes).

1153. Recueil de Poètes gascons : Première partie. Las Obros de Pierre Goudelin, augmentados de forço pessos é le Diccionnari sur la Lengo Moundino; quatriemo e darriero impressiu rebisitado et courrigeado de forço fautas qu'eron a l'impressiu de Toulouso. = Seconde partie : Les Folies du sieur Le Sage de Montpellier; suivant la Copie de Montpellier; — L'Embarras dela Fieiro de Beaucaire en vers burlesques vulgaris, per Jean Michel de Nismes; revist, courijat et aumentat embé plusieurs autres Piessos, tant seriouzes que burlesques; lou tout per lou mesmo auteur. — *Amsterdam,*

Daniel Pain, 1700, 2 *vol. pet. in-8°, front. gravé ;* rel. mar. bleu, fil. (*Levasseur*).

1154. Recueil. — *Pet. in-12 ;* bas.

1. Le Theatre de Besiers ou recueil des plus belles Pastorales et autres Pièces historiées qui ont esté représentées au iour de l'Ascension en ladite ville. Composées par divers autheurs en langue vulgaire. — *Besiers,* 1684.
   Histoire de Pepesuc. Histoire de la Réiouissance des Chambrières de Beziers. Le Jugement de Paris. Pastorale de Coridon et Clerice. — Antiquité du Triomphe de Besiers au jour de l'Ascension, contenant les plus rares histoires qui ont esté représentées au susdit jour des dernières années. — *Besiers, J. Martel,* 1628. — Préface et avertissement au lecteur, *22 pp.*

2. Poesios diversos del sieur BOUNET de Beziers ambe lo remerciomen a Messieurs les Jutges et maïnteneurs des Jocs Fleuraux a Toulouso per la Flou del Soucy que l'y fourec donnado en l'an 1628. — *A Pézénas,* l'an 1655, *46 pp.* (incomplet).

3. Las Amours du Damon et de Lucresso, pastouralo. — *Besiers, J. Martel,* 1657, *24 pp.*

4. Las Amours de la Guinbarde. Histoire de done Peirotouno. Plainte dun paysan. Pastorale de Coridon et Clerice. Histoire du Valet Guillaume (paginés 121-255).

5. Le Parnasse satyrique. Exemplaire incomplet, paginé 5 à 264, d'une édition en caractères italiques.

6. Lou Crebo-Cœur d'un paisan sur la mouert de son ay eme la souffranso et la miseri dei Forças que son en galero. — *Tarascon, P. Tassy,* 1731, *fig., 48 pp.*

7. Dialogue de l'Ombre de feu Monsieur l'abbé de Nant avec son valet Antoine. — *Au Bourg, chez Ph. Offray, seul imprimeur de la province du Vivarez,* 1730, *20 pp.*

8. La Doctrine des Maltotiers par demandes et par réponses. — *Sur l'impriné à Paris, Martel Plateau, imprimeur et libraire, 12 p.*

1155. Recueil de Pièces concernant la bibliothèque de Jean-Louis-Antoine Coste, membre de la Société des Bibliophiles français. — *Lyon, Vingtrinier,* 1855, *in-8°;* br,

1156. Recueil de Pièces rarissimes, relatives au Siège de Montpellier par Louis XIII, en 1622, réunies pour la première fois et précédées d'une préface par M. de la Pijardière, archiviste de l'Hérault. — *Montpellier, Coulet,* 1875, *in-8°;* br., *pap. de Chine, (tiré à 16 ex. sur ce papier ; N° 8).*

1157. Recueil des Antiquités Bellovaques conservées dans le Cabinet de M. Houbigant à Nogent-les-Vierges. — *Beauvais, Pineau,* 1860, *gr. in-8°, pl. ;* br.

1158. Recueil, *in-fol.*; bas.

    1. ALBUBATHER. *(In fine):* Explicit *Liber Nativitatum Albubathris magni Allzossili filii Padue de Arabico in latinum translatus* 1218. *Impressus Venetiis p. me Alvisium,* 1492. — *In-fol. goth. à 2 col. de 30 ff. non chiff.*

    2. Quadrans APRIANI astronomicus et jam recens inventus et nunc primum editus. *(In fine). Excusum Ingolstadii in officina Apiani die Julii an.* M. D. XXXII. *fig.,* 26 *p.* — Ejusdem Folium Populi, instrumentum per radios solis toto orbe horas communes ostendens, etc. (lat. et allem.). *Ibid.* 1533, *fig.* — Ejusdem Instrumentum primi Mobilis, etc. Accedunt iis GEBRI filii Affla libri IX de Astronomia arabice scripti et per Girardum Cremonensem latinitate donati, etc. — *Norimbergæ, Joan, Petreius,* 1534.

    3. Der Horologien oder Sonnen uhren Künstliche beschreibung, etc., durch Sebastianas MÜNSTER; item ein neüw Kunstbuch die Sonnen oder himmelischenuhren auss zaltaflen zümachen, etc., durch Seb. SCHMID. *(In fine:) Basel, in der offic. Henricpetrina, im jahr* MDLXXIX, *fig.*

    4. Joannis de REGIOMONTE... de Quadratura circuli dialogus et rationes diversæ separatim aliquot libellis exquisitæ, etc. *(In fine:) Norimbergæ per Joh. Petreium,* anno M. D. XXXIII. =

    5. Jacobi PELETERII commentarii tres. I. de dimensione Circuli. II. De contactu linearum. III De constitutione Horoscopi. — *Basileæ, J. Oporinus,* (1563).

1159. Recueil *in-4°*; parch.

    1. THEODOSII de Sphæricis libri tres a Joanne Vogelin restituti et scholiis non improbandis illustrati. — *(In fine:) Viennæ in offic. Joan. Singrenii, anno* M. D. XXIX, de 52 ff., caract. r.

    2. Introductorium in Astronomias Albumasaris abalachi octo continens libros partiales. — *(In fine:) Explicit feliciter Erhardi Ratdolt mira imprimendi arte... Auguste Vindelicorum, idus februarii,* 1489, 70 ff., car. goth., fig.

    3. In hoc opere hæc continentur. Libellus Joannis VERNERI super vigenti duobus Elementis conicis; ejusdem alia.— *(In fine:) Impressum Nuremberga per Frid. Peypus, impensis Lucæ Alantsee, anno* M. D. XXII, 100 ff., car. r.

1160. Recueil de cinq Incunables imprimés à Venise par Nic. Jenson en 1480. — *1 vol. pet. in-4°*; v. f.

    1. Opus Nosce te interpretatum (auctore JOHANNE Carthusiense). — *116 ff., y compris 2 ff. blancs.*

    2. Libellus in præparatione infirmorum : et in dispositione morientium : qui flos vitæ interpretatur. — *55 ff., dont le 1er f. blanc.*

    3. Liber qui intitulatur Corona senum. — *24 ff. dont le 1er blanc.*

    4. Frater Joannes ad fratres suos Carthusienses Patavine cartusie habitantes : de humilitate interiori : et patiencia vera. — *8 ff. dont le 1er blanc.*

5. Ad fratres suos... de imensa charitate dei. Præfatio. — *12 ff.*
dont le *1er* blanc.

A la fin de chaque opuscule on lit : *Actum... Venetiis ex inclyta :
famosaque officina Nicolai Jenson Gallici. Anno M.ccclxxx.* Il y a,
par erreur, un C de trop à la date du dernier opuscule et l'on a oublié
lxxx à l'avant dernier.

1161. Recueil *in-16* ; v. br. en mauvais état.

1. Les Fables d'Esope phrygien, mises en Ryme Françoise, avec la
vie dudit Esope extraite de plusieurs autheurs par M. Antoine du
Moulin. — *Lyon, Jean de Tournes et Guill. Gazeau,* 1549, *fig.*

2. Les Emblèmes de M. André Alciat. Traduits en ryme Françoise,
par Jean le Fèvre. — *Lyon, Jean de Tournes,* 1548, *fig.*

> Mêmes planches que celles de l'édition latine donnée par de Tournes en 1547
> et qui se trouvent dans celle de Lyon donnée par le même en 1555. — Elles sont
> attribuées au Petit Bernard.

3. Le Théâtre des bons Engins, auquel sont contenuz cent Emblèmes moraux. Composé par Guillaume de La Perrière Tholosain. —
Lyon, Jean de Tournes, 1547, *fig.*

1162. Recueil *in-8°;* d. bas. :

1. Mémoire sur une médaille de Cos, représentant Esculape 1 ;
par C.-C. Pierquin. — *Marseille, Rouchon,* 1823.

2. Résumé historique de l'École médicale d'Alexandrie en Egypte,
avant l'ère vulgaire, par L.-F. Gasté, — *Paris, Ducessois,* 1833.

3. Cinq cachets inédits de Médecins oculistes romains publiés et
expliqués par Sichel. — *Paris, Malteste,* 1845.

4. De Medicis illustribus Judœorum qui inter Arabes vixerunt (dissertatio) auctore Isidoro Bruce. — *Halis, typ. Ruffianis,* 1843.

5. De l'état de Médecin et de la Médecine chez les sauvages, par
M. Pierquin. — *Marseille, Rouchon,* s. d.

1163. Recueil sur les Estienne ; *in-8°;* d. perc. bleue.

1. Observations littéraires et typographiques sur Robert et Henri
Estienne, par F. Didot. — 2. Les Estienne : Henri I ; François I et II ;
Robert I, II et III ; Henri II ; Paul et Antoine. (Extr. de la *Nouv.
Biogr. Genér.* publiée par Firmin Didot frères. — 3. Les Estienne et
les Types Grecs de François *1er* ; complément des *Annales Stéphaniennes* renfermant l'histoire complète des Types royaux, enrichie d'un
specimen de ces caractères et suivie d'une notice historique sur les
premières impressions grecques, par Aug. Bernard. — *Paris, Tross,*
1856, *72 pages. pap. vergé.*

1164. Recueil *in-4°.* (Extrait des *Mémoires de l'Institut (Littérature
et Beaux-Arts)* (1798-1804), *pl.;* d. m. n.

1. Ameilhon. — Projet sur quelques changements qu'on pourroit
faire à nos Catalogues de bibliothèques pour les rendre plus consti-
tutionnels ; avec des observations sur le caractère, les qualités et les
fonctions d'un vrai bibliothécaire.

2. Camus. — Observations sur la distribution et le classement des livres d'une bibliothèque. — Rapport sur la continuation de la Collection des Historiens de France et de celle des Chartes et Diplômes. — Sur l'Ecrit : De Mirabilibus auscultationibus, imprimé parmi les ouvrages d'Aristote. — Notice d'un Livre imprimé à Bamberg en CIↃCCCCLXII, par Albert Pfister et contenu dans un volume arrivé à la Bibliothèque Nat. au mois de pluviôse an VII, avec gr. — Mémoire sur un Livre allemand. — Mémoire sur l'histoire et les procédés du Polytypage et de la Stéréotypie. — Rapport sur le procédé de gravure sur verre inventé par Boudier fils.

3. Peyre. — Projet d'une Bibliothèque nationale à ériger sur l'emplacement de la Magdelaine.

1165. Recueil de Catalogues de libraires parisiens au XVII° siècle ; *1 vol. pet. in-8°*; rel. parch.

1. Pierre Aubouyn, Pierre Emery et Charles Clouzier (vers 1680). — 2. Claude Barbin (1687). — 3. Pierre de Bats (vers 1690). — 4. Jacques de Laize de Bresche (vers 1690). — 5. Jérôme Bouillerot (1689). — 6. Jean-Baptiste Coignard (1688). — 7. Jacques Collombat. — 8. Edme Couterot. — 9. Nicolas Legras (vers 1690). — 10. Daniel Horthemels (vers 1699). — 11. Martin Jouvenel. — 12. Veuve Edmond Martin (1682). — 13. Gaspar Méturas (1685). — 14. Robert Pépie (vers 1690). — 15. Lambert Roulland (vers 1690). — 16. Charles de Sercy (vers 1690).

1166. Recueil *in-8°* :

1. Bibliotheca Italica ossia Catalogo dei Libri Italiani del Cte Mortara, venduti alla Biblioteca Bodleiana. — *Oxford*, 1852.

2. Catalogue de Livres imprimés à Lyon au XV° et XVI° siècle, etc., qu'on désire acquérir. — *Lyon, Boïtel*, 1838.

3. Prix de la vente L... (Libri) faite à Paris du 28 juin au 4 août 1847.

4. Lettera (del sig. Audin) agli Editori delle Bellezzi della litteratura italiana, etc. — *Firenze, Batelli*, 1827, (tiré à 10 ex. dont 6 sur pap. anglais).

5. Osservazioni intorno al progetto di riorganizzazione delle Pubbliche Biblioteche di Firenze, da E. Audin, de Rians. — *Firenze, Barrachi*, 1847.

6. Notizia di una edizione sconosciuta del poema romanzesco *la Spagna*, colla descrizione di un opuscolo impresso da Aldo Manuzio, nell' anno 1499, di P. A. Tosi. — *Milano, Rusconi*, 1835.

7. Della prima origine della Stampa in Venezia per opera di Girovanni da Spira del 1469, etc., dissertazione di F. Domenico Pellegrini. — *Venezia, Zatta*, 1794.

8. Delle vere Chiose di Jacopo di Dante Allighieri e del comento ad esso attribuito, notizie de E. Audin, de Rians. — *Firenze, Baracchi*, 1848.

9. Rivista delle varie lezioni della Divina Commedia sinora avvisate,

11

col catalogo delle piu importanti edizioni. — *Padova, Tipi della Minerva*, 1832.

10. Catalogo cronologico delle opere proprie e d'altrevi publicate dal can. Domenico Moreni.

1167. Recueil *in-8°*; v. éc., f. tr. d.

Fragment des Instructions pour le prince royal de... — *Berlin*, 1768, *64 pp.* — Lettre à son Altesse Monseigneur le prince de..... (Brunswick) sur Rabelais et sur d'autres auteurs accusés d'avoir mal parlé de la Religion chrétienne, (par VOLTAIRE).— *Amsterdam, Rey*, 1767, *1 vol.*

1168. Recueil *in-8°*, *pl.*; rel. parch.

1° Ordonnances ; lettres patentes du Roy : sur le faict des mynes de France faictes et données tant par le Roy Charles sixiesme que autres ses successeurs, mesmes par le Roy Henri troisiesme à présent régnant. Vérifiées et omologuées par la Court de Parlement de Paris et ailleurs ou requis a esté, sur l'ordre, police et justice des metalliers, métaux, mynes, et toutes substances terrestres, etc. ; par Jean PATRASSON. — *Lyon, Patrassson*, 1575. — 2° Edict du Roy, svr le pris des Espèces d'Or et d'Argent qu'il veut auoir cours en son Royaume, pays, terres et seigneuries de son obéissance, par forme de tollerance et prouision. — *Paris, Dallier*, 1571. — 3° Des Monnoyes, augment et diminution du pris d'icelles, liure unique, par François GRIMAUDET, Aduocat du Roy au siege présidial d'Angers. — *Paris, Hierosme de Marnef*, 1586; — 4° Traicté et advis sur les désordres des Monnoyes et diuersité de moyens d'y remedier. — *Paris, s. n.*, 1600. — 5° Ordonnance dv Roy contenant le pois et pris des Espèces d'Or et d'Argent, auxquelles le dict Seigneur a permis auoir cours et mise en son royaume, pays, terres et seigneuries de son obéissance. — *Paris, Dallier*, 1561 ; — 6° Ordonnances de la Court des Monnoyes sur le descry des nouueaux Ducats à la Marionnette et de grosses pieces d'argent, courans pour Jocondalles forgées en plusieurs lieux d'Allemagne. — *Paris, Dallier*, 1562. — 7° Ordonnance de la Court des Monoyes, sur le descry des Angelotz neufz, Ducats à la Marionnette que de certaines espèces d'Or et d'Argent estrangeres. — *Paris, Dallier*, 1564. — 8° Arrest de la Court de Parlement sur le pris et valleur des Escuz sol. — *Paris, Dallier*, 1569.

1169. — Recueil d'Arrêts du Conseil d'État, d'Édits, de Déclarations du Roi, etc., sur les Monnaies (1701-35). — *2 vol. in-4°*; d. bas.

1170. **Regnard** (J.-F.). Ses Œuvres ; suivies des Œuvres choisies de N. DESTOUCHES. — *Paris, Ledentu*, 1836, *gr. in-8°*, *portr.*; d. m. v.

1171. **Regnier** (M.), Satyres et autres Œuvres, accompagnées de remarques historiques (de Cl. Brossette); nouvelle édition considérablement augmentée. — *Londres, Tonson*, 1733, *gr. in-4°, front. et vignettes d'après Natoire et Boucher, grav. par L. Cars et Cochin, texte encadré*; rel, v. er., fil., tr. d.

1172. — Œuvres de Mathurin Regnier, avec les commentaires, revues, corrigées et augmentées, précédées de l'histoire de la Satire en France, pour servir de discours préliminaire, par M. Viollet-le-Duc. — *Paris, Desoer*, 1822, *in-18*; mar. v., dent. int., tr. d. (*Amand*).

1173. **Reichhart** (P.-G.). Die Durckorte des XV. Jahrhunderts nebst Angabe der Erzeingnisse ihrer erstjæhrigen typographischen Wirksamkeit mit einem Anhange : Verzeichniss der je ersten Typographen und jener Druckorte deren allererste Drucker bis jetzt unbekannt geblieben sind. Aus den zuverlæssigsten Quellen zusammengestellt und alphabetisch geordnet von P. Gottfried Reichhart. — *Augsburg, Butsch, 1853, in-4°,* d. perc. v. (notes ms. de O. Barbier).

1174. Relation complète des Fêtes de Gutemberg célébrées à Strasbourg les 24, 25 et 26 juin 1840. — *Strasbourg, Simon, 1841, in-8, fig.*; br.

1175. **Renaudot** (Th.). Recueil des Gazettes nouvelles; Relations et autres choses mémorables de toute l'année 1632, dédié au Roy. — *Paris, au Bureau d'Adresse*, 1633, *in-4°*; cart.

1176. **Renauldin** (J.-J.). Études historiques et critiques sur les Médecins numismatistes, contenant leur biographie et l'analyse de leurs écrits. — *Paris, Baillière, 1851, in-8°.*

1177. **Renouard** (Ant.-Aug.). Annales de l'Imprimerie des Estienne, ou histoire de la famille des Estienne et de ses éditions; deuxième édition. — *Paris, J. Renouard, 1843, in-8°, fac simile;* rel. mar. v., f., tr. dor.

> Ex. sur grand pap. vélin. Tiré à 16 ex. sur ce papier. Reliure aux armes de J. Gomez de la Cortina.

1178. **Renouvier** (J.). Monumens de quelques anciens Diocèses du Bas-Languedoc expliqués dans leur histoire et leur architecture par J. Renouvier; dessinés d'après nature et lithographiés par J.-B. Laurens. — *Montpellier, Castel, Sevalle, Virenque, 1840, in-4°;* br. (*Tiré à 100 ex.*).

> Ex. avec dédicace autographe des auteurs, à M. Michelet.

1179. — Monuments divers pris dans quelques anciens diocèses du Bas-Languedoc, expliqués dans leur histoire et leur ar-

architecture; dessinés d'après nature et lithographiés par J.-B. Laurens. — *Montpellier, Castel, Sevalle, Virenque,* 1841, *in-4°.*

1180. **Renouvier** (J.). Des Types et des manières des Maîtres graveurs, pour servir à l'histoire de la gravure en Italie, en Allemagne, dans les Pays-Bas et en France (XV-XVII° siècles). — *Montpellier, Bœhm,* 1853, *in-4°;* cart.

1181. — Histoire de l'origine et des progrès de la Gravure dans les Pays-Bas et en Allemagne, jusqu'à la fin du XV° siècle. — *Bruxelles, Hayez,* 1860, *in-8°;* br. (Extr. du t. X des *Mém. de l'Acad. roy. de Belgique).*

1182. — Des Gravures en bois dans les livres d'Anthoine Verard, maître libraire, imprimeur, enlumineur et tailleur sur bois, de Paris (1485-1512. — *Paris, Aubry; (Lyon, Perrin),* 1859, *in-8°, fig., pap. vél., tiré à 200 ex.;* mar. r., f., dent., tr. d. (*Amand*).

1183. — Des Gravures sur bois dans les livres de Simon Vostre, libraire d'Heures, avec un avant-propos par G. Duplessis. — *Paris, Aubry; (Lyon, Perrin),* 1862, *in-8°, pap. de Holl., fig;* relié sur brochure, mar. r., f., dent. int., dos orné, tr. dor. (*Amand*).

1184. — Des Portraits d'Auteurs dans les livres du XV° siècle, avec un avant-propos par G. Duplessis. — *Paris, Aubry; (Lyon, Perrin),* 1863, *in-8°, tiré à 214 ex., pap. teinté à l'antique;* rel. m. r., f., dent. int., dos orn., tr. d. (*Amand*).

1185. — Jehan de Paris, varlet de chambre et peintre ordinaire des rois Charles VIII et Louis XII, précédé d'une notice biographique sur sa vie et ses ouvrages, et de la bibliographie complète des œuvres de M. Renouvier par G. Duplessis. — *Paris, Aubry; (Lyon, Scheuring), in-8°, pap. de Holl., tiré à 10 ex., portr.;* mar. r., f., tr. d. (*Amand*).

1186. — Histoire de l'Art pendant la Révolution, considéré principalement dans les estampes; ouvrage posthume de Jules Renouvier, suivi d'une étude du même sur J.-B. Greuze, avec une notice biographique et une table par Anatole de Montaiglon. — *Paris, V° Renouard,* 1863, *2 vol. in-8°;* br.

1187. **Retif de la Bretonne** (N.-E.). Les Gynographes ou Idées de deux honnêtes femmes sur un projet de Règlement proposé à toute l'Europe pour mettre les Femmes à leur place, et opérer le bonheur des deux sexes ; avec des notes historiques et justificatives, suivies des noms des Femmes célèbres. — *Lu Haye, Gosse et Pinet*, 1777, *2 part. en 1 vol. in-8°;* d. v. f.

1188. — Monuments du Costume physique et moral de la fin du dix-huitième siècle. (Ve Suite d'Estampes, etc.)

1189. Revue de Numismatique, publiée par J. de Witte et Adr. de Longpérier. Nouvelle Série. Tomes I-XV (1856-74). — *15 vol. in-8°, pl.;* br.

1190. **Reybaud** (L.). Jérôme Paturot à la recherche d'une position sociale. Edition illustrée par J.-J. Grandville. — *Paris, Dubochet*, 1846, *gr. in-8°, fig.;* d. m. r., tr. dor. (*Ex. de premier tirage*).

1191. **Riolan.** Curieuses recherches sur les Escholes en médecine de Paris et de Montpellier, nécessaires d'estre sceües pour la conservation de la vie; par un ancien docteur en médecine de la Faculté de Paris. — *Paris, Gasp. Meturas*, 1651, *in-8°;* rel. mar. v. du Levant, doublé de mar. brun, dent. int., tr. d. (*Petit.*)

1192. **Robert** (C.). Études numismatiques sur une partie du Nord-Est de la France. — *Metz, Nouvian*, 1852, *gr. in-4°, pl.;* d. m. n.

1193. — Recherches sur les Monnaies des Évêques de Toul. — *Paris, Rollin*, 1844, *gr. in-4° de 65 p., pl.;* br.

1194. — Recherches sur les Monnaies et les Jetons des Maîtres-Echevins et Descriptions de Jetons divers. — *Metz, (Nouvian)*, 1853, *gr. in-4° de 88 p, pl.;* br.

1195. — Numismatique de Cambrai. — *Paris, Rollin et Feuardent*, 1861, *gr. in-4°, pl.;* br.

1196. Rapport sur l'Ouvrage ayant pour titre : *Examen sur l'histoire des Monnaies royales de France;* par M. Carpentin, fait à l'Académie royale de Metz. — *Metz, Lamort*, 1846, *in-8° de 7 p.;* br.

1197. **Robillard de Beaurepaire** (E. de). Les Faïences de Rouen et de Nevers à l'Exposition universelle. — *Caen, Leblanc-Hardel*, 1867, *in-8° de 38 p.;* br.

1198. **Rochambeau** (Mis de). Les Imprimeurs Vendomois et leurs Œuvres (1514-1881) ; nouvelle édition précédée d'une lettre de M. Paul Lacroix (Bibliophile Jacob) et illustrée des fac simile de trois grandes gravures du XVI° siècle. — *Paris, Dumoulin*, 1881, *in-8° de 56 p., pl. ;* br.

1199. **Rohault de Fleury** (Ch.). L'Evangile ; études iconographiques. — *Tours, Alf. Mame*, 1894, *gr. in-4°, pl. gr.* ; rel. perc. rouge.

1200. Romans grecs. Daphnis et Chloé, de Longus, traduction d'Amyot ; Théagènes et Chariclée, d'Héliodore, traduction d'Amyot ; la Luciade ou l'Ane, de Lucius de Patras, traduction de M. Denne-Baron ; l'Eubéenne ou le Chasseur, de Dion Chrysostome, traduction de F. Alban. — *Paris, Lefèvre*, 1841, *in-12* ; d. m. bleu.

1201. **Rondelet.** Gulielmi Rondeletii doctoris medici et medicinæ in schola Monspeliensis professoris regii, Libri de Piscibus marinis, in quibus veræ Piscium effigies expressæ sunt. — *Lugduni, M. Bonhomme*, 1554, *in-fol., port. et fig.* ; rel. bas.

1202. — La Première (et la seconde) partie de l'Histoire entière des Poissons composée premièrement en latin par maistre Guilaume (*sic*) Rondelet docteur régent en médecine en l'Université de Montpelier ; maintenant traduite en françois, sans avoir rien omis estant nécessaire à l'intelligence d'icelle ; avec leurs pourtraits au naïf.—*Lyon, Macé Bonhomme*, 1558, *2 part. en 1 vol. in-fol., portr. et fig.*; rel. mar. v., tr. dor. (Aux armes de Ch. de Valois, duc d'Angoulème).

1203. **Rosset** (P.-F. de). L'Agriculture poëme. — *Paris, Imp. royale*, 1774-82, *2 port. en 1 vol. gr. in-4°* ; fig. par Loutherbourg, vignettes par Marillier et Saint-Quentin, gr. par divers, rel. v. marbré.

> Ex. sur gr. pap. de Hollande, non rogné.

1204. **Rossignol** (Cl.). Des Libertés de la Bourgogne d'après les Jetons de ses Etats. —*Autun, Dejussieu*, 1851, *in-8°, fig., pl.;* br.

1205. **Roüet** (l'abbé A.) Notice sur la ville de Lunel au Moyen-âge et vie de Saint-Gérard seigneur de cette ville au XIII° siècle. — *Montpellier, Seguin*, 1878, *in-8°, pl.;* br. *Ex. sur papier vergé ; tiré à 20 ex. sur ce papier.*

1206. **Rouget** (J.-M.). Populäre anleitung zur Xylographie oder Holzschneidekunst, sowie zur modelstecherei : nebst anweisung zur Erlernung des Zeichnens. — *Ulm, Ebner*, 1855, *in-8°*; d. perc. v.

1207. **Roumeguère** (C.). Description des Médailles grecques et latines du Musée de la ville de Toulouse ; précédée d'une Introduction à l'étude des Médailles antiques. — *Paris, Didron ; (Toulouse, Chauvin),* 1858, *in-12* ; br.

1208. **Roumieux** (L.), de Nimes. La Jarjaiado, pouèmo eroui-coumique emé traducioun franceso.. Jarjaio au Paradis. — Jarjaio au Purgatori. — Jarjaio à l'Infèr. — Jarjaio sus terro. — Ilustracioun d'Édouard Marsal. — *Paris, Maison-neuve ; (Montpellier, Firmin et Cabirou),* 1879, *gr. in-8°;* br.

1209. — La Jarjaiado, pouèmo éroui-coumique, emé traducioun francèso, etc. — *Paris, Maisonneuve,* 1879, *gr. in-8°* ; br. (*Ex. sur pap. de Chine; tiré à 2 ex. sur ce papier.*)

1210. **Rousseau** (J.-B.). Ses OEuvres ; nouvelle édition. — *Londres,* 1853, *4 vol. pet. in-12, portr.;* bas.

1211. — Odes, Cantates, Épîtres et Poésies diverses ; édition sté-réotype. — *Paris, Didot,* an VII, *2 vol. pet. in-12* ; v. rac., fil, tr. dor.

1212. **Roussel** (D.). Histoire et description du château d'Anet, depuis le dixième siècle jusqu'à nos jours ; précédée d'une notice sur la ville d'Anet, terminée par un sommaire chrono-logique sur tous les seigneurs qui ont habité le château et sur ses propriétaires, et contenant une étude sur Diane de Poitiers. — *Paris, Jouaust,* 1875, *pet. in-fol., pl. n. et en couleur;* br.

1213. **Rouyer** (J.) et **Hucher** (E.). Histoire du Jeton au Moyen-Age. — *Paris, Rollin,* 1858, *in-8°, pl. ;* br. (première partie).

1214. **Rudius** (E.). De Morbis occultis et venenatis libri quinque. — *Venetiis, apud Th. Baglionum,* 1610, *in-fol.;* rel. parch.

1215. **Rueffus** (J.). De Conceptu et Generatione Hominis : de matrice et ejus partibus necnon de conditione infantis in utero, et gravidarum cura et officio : de partu.., de mola aliisque falsis uteri tumoribus, simulque de abortibus et monstris diversis, nec non de conceptus signis variis ; de sterilitatis causis diversis, etc. — *Francofurti ad Mænum,* (*apud G. Corvinum impensis S. Feyerabendii*), *anno* 1580, *in-4° de 100 ff.*, *fig.* ; rel. vél.

Le plus rare des volumes illustrés par Jort Amman. Il contient 74 figures. Une d'elles est la copie de la gravure de H.-S. Beham, représentant l'*Arbre de la mort.*

1216. **Ruelle** (C.-E.). Notice sur la Bibliothèque du Comité des Travaux historiques et des Sociétés savantes au Ministère de l'Instruction publique et des Cultes. — *Paris, Dupont,* 1863, *in-8° de 20 p.* ; br.

1217. **Ruelens** (C.) et **Backer** (A. de). Annales Plantiniennes depuis la fondation de l'Imprimerie Plantinenne à Anvers jusqu'à la mort de Chr. Plantin (1555-1589). — *Paris, Tross,* 1866, *in-8°, portr.*; br.

1218. **Rumohr** (C. Fr. v.). Zur Geschichte und Theorie der Formschneidekunst. — *Leipzig, Weigel,* 1837, *in-8°, pl.*

1219. **Rupescissa** (J. de). La Vertu et propriété de la Quinte essence de toutes choses; faicte en latin (par Jean de Roquetaillade), et mise en françois par Antoine du Moulin, Masconnois. — *Lyon, Jean de Tournes,* 1581, *in-8° de 115 p.*

1220. **Ryd** (V. A.). Catalogus annorum et principum geminus ab homine condito usque in præsentem a nato Christo millesimum quingentesimum et quadragesimum annum deductus et continuatus. — *Ex. magnifica Helvetiorum urbe Berna, anno* 1540. *(In fine:) per Matthiam Apiarium). — In-fol., de 6 ff,* *prél. non chiff. et 68 ff. chiff., fig. sur bois;* rel. vèl. blanc.

S

1221. **Sabatier** (J.). Description generale des Monnaies Byzantines, frappées sous les Empereurs d'Orient, depuis Arcadius jusqu'à la prise de Constantinople par Mahomet II ; suite et complément de la Description historique des Monnaies frappées sous l'empire Romain par Henry Cohen. — *Paris, Rollin,* 1862, *2 vol. in-8°, pl.*; br.

1222. **Sage** (D. Le). Las Fouliès dau Sage de Mounpelie. Revistos e augmentados de diversos piessos e l'autur (par Jacques Roudil) embè son Testamen obro tant desirado. — *(Montpellier),* 1650, *in-8° de 208 pp.*; v. f., dent., tr. d,

1223. **Saint-Pierre** (Jacq.-Bernardin de). Paul et Virginie. — *Paris, Deterville*, 1816, *in-18, fig. d'ap. Moreau jeune*; rel. vél. blanc, dent., tr. d.

1224. — Paul et Virginie. — *Paris, L. Curmer, rue Ste-Anne*, 1838, *gr. in-8°*; mar. bl., fil. et ornem. sur les plats, dent., tr. dor.

> Exemplaire de la première des deux éditions données sous cette date, (la 2ᵉ porte le nom de Curmer, *rue Richelieu*). Toutes les gravures hors texte sur acier ou sur bois sont sur chine et avant la lettre. Le sujet en est indiqué sur une feuille de soie garantissant chaque gravure.
>
> Le portrait du *docteur* de la *Chaumière indienne*, par Meissonnier, a été remplacé par un portrait anglais, étranger à l'ouvrage ; celui de Meissonier n'étant pas encore prêt, quand parut l'ouvrage pour les étrennes de 1838.

1225. — Paul et Virginie; préface par J. Janin; compositions d'Émile Lévy, gravées à l'eau forte par Flameng ; dessins de Giacomelli gravés sur bois par Rouget et Sargent. — *Paris, Jouaust*, 1875, *in-16* ; br. *Ex. sur pap. de Chine (tiré à 50 ex. sur ce papier)*.

1226. — La Chaumière indienne, suivie du Café de Surate et du Voyage en Silésie. — *Paris, P. Didot*, 1807, *in-18, pap. vél.;* rel. vél. bl., dent., tr. d.

1227. **Sainte-Beuve** (C.-A.). Du Roman au seizième siècle et de Rabelais. — *Paris, Bocquet*, 1838, *in-8° de 22 p.* (Extr. du Tableau hist. et crit. de la Poésie fr. au XVIᵉ siècle).

1228. Saisie de Livres Prohibés faite aux couvents des Jacobins et des Cordeliers à Lyon en 1694 ; nouvelle édition, augmentée d'un répertoire bibliographique, par Jean Gay. — *Turin, (Bona)*, 1876, *in-8° de 88 p., pap. vél.* ; br. *(tiré à 300 ex.; Nº 163)*.

1229. **Sannazaro** (J.). Sonetti e Canzoni del Sannazaro. *Aldus M. D. XXXIIII* — (*In-fine:*) *In Vinegia, heredi d'Aldo Romano e Andrea socero*, 1534, *pet. in-8° de 52 ff.* ; rel. v., br.

> Ex. de Grolier, avec son nom, au bas: *Grolierii et amciorum*, et sa devise au vº : *Portio mea Domine sit in terra viventium*.

1230. **Sardini** (Giac.). Esame sui Principii della Francese ed Italiana Tipographia, ovvero storia critica di Nicolao Jenson, opera dedicata agli eruditi concittadini del medesimo insigne tipografo della Francia.— *Lucca, Bousignori*, 1796-98, *3 part. en 1 vol. in-fol.*; d. bas.

1231. **Sardou** (A.-L.). Dissertation sur la prononciation du fran-

çais au XVIe siècle ; Biographie de Rabelais. — *San Remo,
Gay et fils*, 1874, *in-12 de 49 pp., portr.* (Extr. de son édition
des Œuvres de Rabelais).

1232. **Saulcy** (F. de). Recherches sur les Monnaies des Ducs héréditaires de Lorraine. — *Metz, Lamort*, 1841, *gr. in-4°, pl.* ;
d. m. v.

1233. — Recherches sur les Monnaies de la Cité et des Évêques de
Metz. — *Metz, Lamort*, 1836, *3 part. en 1 vol. in-8°, pl.* ;
d. v. f.

1234. **Saulcy** (F. de). Recherches sur les Monnaies des Comtes et
Ducs de Bar, pour faire suite aux 'recherches sur les Monnaies des Ducs héréditaires de Lorraine. — *Paris, F. Didot*,
1843, *in-4° de 44 p., pl.* ; d. m. v.

1235. — Souvenirs numismatiques de la Révolution de 1848. Recueil
complet des médailles, monnaies et jetons qui ont paru en
France depuis le 22 février jùsqu'au 20 décembre 1848. —
Paris, Rousseau, 1849, *gr. in-4°, pl.*

1236. **Sauzay** (A.). La Verrerie, depuis les temps les plus reculés
jusqu'à nos jours.— *Paris, Hachette*, 1858, *in-12, pl. ;* br.

1237. Satyre Ménippée de la Vertu du Catholicon d'Espagne et de
la tenue des Estats de Paris. Nouvelle édition, accompagnée
de commentaires et précédée d'une notice sur les auteurs,
par Ch. Labitte. — *Paris, Charpentier*, 1855, *in-12.* ; dem.
mar. gren., fil., têt. d.

1238. **Savonarola** (Hieronymo). Exposito ac meditatio in psal-
mum *Miserere*, fratris Hieronymi de Ferraria, ordinis predi-
catorum. quam in ultimis diebus vite sue edidit. — (*In fine :*)
Impressum Auguste p. Johannem Froschauer, (M.cccc) xcix.—
pet. in-4°, goth. de 12 ff. à 2 col., de 35 lig. ; d. mar. Lav.

1239. **Schasler** (M.). Die Schule der Holzschneidekunst Geschichte, technik und aesthetik der Holzschneidekunst. —
Leipzig, Weber, 1866, *in-12, pl.*

1240. **Scheufelein** (Hans). La Danse des Noces, reproduite par
Johannes Schratt, et publiée par Eduin Tross, avec une
notice biographique sur Hans Scheufelein par A. Andresen.
— *Paris, Tross*, 1865, *in-fol., pl.* ; rel. perc.

1241. **Schrettinger** (M.). Versuch eines vollstændigen Lehrbuchs
der Bibliothek-Wissenschaft, oder Anleintung zur vollkom-

menem Geschæftsfürung eines Bibliothekars in Wissenschaft-
licher Form abgefasst ; Erster Band. — *München, Lindauer*,
1829, *3 part. en 1 vol. in-8°;* d. perc. v.

1242. — Versuch eines vollstændigen Lehrbuchs der Bibliothek-
wissenschaft, von Martin Schrettinger. Beilagen. — *In-fol.*,
1808-29 ; d. perc. vert.

1243. Scriptores Erotici græci *(ex recensione Chr. G. Mitscherlich)*
— *Biponti*, 1742-44, *3 vol. en 4 t. in-8°*; d. m. v.

> I. Achilles Tatius. — II-III. Heliodorus.— IV. Longus. Xenophon.

1244. **Schrœder** (J. M.). Incunabula Artis typographicae in
Succia... — *Upsaliae, Reg. 'Acad. Typ.* 1842, *in-4° de 50 p.*,
fac-simile; d. perc. br.

1245. **Schwarz** (G. C.). Von einem hulfsmittel, Schriften die
ohne Ort und Drucker erschienen sind in Anschung dieser
Umstænde nœher zu bestimmen. — *S. ind.*, 1700, *in-12 de
48 p.*; br.

1246. **Second** (J.). Traduction libre en vers des Odes, des Baisers, du 1er Livre des Élégies et des trois Élégies solennelles,
avec le texte latin, par Michel Loraux. — *Paris, Michaud*,
1812, *in-8° ;* d. bas.

1247. Seconde Apologie de l'Université en médecine de Montpellier,
répondant aux *Curieuses recherches des Universités de Paris,
et de Montpellier faites par un vieil docteur médecin de Paris*
(Jean Riolan); envoyée à Mr Riolan, professeur anatomique,
par un jeune docteur en médecine de Montpellier (Isaac
CARQUET). — *Paris, Jean Piot*, 1653, *in-4°*; mar. vert, gardes
en mar. br., dent., tr. d.

> La première Apologie est censément le discours prononcé par Cour-
> taud en 1644.

1248. Secreta Secretorum RAYMUNDI LULLII et HERMETIS philosopho-
rum, cum opusculo D. THOMÆ Aquinatis de Esse et Essentia
mineralium, et Cornelii Alvetani ANFRODII de conficiendo
divino Elixire libellus. — *Coloniæ. Cholinus*, 1592. = Codi-
cillus seu Vade mecum Raymundi LULLII quo fontes Alchi-
micæ artis ac philosophiæ reconditioris uberrime traduntur;
secunda editio. — *Coloniæ, hæredes Birckmanni*, 1572, *1 vol.
in-8°*; parch.

1249. **Sectanus** (Q.). Satyræ, numero auctæ, mendis purgatæ et
singulæ locupletiores. Editio novissima. Accedunt argu-

menta, indices, nec non commentaria ex notis Anonymi : concinnante P. Antonio. Liber primus. — *Amstelodami apud Elsevirios*, 1700, *in-8°, frontisp. gr.*; rel. mar. r. avec arabesques et autres riches ornements en or et argent sur les plats, tr. dor. et ciselée.

1250. **Seemiller** (S.). Bibliothecæ Academicæ Ingolstadiensis Incunabula typographica, seu Libri ante annum 1500 impressi circiter mille et quadringenti; quos secundum annorum seriem disposuit, descripsit et notis historico-litterariis illustravit S. Seemiller. — *Ingolstadii, Wilh. Krüll*, 1787-1789, *4 fasc. en 2 vol. in-4°*; d. bas.

1251. **Seguin** (J.). Les Antiquitez d'Arles, traitées en manière d'entretien et d'itinéraire, où son décrites plusieurs nouvelles Découvertes qui n'ont pas encore veu le jour; nouvelle édition d'après celle de Claude Mesnier, imprimeur du Roy, à Arles, 1687. — *Avignon, F. Seguin*, 1877, *in-4°, pl.*; d. m. r., têt dor. (*Pap. de Holl.; tiré à 150 ex. sur ce papier; N° 94.*)

1252. **Sénancour** (de). De l'Amour considéré dans les lois réelles et dans les formes sociales de l'union des sexes. — *Paris, Cérioux*, 1806, *in-8°*; d. v., f.

1253. **Sénecé**. Œuvres choisies; nouvelle édition publiée par Emile Chasles et P.-A. Cap; précédée d'une monographie de la famille Bauderon de Senescey par Emile Chasles. — *Paris, Jannet*, 1855, *in-16. pap. vergé*; perc. r.

1254. — Œuvres posthumes publiées pour la première fois par Emile Chasles et P.-A. Cap. — *Paris, Jannet*, 1865, *in-16, pap. vergé*; perc. r.

1255. Serie cronologica delle Edizioni dell' intero testo et delle parti separate della Divina Comedia di Dante Allighieri; delle sue traduzioni, de' suoi comenti. e delle principali opere che serveno ad illustrarla. — *Firenze, Baracchi*, 1850, *in-8° de 82 p.*; d. toile (*tiré à 150 ex*).

1256. Serie dell' Edizioni Aldine per ordine cronologico ed alfabetico; terza edizione, con emendazioni e giunte. — *Venezia, Curti*, 1791. Appendice alla serie dell' Edizioni Aldine ristampata in Padova l'anno 1790. — *Padova, Brandolese*, 1803, *1 vol. in-12*; br.

1257. **Serres**. Histoire abrégée de la ville de Montpellier, avec un abrégé de la vie de quelques hommes illustres, tant en droit civil qu'en médecine de la dite ville, qui s'y sont rendus recommandables. — Montpellier, Martel, 1719. Réimpression de *Montpellier, Seguin*, 1873, *in-8°*, (*tirée à 25 ex. sur papier vergé teinté ; N° 7*); mar. r., fil., dent., tr. dor. (*Amand*).

1258. Histoire de la Cour des Comptes, Aides et Finances de Montpellier, publiée sur le manuscrit original appartenant à la Bibliothèque de la ville de Montpellier, accompagnée de notes et ornée de portraits d'après des gravures du temps. — *Montpellier, Félix Seguin*, 1878, *in-8°*, br. *pap. Holl.*, (*tiré à 35 ex. sur ce papier, N° 6*).

1259. **Serrure** (C.-P.). Notice sur le Cabinet monétaire de S. A. le Prince de Ligne. — *Gand, Annoot Braeckman*, 1847, *in-8°*; br.

1260. **Severus** (Sulpicius). Historia sacra, cum optimis primisque editionibus accurate collata et recognita. — *Lugd. Batavorum, ex Officina Elseviriorum*, 1635, *pet. in-12* ; mar. r., fil., dent., tr. dor. (*Simier*).

1261. **Sévigné** (Mad. de). Lettres de Madame de Sévigné, de sa famille et de ses amis; précédées d'une notice par Charles Nodier; nouvelle édition. — *Paris, Lavigne*, 1836, *2 vol. gr. in-8°, fac simile*; d. rel. mar. Lavall.).

1262. **Seymour Haden** (F.). L'Œuvre gravé de Rembrandt ; étude monographique rédigée pour servir d'introduction au catalogue d'une exposition des eaux fortes du maître, etc. — *Paris*, 1880, *gr. in-8° de 31 p.* ; br.

1263. **Sieurin** (J.). Manuel de l'amateur d'Illustrations, Gravures et Portraits pour l'ornement des livres français et étrangers. — *Paris, Labitte*, 1875, *in-8°*; br.

1264. **Silvestre** (Th.). — Histoire des Artistes vivants français et étrangers, étude d'après nature. — *Paris, Blanchard*, (*s. d.*), *pet. in-8°, fig. sur Chine*; br.

1265. **Simeoni** ou **Symeoni** (G.). Interprétation grecque, latine, toscane et françoise du Monstre ou Enigme d'Italie. *Sol et Lucina parentes.* — *Lyon, par Antoyne Voulant*, 1555. (*A la fin :*) *Imprimé à Lyon, par Jean Brotot.* — *Pet. in-8°, 10 ff. prélim., texte 17-80, la dernière non cotée* : mar. r., fil., tr. d. (*Trautz-Bauzonnet.*)

Symeoni prend pour prétexte une prophétie de Nostradamus qu'il transcrit, du reste, à la page 79, et cherche à prouver, par une flatterie outrée envers le roi Henri II, que ce prince a le droit et le devoir de conquérir l'Italie que la discorde rend si malheureuse, pour y mettre la paix et l'ordre au plus grand profit des deux nations. V^r *Bullet. du Bibliophile,* 1861, p. 572.

1266. **Simon** (J.). Histoire de l'École d'Alexandrie. — *Paris, Joubert,* 1845, *2 vol. in-8°* ; br.

1267. **Siret.** Dictionnaire historique des Peintres de toutes les écoles depuis l'origine de la peinture jusqu'à nos jours.... Deuxième édition. — *Bruxelles, Lacroix* ; *Paris, Jung, Trinttel,* 1866, *pet. in-8°*; br.

1268. **Socard** (Al.) et **Assier** (Al.). Livres Liturgiques du Diocèse de Troyes, imprimés au quinzième et au seizième siècles. Ouvrage orné de 36 gravures originales. — *Paris, Aubry,* 1863, (*pap. de Holl., tiré à 200 ex.; N° 79.*═ *On y a joint* : 1° Livres populaires imprimés à Troyes de 1600 à 1800. — Hagiographie. - Ascétisme. - Ouvrage orné de 120 gravures tirées avec les bois originaux, par Al. Socard. — *Paris, Aubry,* 1864, (*pap. de Holl., tiré à 200 ex.; N° 122*). — 2° Noëls et Cantiques imprimés à Troyes depuis le XVII° siècle jusqu'à nos jours, avec des notes bibliographiques et biographiques sur les Imprimeurs Troyens. Ouvrage orné de 20 gravures originales avec la musique de plusieurs airs, par Al. Socard. — *Paris, Aubry,* 1865, (*pap. de Holl., tiré à 200 ex.; N° 122*); d. m. br.

1269. Sonnettes (Les) ou Mémoires du Marquis D** (par J. B. Guiard de Servigné). Nouvelle édition corrigée et augmentée de pièces neuves et intéressantes. — *Berg-op-zoom, (Londres), F. di Richebourg,* 1751, *2 part. en 1 vol. in-18, fig.*; cart.

1270. **Sorbin** (A.). Tractatus de Monstris quæ a temporibus Constantini hucusque ortum habuerunt, ac iis quæ circa eorum tempora misere acciderunt, ex Historiarum cum græcarum tum latinarum testimoniis. — *Parisiis, Hier. de Marnef et Gul. Cavellat,* 1570, *in-16, fig.*

1271. **Sotzmann** (J. D. F.). Gutenberg und seine mitbewerber oder die Briefdrucker und die Buchdrucker. — (*Leipzig, Brockhaus*), s. d., *in-12, pl.*; cartonné.

1272. — Älteste Geschichte der Xylographie und der Druckkunst überhaupt, besonders in der Anwendung auf den Bilddruck. Ein beitrag zur Erfindungs-und Kunstgeschichte. — (*Extr. paginé 447-600*), 1837, *in-12*; d. perc. gr.

1273. **Soultrait** (G. de). Essai sur la Numismatique Bourbonnaise. — *Paris, Rollin*, 1858, *in-8°, fig.*; d. m. bleu. *(Tiré à 125 ex.*).

1274. — Essai sur la numismatique Nivernaise. — *Paris, Rollin*, 1854, *in-8°, fig.*; br. (*Tiré à 230 ex.*).

1275. **Souza** (Mme de). Ses OEuvres ; nouvelle édition, précédée d'une notice sur l'auteur et ses ouvrages par M. Sainte-Beuve. — *Paris, Charpentier*, 1840, *in-12* ; d. m. vert, fil., têt. dor.

1276. Speculum Passionis. (V^r Pinder).

1277. **Spencer Northcote** (J.) et **Brownlow** (W.-R.). Rome souterraine ; résumé des découvertes de M. de Rossi dans les Catacombes romaines et en particulier dans le cimetière de Calliste ; traduit de l'anglais, avec des additions et des notes par Paul Allard, et précédé d'une préface par M. de Rossi. — *Paris, Didier*, 1872, *in-8°, pl. col.* ; br.

1278. **Stael** (Mme de). Corinne ou l'Italie ; nouvelle édition augmentée d'une préface par Sainte-Beuve. — *Paris, Charpentier*, 1839, *in-12 ;* d. m. r.

1279. **Sterne** (L.). Voyage sentimental ; traduction nouvelle, précédée d'un essai sur la vie et les ouvrages de Sterne par J. Janin. Édition illustrée par Tony Johannot et Jacque. — *Paris, Bourdin*, (1841), *gr. in-8°*; cartonné.

    Ex. du premier tirage, avec les fig. hors texte, sur chine appliqué.

1280. **Strada** (J. de). Epitome Thesauri Antiquitatum, hoc est Impp. Rom. Orientalium et Occidentalium Iconum, ex antiquis numismatibus quam fidelissime deliniatarum (sic). Ex Museo Jacobi de Strada Mantuani Antiquarii. — *Lugduni, apud Jac. de Strada et Th. Martinum*, 1553, *in-4°, fig. sur bois ;* mar. r., f., tr. d.

1281. **Straparole**. Les Facétieuses Nuits de Straparole, traduites par Jean Louveau et Pierre de Larivey. — *Paris, Jannet*, 1857, *2 vol. in-16, pap. vergé*; perc. r.

1282. **Struvius** (B.-G.). Introductio ad notitiam Rei litterariæ ad usum Bibliothecarum. Accessit dissertatio de Doctis Impostoribus ; editio secunda. — *Ienæ, Bailliar*, 1706, *in-8°* ; bas.

1283. **Suetonius**. Opera et in illa commentarius Samuelis Pitisci, in quo antiquitates romanæ ex auctoribus idoneis fere nongentis græcis et latinis veteribus et recentioribus, perpetuo tenore explicantur, etc. — *Leovardiæ, Halma,* 1714-15, *2 vol. in-4°, fig.;* rel. v. ci., fil. (*Ex. sur grand papier*).

1284. Suite d'Estampes pour servir à l'Histoire des Mœurs et du Costume des François dans le dix-huitième siècle. Année 1775. — *Paris, Prault,* 1775. = Seconde Suite d'Estampes pour servir à l'histoire, etc. Année 1776. — *Paris, Prault,* 1877. = Monuments du costume physique et moral de la fin du dix-huitième siècle, ou Tableau de la Vie, orné de figures, (texte par RESTIF de la BRETONNE). — *Neuwied sur le Rhin, Soc. typ.,* 1789; *3 parties en 1 vol., gr. in-fol.;* splendide rel. en mar. r., petits fers sur les plats, tr. d.

> État de l'exemplaire :
>
> Planches : Première suite : 12 gr. d'après Freudenberg, toutes avec la tablette ombrée. Ne sont numérotées que les pl. 1, 2, 7 et 12. = Deuxième suite : 12 gr. d'après Moreau, toutes avec les lettres A. P. D. R.. et toutes numérotées. sauf la pl. 16. = Troisième suite : 12 gr. d'ap. Moreau, plus 2 (non signées) d'après Freudenberg *(la Matinée et l'Épreuve).* Toutes sont sans numéros et toutes signées, sauf les pl. 3, 4 et 8.
>
> Texte : les deux Premières Suites ont le premier texte publié. De plus, après la seconde, se trouve un second texte fait pour elle et différent du 1er. Ce texte fut publié en 1789 avec le texte également nouveau de la 3e suite, car pour celle-ci, il avait été publié antérieurement (en 1783) un texte différent de celui de 1789 et qui est excessivement rare à rencontrer.

1285. **Swift** (J.). Voyages de Gulliver dans des contrées lointaines. Edition illustrée par Grandville. Traduction nouvelle. — *Paris, Furne,* 1838, *2 vol. in-8°;* d. rel. mar. gr.

1286. Voyages de Gulliver, traduction nouvelle et complète par B.-H. Gausseron. (Illustrations en couleur, par V.-A. Poirson). — *Paris, Quantin* (1884), *gr. in-8°;* br.

> Ex. sur papier du Japon; tiré à 100 ex. sur ce papier: N° 64.

1287. **Symeoni** (Gabr.). Illustratione degli Epitaffi et Medaglie antiche. — *In Lione, per Giovan di Tournes,* M. D. LVIII., *in-4° de 8 ff. prél. 174 p. et 1 f. d'errata, fig. sur bois;* rel. vél. blanc.

T

1288. Tableau (Le) de la Volupté ou les quatre parties du Jour, poëme en vers libres par M. D. B. (Du Buisson) ; nouvelle édition. — *A Cythère, au Temple du Plaisir, in-8°, frontisp. et fig. d'Eison gravées par Longueil* ; v. f., fil., dent., tr. dor., dos orné.

1289. **Taillandier** (A.). Résumé historique de l'introduction de l'Imprimerie à Paris. — *Paris, Duverger,* 1837, *in-8°. de 62 p., fig. (Extr. du T.* XIII *des Mém. de la Soc. des Antiq. de France)* ; rel. vél.

1290. — Notice sur la vie et les ouvrages de M. Leber. — *Paris, Lahure,* 1860, *in-8° de 23 p.* ; br. (*Ext. du Bullet. de la Soc. des Antiq. de France*).

1291. **Taillard** (V.). Recherches sur les Monnaies des Comtes de Flandre, depuis les temps les plus reculés jusqu'au règne de Robert de Béthune inclusivement. — *Gand, Hoste,* 1852, *in-4°, pl. et cartes ;* br.

1292. **Tainturier** (A.). Notice sur les Faïences du XVI° siècle dites de Henri II, suivie d'un catalogue contenant la description de toutes les pièces connues. — *Paris, Didron,* 1860, *in-8° de 25 p., pl. col.*

1293. — Les Terres Emaillées de Bernard Palissy, inventeur des Rustiques figulines. Etude sur les travaux du maître et de ses continuateurs. suivi du catalogue de leur œuvre. — *Paris, Didron,* 1853, *gr. in-8°, port. et pl.* ; br.

1294. — Anciennes industries d'Alsace et de Lorraine. Manufactures de Porcelaines et de Faïences. (Copie ms. extraite du *Bibliographe Alsacien*), 1864-67. — *In-8°* ; br.

1295. **Taliacotius** (G.). De Curtorum chirurgia per insitionem libri duo, in quibus ea omnia quæ ad hujus chirurgiæ, Narium scilicet, Aurium, ac Labiorum per insitionem restaurandorum cum theoricen tum practicen pertinere videbantur, clarissimo methodo cumulatissime declarantur : additis cutis traducis instrumentorum omnium atque deligationum iconibus et tibulis. — *Venetiis, apnd G. Bindonum,* 1597, *in-fol, fig.;* rel. vél.

1296. **Tallemant des Réaux**. Ses Historiettes. Mémoires pour servir à l'histoire du XVII° siècle, publiés sur le manuscrit autographe de l'auteur; seconde édition, précédée d'une notice sur l'auteur. augmentée de passages inédits et accompagnée de notes et d'éclaircissements, par M. Monmerqué. — *Paris, Delloye,* 1840, *10 tomes en 5 vol. in-12, port.;* d. v. r.

1297. **Tandon** (A.). Fables et Contes en vers patois, par Auguste Tandon, troubadour de Montpellier. — *Montpellier, Renaud,* an VIII, *in-8°;* cartonné. (*Ex. tiré in-4° sur pap. vélin très fort.)*

1298. — Fables, Contes et autres pièces en vers patois de Montpellier; seconde édition. — *Montpellier, Renaud,* 1813, *in-8°;* br. *(Envoi ms. en 4 vers patois à M. Pieyre.)*

1299. Tarsis et Zélie (par LEVAYER de BOUTIGNY); nouvelle édition. — *Paris, Musier,* 1774, *3 vol. gr. in-8°, pap. de Holl.* ; br.

   Trois frontisp. par Cochin, Moreau et Eisen ; trois fleurons sur le titre et 20 vignettes par Eisen, gr. par divers.

1300. **Taschereau** (J.). Histoire de la Vie et des Ouvrages de P. Corneille; seconde édition. — *Paris, Jannet,* 1855, *in-16, pap. vergé;* perc. r.

1301. — Histoire de la Vie et des Ouvrages de Molière. — *Paris, Ponthieu,* 1825, *in-8°, portr. et fac-simile;* d. v., f.

1302. **Tasso** (T.). La Gerusalemme liberata. — *Parigi, Didot,* 1812, *2 vol. in-8° ;* d. m. r.

1303. **Téchener** (L.). Répertoire universel de Bibliographie, ou Catalogue général, méthodique et raisonné de livres anciens, rares et curieux, composant la librairie de Léon Téchener fils, successeur de son père, avec les prix de vente marqués à chaque article. Tome premier. — *Paris, (Téchener),* 1869, *in-8°;* d. m. br.

1304. **Teisserius** (A.). Catalogus auctorum qui librorum catalogos, indices, bibliothecas, virorum litteratorum elogia, vitas, aut orationes funebres, scriptis consignârunt : cum Philippi LABBÆI Bibliothecâ nummariâ in duas Partes tributâ : I. De antiquitis numismatibus, hebræis, græcis et romanis. II. De monetis, ponderibus et mensuris; et mantissa antiquariæ supellectilis, ex annulis, sigillis, gemmis, lapidibus, statuis, obeliscis, inscriptionibus, ritibus, similibusque, romanae præsertim antiquitatis monumentis collectà. — *Genevæ, de Tournes,* 1668-1705, *2 tomes en 1 vol. in-4°*; rel. parch.

1305. **Teissier** (O.). Les Hommes illustres du Var. — Arnaud de Villeneuve, médecin alchimiste. — *Toulon, Aurel,* 1858, *in-12 de 75 p., portr. et tit. gr.*; br.

1306. **Terentius** (P.). Comœdiæ sex, ad optimorum exemplarium fidem recensitæ. Accesserunt variæ lectiones e libris mss. et eruditorum commentariis depromptæ. — *Lutetiæ-Parisiorum, Leloup et Mérigot,* 1753, *2 vol. in-12, front. et fig. par Gravelot, gr. par Delafosse et Sornique* ; v. j., fil., tr. dor.

1307. **Terracina** (L.). Discorso sopra tutti li primi canti d'Orlando furioso, fatti per la signora Laura Terracina. — *Vinetia, Gabr. Giolito di Ferrarii,* 1550, *pet. in-8°, fig. sur bois;* rel. parch.

1308. Testamens enregistrés au Parlement de Paris, sous le règne de Charles VI. Textes publiés par Alexandre Tuetey. — *Paris, Imp. Nat.,* 1880, *in-4°*; br. (*Docum. inéd. sur l'Hist. de Fr.*).

1309. Testament littéraire de M. C. Leber, suivi d'une description sommaire des livres et objets d'art les plus remarquables de son cabinet. — *Orléans, Herluison,* 1860, *in-8° de 24 p., pap. vergé*; br. (*Tiré à 100 ex.*).

1310. Testamentum (Novum) illustratum insignium rerum simulacris, cum ad veritatem historiæ, tum ad venustatem. singulari artificio expressis. — *Escudebat Franc. Gryphius, an.* M.D.XXXIX, ; *in-12*; mar. br., fil., orn. à froid, dent., tr. d. (*Magnin*).

> Première édition. Brunet ne cite que celle de 1542. Elle contient 90 figures dont 31 répétées. Ces figures n'ont été précédées que d'un an par celles de la Bible d'Holbein que donnèrent pareillement à Lyon, pour la première fois, en 1538, les frères Trechsel.

1311. **Texier** (l'abbé). Manuel d'Epigraphie, suivi du Recueil des Inscriptions du Limousin. — *Poitiers, imp. Dupré,* 1851, *in-8°, front. et pl.*; br. (*Pap. de Holl.*).

1312. Théâtre (Ancien) françois, ou Collection des ouvrages dramatiques les plus remarquables depuis les Mystères jusqu'à Corneille ; publié avec des notes et des éclaircissements par M. Viollet-le-Duc. — *Paris, P. Jannet,* 1854-57, *10 vol. in-16, pap. vergé* ; perc. r.

1313. **Thenot**. Les Règles du Paysage mises à la portée de toutes les intelligences. — *Paris, Danlos*, 1842, *in-8°, 60 p., pl.*; br.

1314. **Thevet** (F.-A.). Cosmographie de Levant, par F. André Thevet d'Angoulesme. — *Lyon, Jean de Tournes et Guil. Gazeau*, 1554, *pet. in-4°., fig.*; demi mar. v.

1315. **Thiaucourt** (P.). Essai sur l'art de restaurer les Faïences, Porcelaines, Terres cuites, Biscuits, Grès, Verreries, Émaux, Bijoux, Marbres, Albâtres, Plâtre, etc. ; avec un avant-propos par J.-G. Davillier. — *Paris, Aubry*, 1865, *in-12* ; br.

1316. **Thierry** (Aug.). Histoire de la conquête de l'Angleterre par les Normands.— Récits des temps Mérovingiens. — Histoire, Lettres sur l'Histoire de France. — Dix ans d'Études Historiques. — *Paris, Tessier*, 1836-40, *8 vol. in-8°*; d. mar. v.

1317. **Thieury** (J.). Bibliographie Italico-Normande contenant : 1° Un essai historique sur les relations entre l'Italie et la Normandie ; 2° Une Bibliothèque des ouvrages relatifs aux relations des deux pays ; 3° Une Bibliothèque des ouvrages relatifs à l'Italie, composés par des auteurs normands. — *Paris, Aubry*, 1864, *in-8° de 80 p.*; d. v. f.

1318. **Tibertus** (A.). Antiochi Tiberti de Cheiromantia libri III, denuo recogniti, atque in ordinem digesti. Ejusdem argumenti de Cheiromantia, incerti cujusdam authoris liber, hactenus nondum typis excusus. — *Moguntiæ excusum in ædibus Ivonis Schæffer*, anno M.D.XLI..., *pet. in-8°, fig.*; rel. vél.

> La première édition est de *Bologne*, 1494, *per Benedictum hectoris, in-4°.* — Ivan Schoeffer, auteur de celle-ci, était fils et successeur de Jean Schoeffer, l'associé de Fust et Gutemberg.

1319. **Tilliot** (du). Mémoires pour servir à l'histoire de la Fête des Foux, qui se faisoit autrefois dans plusieurs Églises. — *Lausanne et Genève, s. n.*, 1751, *in-12, fig.* ; bas.

1320. **Tissot** (P.-F.). Leçons et modèles de Littérature française, depuis Ville-Hardouin jusqu'à M. de Chateaubriant ; édition illustrée. — *Paris, L'Henry*, 1835-36, *2 vol. gr. in-8°*; d. m. n., têt. d.

1321. **Tobiesen Duby** (P.-A.). Recueil général des Pièces obsidionales et de nécessité, gravées dans l'ordre chronologique des évènemens, avec l'explication dans l'ordre alphabétique des Faits historiques qui ont donné lieu à leur fabrication ;

à la suite desquelles se trouvent plusieurs pièces curieuses et intéressantes sous le titre de Récréations numismatiques. — *Paris, Debure aîné,* 1786, *gr. in-4°, pl.*; d. bas.

1322. — Traité des Monnoies des Barons, ou représentation et explication de toutes les Monnoies d'or, d'argent, de billon et de cuivre qu'ont fait frapper les Possesseurs de grands Fiefs, Pairs, Évêques, Abbés, Chapitres, Villes et autres Seigneurs de France; pour servir de complément aux Monuments historiques de la France en général et de chacune de ses provinces en particulier. — *Paris, Imp. roy.,* 1790, *2 vol. gr. in-4°. pl.;* br.

1323. **Tôchon** (J.-F.) d'Annecy. Recherches historiques et géographiques sur les Médailles des Nomes ou Préfectures de l'Égypte. — *Paris, Renouard,* 1822, *in-4°, portr. et fig.*; br.

1324. **Tornamira** (J. de). Clarificatorium JOHANNIS de TORNAMIRA super nono Almansoris cum textis ipsius Rasis. -- (*In fine :*) *Impressum Lugduni per Johannem Bachalarium..., anno Mcccci, die penultima septembris.* = Tractatus de febribus celeberrimi doctoris magistri JOHANNIS de TORNAMIRA clarissimi studii Montispessulani cancellarii. — (*In fine :*) *Impressus Lugduni per Johannem Bachelier..., anno M. ccccci die xxvij mensis Julii, 2 vol. in-4°, rel. en 1 ; caract. goth. à 2 col;* rel. mar, Lav., f. à f., tr. d.

1325. **Tournal**. Catalogue du Musée de Narbonne et notes historiques sur cette ville. — *Narbonne, Caillard,* 1864, *in-8°;* br.

1326. **Tourneux** (M.). Prosper Mérimée, ses portraits, ses dessins, sa bibliothèque. — *Paris, Charavay,* 1879, *in-8° carré, port., pap. Holl.;* br.

1327. Tours (Les) industrieux, subtils et gaillards de la Maltôte ; nouvelles galantes. — *Paris, Michel le Plagiaire,* 1708, *pet. in-12* ; bas.

1328. Traité des Finances et de la fausse monnaie des Romains (par CHASSIPOL), auquel on a joint une dissertation sur la manière de discerner les Médailles antiques d'avec les contrefaites (par BEAUVAIS). — *Paris, Briasson,* 1740, *in-12* ; bas.

1329. **Tricotel** (Ed.). Variétés bibliographiques. — *Paris, Gay,* 1863, *in-12, pap. de Holl., (tiré à 50 ex. sur ce papier; N° 31).;* br.

1330. Triomphe (Le) des Dames. Traduit de l'anglais de Miledi

P..., (par Philippe-Florent de PUISIEUX). — *Londres* , 1751, *in-12 de 140 pp.* ; cart.

Même ouvrage, avec changement de titre, que celui-ci, publié l'année précédente : *La Femme n'est pas inférieure à l'homme.*

1331. Triomphe (Le) d'Anvers faict en la susception du Prince Philips, Prince d'Espaigñe. (Fol. 2) : La Tres admirable, tres magnifique et triomphante entrée du tres hault et tres puissant Prince Philipes (II), prince d'Espaignes, fils de l'Empereur Charles V; ensemble la vraye description des spectacles theatres, archs triomphaulx, etc., lesquels ont este faictz et bastis à sa tres desirée reception en la tres renommée florissante ville d'Anvers. Anno 1549. Premièrement composée et descripte en langue latine, par Cornille GRAPHEUS, greffier de la dite ville d'Anvers, et depuis traduite en Franchois. (A la fin :) *Imprimé à Anvers pour Pierre Coeck d'Allost, par Gillis van Diest, 1550.* — *Pet. in-fol.*; *31 fig. gravées sur bois d'après les dessins de F.Coeck d'Alost*; rel. mar. br., compart. à fr. et fil. d., tr. d. (*Lortic*).

1332. Trois Danses des Morts. Soixante-douze gravures en bois. Epreuves d'artiste. — *Paris, Tron*, 1856, *in-12 de 20 ff., pap. de Chine, (en feuilles)*.

1333. **Trouvé.** Essai historique sur les Etats généraux de la Province de Languedoc et sur le département de l'Aude, avec cartes et gravures. — *Paris, Didot*, 1818, *2 vol. in-4°*; d. v. vert.

1334. Types de Caractères et d'Ornements anciens. — *Paris, Claye*, 1835, *gr. in-8°*.

V

1335. **Vænius** (E.). Tractatus physiologicus de Pulchritudine. Juxta ea quæ de Sponsa in Canticis Canticorum mystice pronunciantur. — *Bruxellis, Foppens*, 1662, *in-8°*; m. v., dent., tr. d. (*Smeers*).

Ex. Firmin Didot.

1336. **Vaillant** (J.). Numismata Imperatorum romanorum præstantiora, à Julio Cæsare ad Postumum usque. — *Romæ, Bernabò et Lazzarini*, 1743, *3 vol. in-4°, pl.*; cartonné.

1337. **Vaissete** (D.) et **Vic** (D. de). Histoire générale de Languedoc avec des notes et les pièces justificatives, composée sur les auteurs et les titres originaux, etc., enrichie de divers monumens. — *Paris, Vinvent*, 1780-45, *5 vol. in-fol., pl.;* rel. mar. r., f., tr. d., avec les armes de la province sur les plats.

1338. **Vacherot** (E.). Histoire critique de l'École d'Alexandrie. — *Paris, Ladrange*, 1846-51, *3 vol. in-8°*; d. m. citr.

1339. **Valescus de Tharanta**. Practica VALESCI de THARANTA : quæ alias philonium dicitur una cum domini JOANNIS de TORNAMIRA in/troductio. = *(In fine:) Impressum Lugduni per sedulum virum Jacobum myt, anno a virginis partu M.ccccxvj, die vero xj mensis Augusti.—Pet. in-4°, goth. à 2 col., de 4 ff. non chiff. pour le titre et la table et 424 ff. chiffrés pour le texte;* rel. parch.

> Valescus (en français), Balescon de Therante) professa à Montpellier. Il commença son livre, dit-il, (dans la dernière colonne du prologue), l'an 1418, la veille de St Barnabé, apôtre, pour les étudiants en l'art médical (*in arte phisicali*). — *L'Introductorium* de Jean de Tornamira, qui fut aussi chancelier en l'université de Montpellier, commence au v° du feuillet 421.

1340. **Vallée** (L.). Bibliographie des Bibliographies. — *Paris, Terquem*, 1883-87, *2 vol. gr. in-8°*; br.

1341. **Vallet de Viriville**. Histoire de l'Instruction publique en Europe et principalement en France depuis le Christianisme jusqu'à nos jours. — Universités, Collèges, Écoles des deux sexes, Académies, Bibliothèques publiques, etc. Illustrations archéologiques exécutées sous la direction de Ferdinand Séré —*Paris, s. n.*, 1849, *gr. in-4°, front. et ñg. n. et col.;* br.

1342. — Notice historique sur la Médaille frappée à la Monnaie de Paris, en souvenir de l'expulsion des Anglais de 1451 à 1460, suivie de notes et éclaircissements relatifs à divers ordres de Chevalerie, avec huit effigies gravées sur cuivre par Dardel. — *Paris, Pillet, s. d., gr. in-8°, pl.;* br.

1343. Variétés historiques; recueil de pièces volantes, rares et curieuses, en prose et en vers; revues et annotées par M. Édouard Fournier. — *Paris, Pagnerre*, 1855-63, *10 vol. in-16, pap. vergé;* perc. r.

1344. **Van der Linden** (J.-A.). De Scriptis medicis libri duo; editio tertia auctior. — *Amstelodami, Blaeu*, 1662, *in-8°;* bas.

1345. **Van der Meersch** (P.-C.). Recherches sur la vie et les travaux des Imprimeurs Belges et Néerlandais, établis à l'étranger, et sur la part qu'ils ont prise à la régénération littéraire de l'Europe au XVe siècle ; précédées d'une Introduction historique sur la découverte de l'Imprimerie et sur la propagation de cet art en Belgique et en Hollande. (Tome premier, seul publié.). — *Gand, Hebbelynck*, 1856, *in-8°;* d. v. br.

1346. **Van Iseghem** (A.-F.). Biographie de Thierry Martens d'Alost et Bibliographie de ses éditions. Supplément contenant les nouveaux renseignements recueillis par l'auteur (1854-1866).—*Malines, Dessain*, 1866, *in-8° de 30 p., fig.*; br.

1347. **Vanhende** (E.). Numismatique Lilloise, ou Description des monnaies, médailles, jetons, méréaux, etc., de Lille. — *Lille, Danel*, 1858, *in-8°, tit. lith. et pl. gr.*; br.

1348. **Vaultier**. Notice sur la vie et les travaux littéraires de feu l'abbé de La Rue. — *Caen, Mancel*, 1844, *gr. in-8° de 26 p., portr.*; d. m. r., têt. dor.

1349. **Vegetius** (Fl.). Flave VEGECE Rene du fait de guerre et fleur de chevalerie, quatre livres. Sexte Jule FRONTIN, des Stratagèmes, espèces et subtilitez de guerre, quatre livres. ÆLIAN de l'ordre et instruction des batailles, ung livre. MODESTE des vocables du fait de guerre, ung livre. Pareillement. cxx. Histoires concernans le fait de guerre joinctes à Vegece. Traduicts fidellement de latin en françois : et collationnez (par le polygraphe humble secrétaire et historien du parc d'honneur (Nic. VOLCYR de SEROUVILLE) aux livres anciens tant à ceulx de Bude que Beroalde et Bade. — *Imprimé à Paris par Chrestian Wechel, à l'enseigne de l'escu de Basle*, 1536, *in-fol., goth. à longues lignes, fig., sur bois*; v. f., f. à froid, tr. d.

1350. **Vermiglioli** (G.-B.). Principii della Stampa in Perugia e suoi progressi per tutto il secolo XV, nuovamente illustrati, accresciuti e corretti in questa seconda edizione. — *Perugia, Baduel*, 1820, *in-8°;* d. bas. = Cenni storici sulle Antiche Biblioteche publiche di Perugia sulla fondazione e vicende della Biblioteca Podiani, intorno alle cause che ne hanno favorito la conservazione e gli accrescimenti, con qualche istruzione per i bibliotecari che dovranno presiederla. — *Perugia, Bartelli*, 1843, *1 vol. in-8°;* d. m. vert.

1351. **Vernazza de Freney**. Observations sur la Bible possé-

dée par les Frères Reycend et Cie, libraires à Turin. —
Turin, Pane, 1809, *in-8° de 15 p.* ; cart.

1352. **Vesalius** (A.). De Humani corporis fabrica libri septem. —
Basileæ (in fine) ex officina Joannis Oporini, anno MDXLIII,
in-fol., fig., portr. et frontisp. gr.; rel. vél. gauf., plats en
bois, fermoirs en cuivre.

1353. **Vian** (L.). Montesquieu. Bibliographie de ses œuvres. —
Paris, Durand et Pedone-Lauriel, 1872, *in-12* ; br.

1354. **Vigerius** (M.) Decachordum christianum Julio II. Pont.
Max. dicatum (au v° du f. 246) : *quod Hieronimus Soncinus
in Urbe Fani his caracteribus impressit die x Augusti* M.D.VII.
— *Pet. in-fol. de 8 ff. prél. (dont 1 blanc),* CCXLVI *ff. chiff.
et 16 ff. pour la table finale, fig. sur bois.* ; rel. mar. Lavall.,
avec ornements à froid sur les plats, dent. int., tr. d. *(Cham-
boll-Duru).*

> 10 figures sur bois de la grandeur des pages et 35 petites, toutes
> se rapportent à la vie de Jésus-Christ.

1355. **Vigny** (A. de). Poésies complètes ; nouvelle édition. — *Paris,
Charpentier,* 1841, *in-12* ; d. m. r., fil., têt. d. (avec un
autographe de l'auteur).

1356. **Villeneuve** (Arnaud de). Le Trésor des pouvres : selon
maistre ARNOULT DE VILLENOVE, maistre GERARD de SOLO, et
plusieurs aultres docteurs en médecine de Montpellier.
Nouvellement imprimé et corrigé. — *On les vend à Lyon, en
la maison de Claude Nourry. (A la fin :) Imprimé à Lyon, p.
Claude Nourry, dit le Prince, le viiij jour Daoust Mil cinq
cens xxvij. In-4° goth. de 3 et xcix ff.*; rel. mar. Lav. f., dent.,
tr. d. *(Copé.)*

1357. — Regimen Sanitatis, en francois. Souverain remède contre
lepedimie et traictie pour congnoistre les urines. — *(In fine:)
Imprimé à Lyon le* IV *jour de juing, l'an Mil cinq cens et ung.
Pet. in-4° goth. de 114 ff. non chiff.;* rel. mar. Lav., dent.,
tr. d. *(Capé).*

> Édition non mentionnée par Brunet, qui ne cite que celle de 1514.
> Dans le Catalogue Potier (1872), il y en a une de 1503 du même
> libraire.
> Il est dit dans le sous-titre, que ce Traité « jadis a été faict et com-
> pillé au réaulme d'Angleterre en l'Université de Salerne et veritable-
> men declaré et exposé par ung venerable docteur en medicine de
> Cathelogne nommé maistre Arnoul de Villeneufve... et nouvelle-
> ment corrigé et amendé par les tres excellens docteurs en medicine

regens à Montpellier, l'an mil cccc, avec aulcunes additions a ce adjoustées, l'an mil ccccc et ung.

Et, au-dessous, l'avertissement de l'éditeur ajoute que « ce petit livre a esté fait et composé à l'instance et usaize du roy dangleterre pour conserver et garder la santé corporelle, par les docteurs de l'université de Salerne », ce qui corrige l'indication du sous-titre qui semble placer Salerne en Angleterre.

1358. Villeneuve (Arnaud de). Tractatus magistri Arnaldi de Villanova de arte cognoscendi venena cum quis timet sibi ea administrari. Et Tractatus de epidemia et peste domini Valasti de Tarenta regis franciæ prothomedici. — (*Absque nota*), *in-4° de 18 ff. non chiff., caract. ronds;* rel. mar. r., dent., tr. d. (*Adolphe Bertrand*).

Édition imprimée, selon Brunet, avec les caractères élégants dont on s'est servi à Mantoue dès 1473. —Exemplaire de la vente Yemeniz.

1359. Villon (F.). OEuvres complètes; nouvelle édition, revue, corrigée et mise en ordre, avec des notes historiques et littéraires par P. L. Jacob (Paul Lacroix), bibliophile. — *Paris, Jannet*, 1854, *in-16, pap. vergé* ; perc. r.

1360. Villot (F.). Notice des Tableaux exposés dans les Galeries du Musée impérial du Louvre ; 1re partie, École d'Italie et d'Espagne, 13e édition. — IIe, Ecole française, 3e édition. — *Paris, Mourgues*, 1860-61, *2 vol. in-12;* br.

1361. Vinet (E.). Bibliographie méthodique et raisonnée des Beaux-Arts. Esthétique et Histoire de l'Art, Archéologie ; Architecture, Sculpture; Peinture; Gravure; Arts industriels, etc. — *Paris, Didot*, 1874-77, *2 livr. in-8°*; (tout ce qui a paru); br. (*Ex. sur grand papier de Hollande.*)

1362. Viollet-le-Duc. — Dictionnaire raisonné de l'Architecture française, du xie au xvie siècle. — *Paris, Ve Morel*, 1873, *10 vol. gr. in-8°, pl.;* br.

1363. — Dictionnaire raisonné du Mobilier français, de l'époque Carlovingienne à la Renaissance. — *Paris, Morel*, 1865-75, *6 vol. gr. in-8°, pl. n. et col.;* br.

1364. Virgilius. Opera Virgiliana cum decem commentis, docte et familiariter exposita, docte quidem Bucolica et Georgica à Servio Donato Mancinello et Probo nuper addito : cum annotationibus Beroaldinis. Æneis vero ab iisdem præter Mancinellum et Probum et ab Augustino-Datho in ejus principio. Opusculorum præterea quædam ab Domitio Calderino. Familiariter vero omnia tam opera quam opuscula ab Jodoco Badio Ascensio. Addidimus opusculum aliud, in Priapi lusum, quod in antea impressis minime reperitur. Omnia quidem, et etiam tertiusdecimus Æneidos liber a Mapheo Vegio additus expolitissimis figuris et imaginibus illustrata, etc. M. D. XXIX. — (*In fine:*) *Lugduni, in typographaria officina Joannis Crespini, anno M.D.XXIX.* — *In-fol.;* mar. gr., fil., tr. dor., gardes en vélin blanc.

1365. — Bucolica, Georgica et Æneis.— *Parisiis, excudebam Petrus Didot natu major,* anno reip. VI (1799), *in-18* ; mar. r., f., tr. d. ; *pap. vél.*

> Ex. de 1er tirage de la première et de la plus belle de toutes les éditions stéréotypes de P. Didot. Ce premier tirage se reconnaît à une faute d'impression du 1er vers de la page 178, où on lit *ne te noster*... au lieu de *nec te noster.*

1366. — Bucolica, Georgica, Æneis. — *Parisiis, excudebam Petrus Didot natu major,* anno reip. VI (1799), *in-18* ; v. rac., fil., tr. d.

> Second tirage de cette édition stéréotype.

1367. Vita (De) et beneficiis salvatoris Jesu Christi.—*Gilles de Gourmont.* — *Pet. in-8°, goth., de 60 ff. à 32 lignes, avec 2 grav. sur bois sans compter le frontisp.;* rel, v. f., tr. d. *(Hering).*

> Édition non citée par Brunet.

1368. **Vitet** (L.). Études sur les Beaux-Arts. Essais d'Archéologie et fragments littéraires. — *Paris, Delahays, 1855, 2 vol. in-12* ; br.

1369. **Vitruvius** (M.). De Architectura libri decem... Accesserunt Gul. Philandri Castilionii annotationes plus tertia parte locupletiores. Adjecta est Epitome in omnes Georgii AGRICOLÆ de mensuris et ponderibus libros eodem autore, etc. — *Lugduni, Joan. Tornæsius,* 1552, *in-4°, fig.* ; v. f., f. (L'*Épitome* manque).

1370. — Architecture ou Art de bien bastir, de Marc VITRUVE POLLION ; mis de latin en françoys par Jan Martin. — *Paris, de l'Impr. de Hiérosme de Marnef et Guillaume Cavellat,* 1572, *in-fol., pl.* ; rel. vél.

1371. **Vogel** (E.-G.). Litteratur früherer und noch bestehender Europaïs-cher œffentlicher und Corporations-Bibliotheken. — *Leipzig, Weigel,* 1840, *in-8°* ; d. perc. bl.

1372. **Voillemier** (Dr). Essait pour servir à l'histoire des Monnaies de la ville de Soissons et de ses Comtes. — *Amiens, Lemer,* 1863, *in-8° de 64 p., pl.* ; br.

1373. **Voillemier** (D^r). Essai sur les Monnaies de Senlis. Mémoire posthume. — *Senlis, Duriez*, 1867, *in-8°, de 63 p., pl.* ; br.

1374. **Voisenon**. Romans et Contes ; nouvelles édition, considérablement augmentée et seule conforme à l'édition in-8° des OEuvres de l'auteur publiée d'après ses manuscrits. — *Paris, Imbert*, an VI, 1798, *3 vol. pet. in-12, fig.* ; d. m. r.

1375. **Voltaire**. La Henriade, poëme de Voltaire, orné de dessins lithographiés (d'Horace Vernet, avec les portraits par Mauzaisse). — *Paris, Dubois*, 1825, *in-fol.* ; br.

1376. — Romans et Contes. — *Bouillon, s. n.,* 1786, *3 tom. en 6 vol. in-16* ; m. v., tr. d.

1377. **Voragine** (Jacobo di). — Legendario de Santi, vulgare (tradotto dal latino de Jacobo di Voragine per Nicolao Minerbi) hystoriado novamente revisto et con summa diligentia castigato. — (*In-fine :*) *Stampato in Venetia per Augustino de Zãni da Portese,* nel M. DXXV, *in-fol. de 239 ff. chiff. à 2 col. de 60 lignes, fig. sur bois.* = Spechio dela Fede (da Roberto Carazolo de Leze) volgare. — (*In fine :*) *Produtto in luce per Georgi de Rusconi Milanese,* nel M. CCCCC XVII..., *in-fol. de 155 ff. chiff. à 2 col. de 61 et 62 lignes, fig. sur bois ;* rel. mar. f., plats en bois, ornés de compartiments or et argent, tr, or et rouge ciselée.

1378. Voyage où il vous plaira. Par Tony Johannot, Alfred de Musset et P.-J. Stahl. — *Paris, Hetzel*, 1843, *gr. in-8°* ; rel. perc. bl. avec fers spéciaux, (1re édition).

1379. Voyage d'un Ministre ottoman, par John Secker. — *Montpellier, Coulet*, 1874, *pet. in-8° de 28 pp., pap. vergé ; tiré à 199 ex. sur ce papier*) ; br.

> Le faux-titre porte : *Relation de Méhémet-Effendi, annotée avec des documents inédits ;* et la couverture, en papier de couleur, porte : *L'Orient en Languedoc.*

1380. Voyage de Languedoc et de Provence fait en l'année 1740 par MM. le F. (le Franc de Pompignan), le M. de M*** (le Mis de Mirabeau) et l'abbé de M*** (Monville) ; nouvelle édition revue et corrigée. — *Amsterdam, Chareau et du Villard,* 1746, *in-12 ;* cart.

1381. Voye de Laict (La), ou le Chemin des héros au Palais de la Gloire, ouvert à l'entrée triomphante de Louys XIII, roy de France et de Navarre, en la cité d'Avignon, le 16 de novembre 1622. — *En Avignon, de l'impr. de J. Bramereau*, 1623, *in-4°, titre, portr. et 8 fig. gr.* ; rel. v. br. fil.

W, Y, Z

1382. **Waagen** (G.-F.). Manuel de l'Histoire de la Peinture. — Écoles Allemande, Flamande, et Hollandaise, traduction par Hymans et J. Petit. — *Bruxelles, Muquardt*, 1863, *3 vol. in-8°, pl.* ; br.

1383. **Wallon** (H.). Jeanne d'Arc. Édition illustrée d'après les monuments de l'Art depuis le quinzième siècle jusqu'à nos jours. — *Paris, F. Didot*, 1876, *in-4°, pl. n. et color.* (*Édition tirée à 500 ex., sur pap. à la forme*; *N° 350*).

1484. **Wailly**. (Nat. de). Éléments de Paléographie.—*Paris, Imp. Royale*, 1838, *2 vol. gr. in-4°, pap. vergé*; br.

1385. **Watelet**. L'Art de Peindre, poème, avec des réflexions sur les différentes parties de la Peinture. — *Paris, Guérin et Delatour*, 1760, *gr. in-4°, fig., pap. fort*.

1386. **Warmont** (A.). Recherches historiques sur les Faïences de Sinceny, Rouy et Ognes. — *Chauny, Visbecq*, 1864, *in-4° de 71 p., pl. col., pap. vergé*; br.

1387. **Wegerman**. De Levens-beschryvingen der Nederlansche Konst-schilders en Konst-schilderessen mvt een uytbreyding over de Schilder-Konst der ouden. — *In S'Gravenhage, Bouquet on Scheurleer*, 1729, *en Dordreyt Blussé*, 1769, *4 vol. in-4°, fig., gr. pap*.

1388. **Weigel** (T,-O.). Verzeichniss der Xylographischen Bücher des XV jahrhunderts.—*Leipzig, Melzer*, 1856, *in-8° de 10 p.*; perc. verte.

1389. **Werdet** (E.). Histoire du Livre en France, depuis les temps les plus reculés jusqu'en 1789. — *Paris, Dentu*, 1861-64, *4 vol. in-12*; d. perc. viol.

> 1re partie : Origines du Livre-manuscrit depuis les temps les plus reculés jusqu'à l'introduction de l'imprimerie à Paris, en 1470.
> IIe partie : Transformation du Livre manuscrit depuis 1470 jusqu'à 1789, *1 vol*.
> IIIe partie : *2 vol*. — 1er volume. Les Estienne et leurs devanciers depuis 1470. 2e volume : Études historiques et bibliographiques sur les libraires et les imprimeurs les plus célèbres de 1470 à 1789.

1390. — Extrait de l'*Histoire du Livre en France*. — Études Bibliographiques sur la famille des Didot, imprimeurs, libraires, graveurs, fondeurs de caractères, fabricants de papiers, etc. (1713-1864). — *Paris, Dentu*, 1864, *in-8° de 52 p.*; br. *(tiré à 70 ex.).*

1391. **Werly** (L.-Maxe). Essai sur la Numismatique Rémoise. — *Paris, Thunot*, 1862, *in-8° de 83 p., pl.*; br.

1392. **Wolfius** (Jo. Chr.). Monumenta Typographica quae Artis hujus praestantissimae originem, laudem et abusum posteris produnt, instaurata. Pars prima. — *Hamburgi, Heroldus*, 1740, *2 vol. in-8°*; rel. parch.

1393. **Young**. Les Nuits, traduites de l'anglais par Le Tourneur. — *Londres*, 1893, *4 vol. pet. in-12, fig.*; v. éc., fil., tr. dor.

1394. **Zaccaria** (G.). Catalogo di Opere Ebraiche, Greche, Latine ed Italiane stampate dai celebri tipografi Soncini, ne' secoli XV e XVI, con brevi notizie storiche degli stessi tipografi raccolte dal Cav. Zefirino Re Cesenate. — *Fermo, Ciferri*, 1863, *in-8° de 58 p.;* br.

1395. — Catalogo ragionato di Opere stampate per Francesco Marcolini da Forli, con memorie biografiche del medesimo tipografo, raccolte dall' av. Raffaele de Minicis. — *Fermo, di Ciferri*, 1850. = Appendice e Correzioni. — *Fermo, Bazzi*, 1853, *in-8°*; perc. v. (Ex. interfolié). = (*On y a joint :*) Le Sorti di Fr. Marcolini da Forli intitolate Giardino di Pensieri: eine bibliographische notiz als gelegenheitschrift, von Gottl. Friedlander. — *Berlin*, 1833, *in-8° de 16 p.* (Ouvrage inconnu à Zaccaria.)

1396. **Zambrini** (F.). Catalogo di Opere volgari a stampa dei secoli XIII e XIV. — *Bologna, Carlo Ramazzotti*, 1857, *in-4°*; d. m. vert.

1397. Zélis au bain, poème en quatre chants (par le Mis de Pezay). — *Genève, in-8° de 43 pp., fig. d'Eisen, gr. pap. de Holl.*; d. mar. r., coins, tête dor.

Premier tirage; le second n'a que 36 pp. de texte.

TABLE ALPHABÉTIQUE

DES AUTEURS D'OUVRAGES ANONYMES ET DES AUTEURS

CONTENUS DANS LES RECUEILS

Albubather, 1158.

Alègre, 58.

Alciat, 1161.

Ameilhon, 1164.

Apianus, 1158.

Arras (J. d'), 501.

Audin de Rians, 1166.

Aubert (A.), 410.

Autreau, 333.

Baillet (A.), 57.

Balzac (de), 410.

Barbet de Jouy, 946.

Barthélemy (A.), 494.

Beraldi, 442.

Bérat (F.), 410.

Bernard (A.), 1163.

Berthod, 1015.

Bignon (J.-P.), 895.

Boileau (J.), 2.

Boileau (N.), 895, 1015.

Bollioud-Mermet, 132.

Bonacioli (L.), 1048.

Bonnet, de Béziers, 1154.

Born (de), 490.

Boutin (Mᵐᵉ), 695.

Briffault (E.), 410.

Brissart-Binet, 263.

Broussonnet (A.), 490.

Brueg (I.), 1162.

Brunet (G.), 135, 837, 881.

Cahier (Ph.), 898.

Camus, 1164.

Caron (A,-L.-P.), 1149.

Carquet (J.), 1240.

Charpentier (F.), 895.

Chevalier, 1046,

Colletet (F.), 1015.

Colonia, 417.

Columna (F.), 680.

Combrouse (G.), 542.

Corrozet (G.), 628.

Crébillon fils, 973.

Cuba (J.), 993.

Dacier (A.), 895.

Darcel (A.), 946.

Dassoucy, 1004.

Delbarre (P.-J.), 283.

Delécluze, 618.

Delepierre (O.), 135, 546.

Delord (T.), 410.

Delpit, 257, 7

Demidoff (Pᶜᵉ), 488.

Deschamps (P.), 415, 962.

Didot, 492, 618, 1163.

Dion Chrysostome, 1198.
Dolce (L.), 1005.
Dorat, 333.
Du Buisson, 1286.
Duval (A.), 501.
Duclos (l'Ab.), 413.
Duclos, 3.
Du Laurens, 49,
Du Mège, 141.
Dumonchaux (P.-J.-D), 131.
Dupont (Gratian), 335.
Duquesne (Ch.), 429.
Durand (E.), 428.

Esope, 1161.

Fauris Saint-Vincens, 930.
Favart (C.-S), 717.
Feuillet (O.), 410.
Fizes (N.), 981.
Fouquart, 501.
Frontin, 1349.

Gasté, 1162.
Gaultier (L.), 1080.
Gassendi (P.), 1048.
Gautier (Th.). 410.
Gay (J.), 126-27, 681.
Gérard de Nerval, 410.
Gilbertus Abbas, 26.
Gomain (F.), 31.
Goudelin, 1153.
Gozlan (L.), 410.
Graesse (J.-G.), 968.
Grécourt, 333.
Grégoire (G.), 503-04.
Grillot (le P. J.), 1046.
Grimaudet, 1168.
Guiard de Servigné, 1267.
Guillard (N.-F.), 717.

Haillet de Conronne, 384.
Heinecken, 682.
Héliodore, 1198.
Hermes, philosophus, 1241.

Houssaye (A.), 410.
Hoyois (E.), 530.
Humbert (A.), 1

Institor (F.-H.), 861.

Jacquemart (A.), 430.
Jansen (H.), 491.
Jeannez (L.), 1056.
Johannes, Cartusiensis, 1160.
Juncetis (A.), 410.

Karr (A.), 410.

La Bruyère, 943.
La Caille (J.) de, 651.
Lacour, 257, 7.
Lacroix (P.), 129, 136.
La Fontaine, 333.
La Monnoye, 333.
La Mothe Langon (E.-L. de), 141.
La Perrière (G.), 1161.
La Rochefoucauld, 943.
Laujon, 37.
Laurent-Gousse, 141.
Lavalette (S.,) 410.
Lavallée (Th.), 410.
Le Blant (E.), 705.
Lefranc de Pompignan, 1380.
Lenglet Dufresnoy, 593.
Le Petit (Cl.), 1015.
Le Sage, de Montpellier, 1153.
Levayer de Boutigny, 1297.
Longus, 1198.
Lucius de Patras, 1198.
Lullius (R.), 713, 1241.

Mallet (D.). 652.
Mancel, 257, 1.
Mangin (J.), 39, 527.
Manin (L.), 683.
Marcheville (De), 125.
Martin (A.), 898.
Méry, 80, 410.
Michel, de Nimes, 1153.

Milsant (P.), 244.
Mirabeau (Mis de), 1380.
Monfalcon (J.-D.), 868.
Montmaur (P. de), 483.
Monville, 1380.
Morenas, 963.
Moschus, 143.
Munster (Seb.), 1158.
Musset (A. de), 410, 1339.

Nodier (C.), 410.
Nogaret (F.), 539.
Nider (F.-J.), 861.
Nuyts, 709.

Orbigny (d'), 418.

Palma Cayet (P.-V.), 293.
Paradin, 1098.
Parent l'aîné, 489.
Pascal (B.), 943.
Pascal (P.), 410.
Pavillon (E.), 895.
Pelet (A.), 950.
Peleterius (J.), 1158.
Pena (C. de), 799.
Petit, 622.
Peyre, 1064.
Pezay, 1396.
Pierquin, 1162.
Piolenc (Mis de), 595.
Plancher de Valcour, 333.
Platter (F.), 1048.
Pseaume, 412.

Querelles (de), 632.

Racine (J.), 895.
Ranchin (A.), 481.
Ranchin (Fr.), 1046.
Rathery, 206.

Regiomonte (J. de), 1158.
Regnier, 333.
Reisch (G.), 876.
Renaudot (E.), 895.
Renouard (A.), 227.
Retif de la Bretonne, 1282.
Richer (L.), 1004.
Rigollot d'Amiens, 929.
Rolewinck (W.), 511.
Roucoule, 257, 8.

Saint-Gelais (O.), 1906.
Sand (G.), 410.
Sauzay (A.), 946.
Scarron, 1015.
Schedel (Hartman), 346-47.
Sebizius (M.), 1048.
Seynes (A. de), 940.
Sichel, 1162.
Silvestre (L.-C.), 880.
Soulié (Fr.), 410.
Sprenger (F.-J.), 861.
Stahl (F.-J.), 410.
Suau (P.-T.), 257, 0.

Tallemant (P.), 895.
Theodosius, 1159.
Tiphaigne de La Roche, 29.
Tornamira (J. de), 1339.
Tory (G.), 273.
Tosi (A.), 1166.
Tourreil (J. de), 895.
Turpin de Crissé, 717.

Van Praet, 242-43, 963.
Vauvenargues (De), 943.
Vergier, 333.
Vernerus (J.), 1159.
Voisenon, 717.
Voltaire, 1167.

Yémeniz, 228.

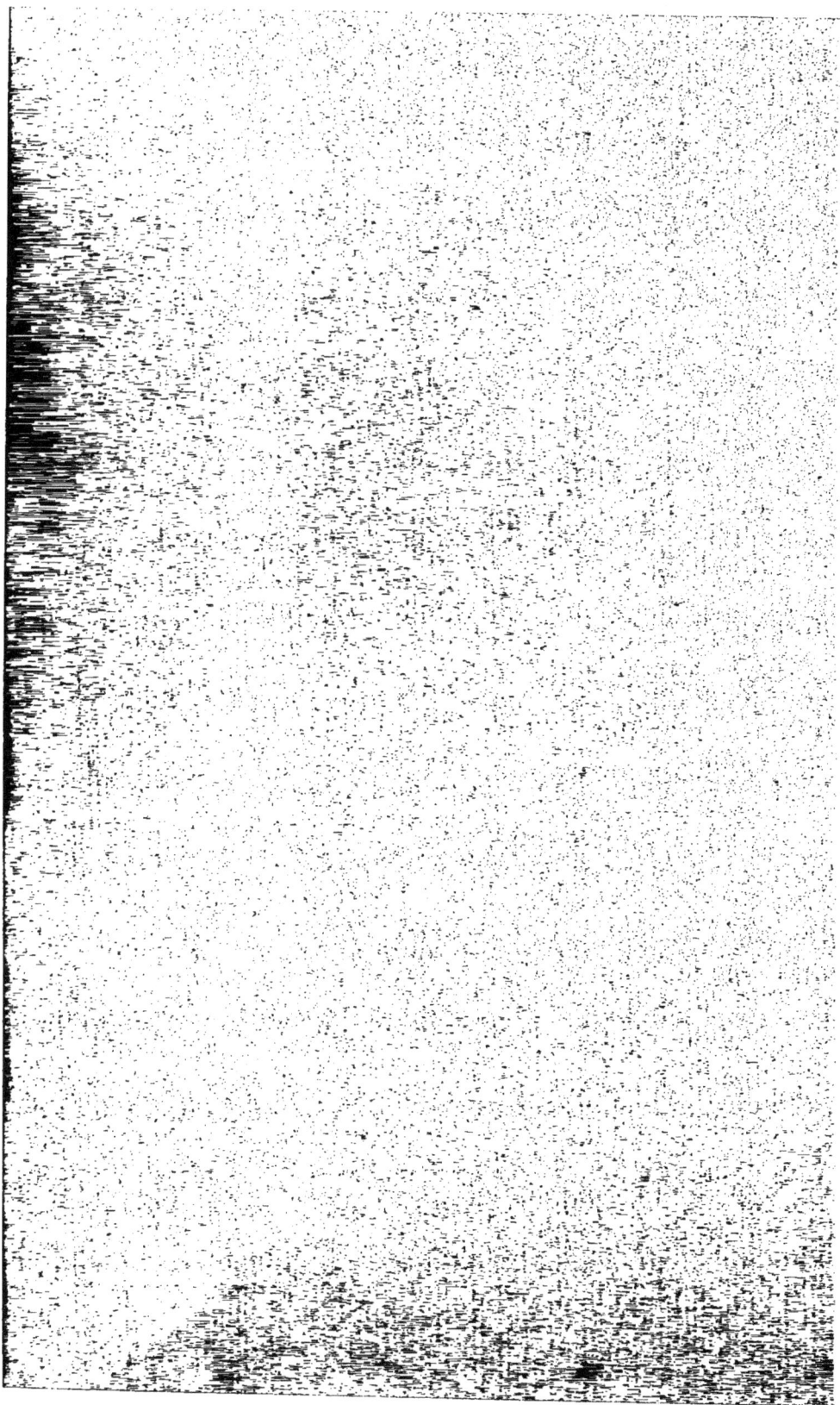

www.ingramcontent.com/pod-product-compliance
Lightning Source LLC
Chambersburg PA
CBHW071940090426
42740CB00011B/1766